新世纪高等职业教育
电子商务类课程规划教材

微课版

网络客户服务

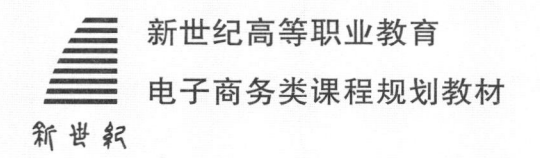

新世纪高等职业教育教材编审委员会 组编

主　编 ◎ 张玉嵩

副主编 ◎ 宋雅楠　李潇璇　秦　毅

大连理工大学出版社

图书在版编目(CIP)数据

网络客户服务 / 张玉嵩主编. -- 大连：大连理工大学出版社，2022.12
ISBN 978-7-5685-3436-9

Ⅰ．①网… Ⅱ．①张… Ⅲ．①电子商务 Ⅳ．①F713.36

中国版本图书馆 CIP 数据核字(2021)第 252564 号

大连理工大学出版社出版

地址：大连市软件园路 80 号　邮政编码：116023
发行：0411-84708842　邮购：0411-84708943　传真：0411-84701466
E-mail:dutp@dutp.cn　URL:https://www.dutp.cn
辽宁星海彩色印刷有限公司印刷　大连理工大学出版社发行

幅面尺寸：185mm×260mm	印张：18	字数：461 千字
2022 年 12 月第 1 版		2022 年 12 月第 1 次印刷

责任编辑：刘丹丹　　　　　　　　　　　　　　责任校对：王　健
　　　　　　　　　　封面设计：对岸书影

ISBN 978-7-5685-3436-9　　　　　　　　　　　　定　价：59.80 元

本书如有印装质量问题，请与我社发行部联系更换。

前言 Preface

《网络客户服务》是新世纪高等职业教育教材编审委员会组编的电子商务类课程规划教材之一。

本教材根据高等职业教育电子商务专业人才培养要求与培养计划，以真实工作案例作为学习素材，通过教、学、演、练等方式，利用互动参与式教学方法，帮助学生了解客户服务与管理过程中应该遵循的标准。本教材以网络客户服务的重要性为立足点，侧重能力培养，通过每个工作任务的学习与实践，帮助学生掌握网络客户服务与管理的操作流程，使其具备成为一名合格网络客服人员的基本素养和技能，为毕业后直接上岗从事客户服务工作奠定理论和实践基础。

本教材遵循"创新、协调、绿色、共享、开放"的发展理念，针对高等职业教育的教学培养目标和教学特点，重点突出实际操作与工作技能，突显"以学生为主体"，以"学生多互动、多实训"为指引。本教材具有如下特点：

1. 产教融合，校企共同开发。 本教材的编写人员除了来自教学一线的教师之外，还吸纳了酒店管理公司的技术管理人员，在考虑理论内容完整性的同时，更兼顾了网络客户服务工作的实战性。项目设计与任务案例选择均由校企双方共同完成，使教材内容、知识和技能更贴近前沿和实际。

2. 体例新颖，内容体系完善。 本教材采用了项目教学的体例格式，根据客户服务岗位的变迁对标教学知识体系，将面向客户咨询、促成客户交易、处理客户退换货及投诉等工作情境融入相应的项目教学。每个项目都有明确的"项目描述""项目目标"，每个任务都有明确的"知识目标""技能目标"，在搭建完善的"知识平台"体系中，架构与项目内容相匹配的"素质拓展"和适应工作岗位需求的"实践任务"。

3. 理实合一，知识技能并重。 本教材根据网络客户服务的岗位需求，突出电子商务职业能力的培养，结合行业实际工作需求，组织设计了九个教学项目，增强了教学的针对性、实用性和可操作性。在教材内容安排中，注重学习引导，任务伊始提出"知识目标"和"技能目标"；注重学做结合，任务结束后布置"实践任务"，巩固所学内容。学习过程中，要求学生掌握客户服务与管理的技能以及表达能力和沟通能力，突显理论与实践的有机结合。

4. 课程思政，立德树人。 本教材站在岗位工作视角，将网络客户服务行动领域中所涉及的思政元素按项目进行显化和展现。在项目开端的"项目目标"中设有素质目标，在项目反思中设有"素质拓展"，重在教书育人，立德树人。例如，将社会主义核心价值观有机融入每个项目教学，注重培养学生树立先进的客户服务理念，以及在工作中追求真理的科学精神。力求在项目教学中提升学生分析问题与解决问题的能力，培养学生的团队合作精神及岗位适应能力，同时也对学生职业能力培养和职业素质的养成起到支撑和促进作用。

本教材由抚顺职业技术学院张玉嵩担任主编，负责拟定编写大纲、框架设计以及最后的统稿工作，由抚顺职业技术学院宋雅楠、李潇璇、秦毅担任副主编，由抚顺万达嘉华酒店管理有限公司金晓帅担任参编。具体编写分工如下：张玉嵩编写项目一、项目二、项目四、项目七，宋雅楠编写项目五、项目六，李潇璇编写项目八、项目九，秦毅编写项目三，金晓帅提供部分案例素材并参与教材设计工作。

本教材可作为高等职业院校与成人高校电子商务、市场营销等专业的教学用书，也可作为其他专业学生学习的参考用书和从事销售等方面工作的企业人员的培训教材。

在编写本教材的过程中，我们参考、引用和改编了国内外出版物中的相关资料以及网络资源，在此对这些资料的作者表示诚挚的谢意！请相关著作权人看到本教材后与出版社联系，出版社将按照相关法律的规定支付稿酬。

限于编者的水平和能力，书中仍可能存在疏漏和不妥之处，恳请同行及广大读者提出宝贵意见和建议，以便修订时加以完善，谢谢！

编　者

2022 年 12 月

所有意见和建议请发往：dutpgz@163.com
欢迎访问职教数字化服务平台：https://www.dutp.cn/sve/
联系电话：0411-84707492　84706104

目录 Contents

项目一　认知网络客户服务 ·· 1
　　任务一　认识客户服务 ··· 2
　　任务二　认识网络客户服务 ·· 7
　　任务三　熟知网络客服的基本素质 ·· 11
　　任务四　认知网络客户服务中心 ·· 15

项目二　认知商品 ··· 19
　　任务一　认识商品 ··· 20
　　任务二　认知商品品类 ·· 25
　　任务三　认知虚拟商品品类 ··· 39
　　任务四　熟知商品的代码与条码 ·· 45

项目三　掌握客服须知的各大平台规则 ······································ 54
　　任务一　了解物流规则 ·· 55
　　任务二　认知交易规则 ·· 65
　　任务三　掌握评价体系 ·· 70

项目四　掌握网络客户服务技巧 ··· 79
　　任务一　了解网络客户分类及特点 ·· 80
　　任务二　掌握客户购买行为分析方法 ······································ 84
　　任务三　掌握客户信息收集及档案建立方法 ······························· 93
　　任务四　掌握用户画像收集方法 ·· 100

项目五　掌握网络客服沟通技巧 ·· 108
　　任务一　掌握咨询应答服务技巧 ·· 109
　　任务二　掌握网络客服售中沟通技巧 ····································· 118
　　任务三　掌握售后客服沟通技巧 ·· 124

项目六　网络客户关系管理 ··· 132
　　任务一　了解客户关系管理常识 ·· 133
　　任务二　熟知客户关系管理工具 ·· 140
　　任务三　掌握客户关系管理营销方法 ····································· 149

项目七　认识淘宝网络客服工作平台 168
任务一　安装千牛工作台 169
任务二　了解千牛工作台的功能 174
任务三　了解千牛工作台客户服务 193
任务四　了解手机千牛平台 205

项目八　认识京东网络客服工作平台 212
任务一　安装京麦工作台 213
任务二　了解京麦工作台的功能 216
任务三　了解京麦工作台客户服务 229
任务四　了解手机京麦工作台 237

项目九　认识拼多多网络客服工作平台 243
任务一　安装拼多多商家工作台 244
任务二　了解拼多多商家工作台的功能 247
任务三　了解拼多多商家工作台客户服务 265
任务四　了解手机拼多多商家工作台 273

参考文献 282

项目一

认知网络客户服务

项目描述

当前市场的竞争越来越激烈,越来越残酷,国内的很多企业都非常关注战略问题、成本问题、技术问题、人才问题,而往往忽略了客户服务这个企业长期生存的命脉。事实上,开发市场最有效、成本最低的一种方法就是提供优质的客户服务。随着电子商务的迅速发展,网络客服的需求量也在迅速增加,因此,给客户提供卓越而周到的服务成了企业发展的重要策略。

项目目标

通过本项目的学习,学生能够清晰地了解和掌握客户服务与网络客户服务的概念和分类,理解网络客服岗位要求,并提升对网络环境下新型客户服务中心的认知。

通过本项目的学习,培养学生强烈的爱岗敬业精神、饱满的工作热情和认真的工作态度,用一种恭敬严肃的态度对待自己的工作,热爱自己的工作岗位;培养学生敢于担当、坚守岗位的职业操守;培养学生直面问题、迎难而上的职业勇气;培养学生锐意创新、开拓进取的职业精神,去践行社会主义核心价值观。

任务一　认识客户服务

学习目标

【知识目标】掌握客户服务的概念、特点,熟悉客户服务的分类。
【技能目标】能正确分析"硬服务"与"软服务"的服务范畴及对企业的意义。

情景导入

2021年7月24日,中共中央办公厅、国务院办公厅印发《关于进一步减轻义务教育阶段学生作业负担和校外培训负担的意见》。"双减"政策的落地,意味着70万教培机构及1 000万从业人员面临着行业转型。

雪峰就是其中的一员,但雪峰想:我还很年轻,我可以再找一份工作重新开始。经朋友介绍,他很快找到了一个电商公司的客服工作。为了尽快地适应新的工作,雪峰马上找到相关的资料开始学习。

知识平台

随着市场经济的发展和竞争的日趋激烈,企业在产品上寻找某种竞争优势变得越来越困难,为客户尽可能提供周到满意的服务逐渐成为企业间竞争的焦点,特别是服务业,满足客户的需求,让客户有一次满意消费体验,越来越受到各大企业的重视。

一、客户服务的含义

客户服务(Customer Service)主要体现了一种以客户满意为导向的价值观,它整合及管理在预先设定的最优成本——服务组合中的客户界面的所有要素。广义而言,任何能提高客户满意度的内容都属于客户服务的范围。

客户服务换言之就是企业为客户提供各种各样的服务,但不同的人站在不同的角度对客户服务有不同的理解,学术界主要存在以下几种看法:

客户服务是一方能够向另一方提供的无形的任何行为或绩效,而且不导致任何所有权的产生。它的产生可能与某种物质产品相联系,也可能毫无联系,客户可能以实体产品为依托,也可能与实际产品没有任何关系,只是一种技术或智力上的付出。

客户服务是一方向另一方的付出,这种付出可以使得接收者满意,客户服务不会产生物权,但可能产生债权。

客户服务是能够使客户更加了解核心产品或服务的潜在价值的各种行为和信息,是以客户为对象、以产品或服务为依托的行为。客户服务的目标是挖掘和开发客户的潜在价值。客户服务的方式是具体行为,也可以是信息支持或者价值导向。

客户服务是一种活动绩效水平和管理理念,把客户看作活动,意味着企业与客户之间的一种互动,这种互动中企业要有管理控制能力。客户服务是一个过程,它以成本低廉的方法给供应链体系提供重大的增值利益。

客户服务就是企业在适当的时间和地点以适当的方式和价格,为目标客户提供适当的产品或服务来满足客户的适当需求,使企业和客户的价值都得到提升的活动过程。开展客户服务工作必须考虑客户时间和地点的便利性,提供服务必须以客户能接受的方式进行,服务费必须是客户能够接受的、公开的,为客户提供的产品或服务必须满足客户实际和适当的需要,最终通过为客户提供优质的、满意的服务,企业和客户的价值都得到提升。

二、客户服务的特征

企业的客户服务工作贯穿于产品或服务售前、售中和售后的全过程,包括企业向客户提供产品、服务、相关的技术信息等各方面的专业化活动。客户服务具有以下特征:

(1)双向互动性。一方面,企业的客户服务人员要主动了解和掌握客户的实际需要,在客户没有提出要求时,主动为客户提供所需要的服务;另一方面,在客户主动提出需要时,尽可能地满足客户的要求,令客户满意。

(2)无形性。企业提供的服务是无形的,但客户在获得服务的过程中能够感受到它的存在,客户会通过自身的感受对企业的服务质量进行评价,优质、令人满意的客户服务能使客户得到精神上的满足。

(3)不可分性。企业为客户提供的无形商品的销售与服务是同时进行的,而有形商品的销售和服务,在售前、售中、售后也是同时进行的,因此,商品和服务具有不可分性。

(4)不确定性。服务的不确定性包括两个方面:一方面,客户向企业提出需要服务项目的时间、地点等具有不确定性;另一方面,企业客户服务人员的服务态度、服务水平以及服务人员的调配等方面存在不确定性。服务的不确定性会导致客户产生不安全感。因此,企业一方面要精心选拔和严格培训客户服务人员,提高客户服务人员的服务意识、服务水平和管理水平;另一方面,针对客户服务的需要,采取全天 24 小时的服务等措施,消除客户的不安全感。

(5)时效性。客户服务具有一定的时效性、不可存储性、易消失性,必须及时享用,比如保修期内的各项服务。因此,企业应该在服务的有效期内,主动为客户提供其应该享受的各项服务,从而使客户得到最大限度的满足。

(6)有价性。服务的有价性表现在两个方面:一方面,客户获得的服务是有代价的,比如购买商品和服务时所支付的费用;另一方面,通过为客户提供服务,企业能够提升客户的忠诚度和企业的品牌价值。

(7)独特性。服务的独特性也包括两个方面:一方面,不同企业为客户提供的服务具有不同的特色;另一方面,不同的客户对企业的服务要求具有独特的个性特征。

(8)广泛性。所有的客户在购买一件商品时,售前、售中、售后都需要企业为其提供各种各样的服务,所有的企业也都要为其客户提供力所能及的服务。

三、客户服务的分类

客户服务的方式多种多样,内容也很丰富,依照不同的划分标准可以对客户服务进行不同的分类。

按沟通渠道划分,可分为人工客服和电子客服,其中人工客服又可细分为文字客服、视频客服和语音客服三类。文字客服是指主要以打字聊天的形式进行的客户服务;视频客服是指主要以语音、视频的形式进行的客户服务;语音客服是指以移动电话的形式进行的客户服务。近些年,基于腾讯微信的迅猛发展,微信客服作为一种全新的客户服务方式,已出现在客服市场上。微信客服依托于微信精湛的技术条件,综合了文字客服、视频客服和语音客服的全部功能,具有无可比拟的优势,因此备受市场好评。

在传统制造业中,客户服务的范围相当狭窄,主要是指货品运送、货品安装、使用说明、客户问题(如维修、退货、更换)的处理等。

客户服务在商业实践中一般会分为三类,即售前服务、售中服务、售后服务。售前服务一般是指企业在销售产品之前为顾客提供的一系列活动,如市场调查、产品设计、提供使用说明书、提供咨询服务等。售中服务则是指在产品交易过程中销售者向购买者提供的服务,如接待服务、产品包装服务等。售后服务是指凡与所销售产品有连带关系的服务,如产品的质量保修、产品的使用反馈等。

在信息时代,企业提供客户服务的渠道是多元化的,可使用即时通信工具、在线客服、微博、论坛、电子邮件和其他方式,其中电子邮件以其低廉的价格和全天候的服务受到企业的重视。

四、客户服务的意义

当一种新产品刚刚问世时,竞争的焦点是特色,而当竞争者蜂拥而至,彼此的特色难以分辨时,竞争就转到价格和成本上。在竞争过程中,高成本的企业退出后,幸存者彼此之间的价格与成本却相差无几,于是竞争的领域就转到服务方面。由于服务对帮助客户实现产品的效能具有极大的影响力,于是它注定要成为企业主要的竞争武器,因此,要想获得竞争优势,服务就不能落后。

从某种程度上讲,服务的形式可以分为"硬服务"与"软服务"两种。一个企业要为客户提供优质的服务,就需要拥有一些较为优越的物质设施,购置一些技术先进的"硬件"。当然这往往需要投入大量的资金,如果财力不如别人雄厚,就只能"望洋兴叹",不可能拥有比别人更多、更好的服务设施。对于企业经营者来说,这的确是一个"硬碰硬"的问题。

"硬件"不如别人,并不意味着为客人提供的服务一定比别人差,因为除了"硬服务"之外,还有"软服务"。而"软服务"做得怎么样,一般并不直接取决于有多大财力,"软服务"显然要受经营人员的工作积极性和他们的情绪状态的影响。虽然"硬服务"的服务设施也有出毛病的时候,但比较起来,人的工作积极性和人的情绪状态更容易发生波动,所以必须要抓"软服务"。

因而,企业在注重对客户服务设施投资的同时,也越来越重视员工的服务培训,力求培养出一流的客户服务人员,以增强企业的竞争力。服务竞争的时代已经来临,在这个时代中谁拥有优质的服务谁就拥有了客户,就拥有了生存的基础,优质的客户服务是最好的企业品牌。

美国斯坦林电讯中心董事长大卫·斯坦博格说:"经营企业最便宜的方式是为客户提供最优质的服务,而客户的推荐会给企业带来更多的客户,在这一点上企业根本不用花一分钱。"做广告通常能够在短时间内获取大量的客户,产生大量购买行为。但是客户服务不是短期的,而是长远的。明智的企业知道如何为本企业树立起良好的口碑,良好的口碑会给企业带来更多的客户,而这种口碑不是广告做出来的,而是人与人之间、客户与客户之间信息的传递带来的。它可以使企业获利,这种获利是企业经营成本最低的一种方式。

五、客户服务的作用

激烈的竞争迫使企业在生产经营中关注客户,并以客户的需求和利益为中心,最大限度地满足客户的需求,提升企业的竞争优势。

客户服务的作用表现在以下几个方面:

(一)有利于获得客户的认同,提升客户忠诚度

客户满意包括物质满意、精神满意和社会满意,能够使客户在购买和使用企业产品或服务的过程中体现自我价值。对于围绕客户满意运作的特色服务,更能使客户感受到企业的温情和诚信,有利于客户识别和认同。

同时,客户的高度满意和愉悦创造了一种对产品品牌情绪上的共鸣,这不仅仅是一种理性偏好,更是由于满意而产生的共鸣,创造了客户对产品品牌的高度忠诚。例如,实行全面满意战略的美国施乐公司承诺:客户购买产品的3年内,如果不满意,公司将为其更换相同或类似产品,一切费用由公司承担。施乐公司发现,非常满意的客户在18个月内的再次购买率是一般客户的6倍。施乐公司的高层领导相信,非常满意的客户价值是一般客户价值的10倍。一个非常满意的客户会比一个满意的客户留在施乐公司的时间更长,购买其他更多的产品。

(二)有利于提升企业的产品宣传效果

对于以客户为中心的公司来说,客户满意既是一种目标,同时也是一种市场营销手段,因为高度的客户满意率是企业最有说服力的宣传。客户满意度不仅决定了客户自己的行为,而且他还会将自己的感受向其他人传播,从而影响他人的行为。研究表明,如果客户不满意,他会将其不满意告诉22个人,除非独家经营,否则他不会重复购买;如果客户满意,他会将满意告诉8个人,但该客户未必会重复购买,因为竞争者可能有更好、更便宜的产品;如果客户非常满意,他会将这种非常满意告诉10个人以上,并肯定会重复购买,即使该产品与竞争者相比并没有什么优势。随着客户满意度的增加和时间的推移,客户推荐将给企业带来更多的利润。同时,因宣传、推销方面成本的减少也将带来利润的增加,而这两者加起来要远远超出其给企业创造的基本利润。因此,一个满意的客户胜过10个推销员,这也就是企业为何要将客户满意度作为营销管理的核心内容的一个主要原因。

(三)有利于提高商品的销售率

如果客户高度满意,随着时间的推移,客户会主动给企业推荐新客户,形成一种口碑效应,由此导致企业销售额有较大增长。同时,由于宣传、销售等方面的费用降低,会使企业经营成本下降,这样也使企业利润增加。如本田雅阁曾经连续几年获得"客户满意度第一"的殊荣,这一事件的宣传有助于公司销售更多的雅阁汽车。

(四)有利于提升企业的竞争力和管理水平

客户满意度管理可以使企业在思想观念上发生深刻的转变,意识到客户始终处于主导地位,确立"以人为本"的经营战略;在制定企业决策时,能够与客户进行广泛交流并征求客户意见,实现客户满意,提升企业的竞争力和管理水平。

此外,高度的客户满意还会使客户尝试购买企业的新产品、为企业和它的产品进行正面宣传、忽视竞争品牌和广告、对价格不敏感、对竞争对手的产品具有较强免疫力等。现代企业必须要通过变革和全员努力,建立"客户满意第一"的良性机制。

实践任务

搜索更多客服促进企业发展的案例,以便更深层次地理解客服对企业的作用。

素质拓展

泰国东方饭店的客户服务

位于泰国的东方饭店堪称亚洲饭店之最,几乎天天客满,不提前一个月预定是很难有入住机会的。泰国为什么会有如此诱人的饭店呢?实际上,它靠的是非同寻常的客户服务,也就是现在经常提到的客户关系管理。

它的客户服务到底好到什么程度呢?我们不妨通过一个实例来看一下。

一位朋友因公务经常出差泰国,并下榻东方饭店,第一次入住时良好的饭店环境和服务就给他留下了深刻的印象,当他第二次入住时几个细节更使他对饭店的好感迅速升级。

那天早上,在他走出房门准备去餐厅的时候,楼层服务生恭敬地问道:"于先生是要用早餐吗?"于先生很奇怪,反问:"你怎么知道我姓于?"服务生说:"我们饭店规定,晚上要背熟所有客人的姓名。"这令于先生大吃一惊,因为他频繁往返于世界各地,入住过无数高级酒店,但这种情况还是第一次碰到。

于先生高兴地乘电梯下到餐厅所在的楼层,刚刚走出电梯门,餐厅的服务生就说:"于先生,里面请。"于先生更加疑惑,因为服务生并没有看到他的房卡,就问:"你知道我姓于?"服务生答:"上面的电话刚刚下来,说您已经下楼了。"如此高的效率让于先生再次大吃一惊。

于先生刚走进餐厅,服务员微笑着问:"于先生还要老位子吗?"于先生的惊讶再次升级,心想:"尽管我不是第一次在这里吃饭,但最近的一次也有一年多了,难道这里的服务员记忆力那么好?"看到于先生惊讶的目光,服务员主动解释说:"我刚刚查过电脑记录,您去年6月8日在靠近第二个窗口的位子上用过早餐。"于先生听后兴奋地说:"老位子!老位子!"服务员接着问:"老菜单?一个三明治,一杯咖啡,一个鸡蛋?"现在于先生已经不再惊讶了,"老菜单,就要老菜单!"于先生已经兴奋到了极点。上餐时餐厅赠送了于先生一碟小菜,由于这种小菜于先生是第一次看到,就问:"这是什么?"服务员后退两步说:"这是我们特有的××小菜",服务员为什么要先后退两步呢?他是怕自己说话时口水不小心落在客人的食品上,这种细致的服务不要说在一般的酒店,就是全球最有名的饭店里,于先生都没有见过,这一次吃早餐的经历给于先生留下了终生难忘的印象。

后来,由于业务调整,于先生有三年的时间没有再到泰国去,在于先生生日的时候突然收到了一封东方饭店发来的生日贺卡,里面还附了一封短信,内容是:亲爱的于先生,您已经有三年没有来过我们这里了,我们全体人员都非常想念您,希望能再次见到您。今天是您的生日,祝您生日愉快。于先生当时激动得热泪盈眶,发誓如果再去泰国,绝对不会到任何其他的饭店,一定要住在东方饭店,而且要说服所有的朋友也像他一样选择。于先生看了一下信封,上面贴着一枚六元的邮票。六元钱就这样买到了一颗心,这就是客户关系管理的魔力。

项目一　认知网络客户服务

东方饭店非常重视培养忠实的客户,并且建立了一套完善的客户关系管理体系,使客户入住后可以得到无微不至的人性化服务。迄今为止,世界各国的约20万人曾经入住过那里,用他们的话说,只要每年有十分之一的老顾客光顾饭店就会永远客满。这就是东方饭店成功的秘诀。

任务二　认识网络客户服务

学习目标

【知识目标】　掌握网络客户服务的概念、特点,熟悉网络客户服务的内容。
【技能目标】　能正确辨别客户服务与网络客户服务的区别与联系。

情景导入

这段时间里,雪峰查阅了许多与客户服务相关的资料,但他也知道现在是网络时代,人们生活的方方面面都离不开网络,网络客户服务是未来趋势,学习网络客服知识才是立足于行业的基础,因此,他又找来相关的资料夜以继日地学习,希望尽快撑起自己新的工作。

知识平台

一、网络客户服务的定义

客户服务属于围绕核心产品所开展的附加服务,它从客户出发,为客户着想,直接服务于客户的需要,而不是通常所认为的销售活动的一个长期过程。所以,网络客户服务从过程论的角度可以定义为:以传递信息为基础,客户服务组织通过互联网和网络工具远距离进行的、针对人的思想或无形资产信息的处理活动的过程。

网络客户服务本质上讲是基于互联网的一种客户服务工作,是网络购物发展到一定程度后细分出来的一个工种,跟传统商店售货员的工作类似,分为售前服务、售中服务、售后服务、销售客服、技术客服及中差评客服等,工作内容主要包括引导客户购物,解答客户问题,提供技术支持,消除客户不满情绪等。

网络客户服务属于围绕核心产品开展的以客户为导向的低接触度的附加服务,它借助互联网直接沟通的优势,以便捷的方式满足客户对产品咨询、订单处理、售后产品帮助、技术支持和使用维护等方面的需求。它的目的是满足客户以信息为基础的需求,以达到客户满意和提高生产效率,从而使企业的长期利润最大化。由于分工的日益专业化,产品的生产往往需要多个企业配合,因此产品的支持和技术服务也相对比较复杂。

二、网络客户服务的特点

通过网络客户服务平台，企业可以突破服务的时间和空间限制，及时了解不同客户的需求，并在最短时间内提供满足其特定需求的产品和服务，从而大大提高客户服务的质量，同时有效地控制企业的客户服务成本。网络客户服务体现了客户服务的新变化，是一种全新的客户服务理念，丰富了客户服务的内涵，其特点主要体现在以下几个方面：

（一）增强了客户获得服务的主动性

传统情况下，客户对企业提供的服务大多只是被动接受，而且这些服务基本以售后服务为主，如产品维修和定期维护等。在网络客户服务中，客户不只是被动地接受服务，还可以通过互联网直接向企业提出更多的服务要求，并通过企业网站完成信息查找、商品交易、订单处理进度查询等自助服务。应对客户的主动性，企业应在网站平台扩展沟通渠道，保持网络与传统平台的沟通一致性，加强网络沟通人员专业性培训，借助互联网为客户的特定需求提供一对一服务，实现服务的低成本和柔性化。

（二）增强了客户对服务的感知度

无形和不可触摸是服务的一大特点，在进行服务营销时，经常需要对服务进行一些有形化的改造，以增强客户对服务的感知度，互联网是实现服务有形化的重要渠道。在网络客户服务中，客户可以通过网络获得服务的难易程度、响应时间和执行情况等相关指标，比较容易地衡量服务质量。

（三）突破了服务的时空不可分离性

生产和消费同时进行是服务的最大特点，因此服务受到时间和空间的限制。客户为了得到有效的服务，有时不得不投入大量的时间和精力去等待或奔波。网络客户服务借助互联网突破了时空的界限。企业可以建立一个数据库来存储客户的服务要求（FAQ），并将这个数据库链接到企业的网站，当其他客户需要时即可随时登录网站并调阅。远程医疗、远程教育、远程培训、网上银行等网络客户服务方式使得消费者可以突破时间和空间的限制，方便而快捷地获得所需要的服务。

（四）提升了服务的层次

传统服务具有不可分离性，曾经在相当长的一段时间内将客户服务的需求限制在一个较低的层次。21世纪初，互联网的普及突破了这一限制。客户不仅希望了解与其相关的产品和服务，还希望获得企业经营状况、品牌信誉、人员情况、产品的研发与生产过程等各个方面的信息，有些客户甚至希望通过网络直接完成购买的流程。网络技术和数据库技术的发展使得企业不仅可以提供客户需求的上述服务，还可以通过大型的客户信息数据库为客户提供更加个性化的服务，健全企业的客户服务体系。

（五）提高了服务的效益

网络客户服务在提高客户服务水平的同时，降低了客户服务的成本，提高了客户服务的效益。在售前阶段，企业可以通过网络以极低的费用宣传企业及其产品和服务；在售中阶段，企业可以通过各类电子商务交易平台进行产品销售，降低营销费用；在售后阶段，企业可以通过网络为客户提供远程技术支持，以帮助客户更好地使用和维护产品，降低维修和保养的费用。除降低成本外，企业还可以通过网络客户服务增强企业与客户之间的关系,培养客户忠诚度,减少企业的营销费用,在更大程度上挖掘市场潜力,实现更大的效益。

三、网络客户服务的内容

为提升企业的竞争能力,许多企业在提供基本售后服务的同时,还提供一些增值性服务。

(1)产品及服务介绍。产品及服务介绍指向顾客及所有感兴趣的网民和潜在顾客,提供企业全面、详尽的产品和服务信息。顾客及潜在顾客再也无须像以往那样只能通过电话、传真、邮件等方式获得企业产品及服务的简单信息。

(2)顾客会员注册。通过提供注册服务,来访者成为企业的会员,一方面企业可以获得一定的顾客信息;另一方面企业可以有针对性地开展营销。

(3)优惠及服务。企业可以举办活动,参加节日特卖,提供优惠和服务,比如数量折扣、现金折扣、功能折扣、保修服务等。

(4)在线调查。常年开展以顾客满意度为核心的在线调查,于无声中向顾客传递企业对用户的关爱。同时,调查还可以及时了解顾客对产品的需求动态,为企业及时改进产品提供有效信息。

(5)在线投诉。互联网提供了在线投诉的功能,让顾客迅速地把产品使用过程中遇到的问题反馈给企业,暂时缓解顾客的不满情绪,一定程度上维护了企业的信誉。如果企业及时给予回复,可以把顾客产生的不满情绪转化为顾客对企业的信任。

(6)在线技术支持与培训。企业充分利用互联网的交互功能,开展在线消费者培训,使消费者了解产品的工作原理,学会科学地识别和选择产品,通过开展在线技术支持能及时解决用户在产品使用过程中遇到的障碍。

(7)在线交易。在线交易的完成使信息服务、网络营销等各种在线支持一气呵成,大大提高了交易效率和交易的可靠性、安全性。互联网强大的信息功能又使企业和顾客双方都能随时查询交易情况,需要时还可以迅速做出调整。

(8)交易安全。安全问题是制约电子商务发展的一个障碍,为解决顾客的安全疑虑,企业应当提供各种安全措施,让顾客有信心在企业网站进行交易。

(9)顾客论坛。顾客论坛提供了一个顾客自由交流的空间,让顾客自由发表各自对产品的看法、使用体会等,在此企业可以进一步了解顾客对产品的意见反馈。

四、网络客户服务的意义

进入网络时代以后,客户需求趋向多样化、个性化,产品的更新换代更加迅速,企业之间的竞争更加激烈,市场环境也更加难以把握。在这种情况下,很多企业的经营理念开始向经营服务型转换,注重快速响应客户需求,以求得企业的市场竞争地位。也就是说,企业需要为客户提供及时服务,以满足客户的需求。网络客户服务具有及时性、互动性、个性化、客户化等特性,网络客户服务最大的优势即在于能够与客户建立起持久的一对一服务关系。

这种关系的建立应归功于网络即时互动的特性,这与传统的客户服务由公司到客户,或者由客户到公司的单向性相比有天壤之别。网站以客户为驱动,以前的销售与交易的详情被存储在数据库里,并且每个客户都有一个个人档案,企业系统会跟踪包括购买模式在内的客户生活的各个方面,对客户的偏好、忌讳、兴趣、习惯、接受新思想的可能性等个性化特征都有很好的记录,这些信息被用来发现一些高度个性化的新销售机会。

网络客户服务

在网络经济时代,发展客户关系给企业带来的利益不断增加。此时,企业可以为客户提供差异化服务。企业提供给客户的特定利益能够与他们的价值相配合,使企业更好地理解个别客户的购买需要和购买周期。网站开始忠诚客户俱乐部、客户讨论会和其他类似的活动,并鼓励客户积极参与网站的活动,这不但促进了客户与网站的共鸣,更促进了客户忠诚度的提升。而潜在客户如果对相关活动感兴趣,就更有利于他们成为忠诚的定期访问者。

随着科学技术的发展,社会生产力不断提高,产品的数量和品种得到了极大的丰富,互联网的普及使客户可以通过网络获取更多的产品信息,并因此拥有了更大的产品选择空间,市场竞争变得异常激烈。客户需求特征正逐步趋向多样化和个性化,单纯的产品供给已很难满足客户的需求,对产品相关服务的满意程度将成为促使客户做出购买决定的又一个主要动力。因此,企业必须建立并保持长期和良好的客户合作关系,去迎合客户的需求,赢得客户的信任。

实践任务

请尽可能查找网络客户服务的方式,列出每种网络客户服务方式的名称、特点。

素质拓展

东京迪士尼:引客回头有"魔法"

迪士尼乐园是一座世界级的主题公园。所谓主题公园,就是园中的一切,从环境布置到娱乐设施都集中表现一个或几个特定的主题。目前全球已建成的迪士尼乐园有六座,分别位于美国佛罗里达州奥兰多、南加州洛杉矶、日本东京、法国巴黎及中国香港和上海。

作为单体主题游乐园,东京迪士尼乐园的接待游客人数已远远超过美国本土的迪士尼乐园,位居世界第一,最高纪录为一年达到1 700万人次。

调查显示,东京迪士尼乐园的固客率已超过90%,这靠的不仅是其带有浓厚神秘色彩的主题文化环境,即梦幻般的园内设计、家喻户晓的卡通人物、惊险纷呈的游乐内容、推陈出新的游乐设施等硬环境集客效果,充满亲情的、细致入微的人性化服务,使游客可以在东京迪士尼乐园尽享欢乐。那么,东京迪士尼乐园是如何实现并长期保持其高水准的服务质量的呢?

东京迪士尼引客回头有"魔法"! 美国迪士尼25年吸引了2亿人次游玩,东京迪士尼只花了14年。仔细看看日本的生意,很简单,就是引客回头。它是怎么做的呢?

比如,保洁:迪士尼的客人一般不会看到总经理,但是他们能天天看到扫地的人。在迪士尼做保洁的清扫工多为工读生,干两个月就要回学校了,但就是两个月也要培训。

第一天上午培训什么?如何扫地!扫把有三种:一种扫灰,一种刮树叶,一种扫纸屑。什么时候可以扫?开门时不能扫,关门时不能扫,客人距离15米的时候不能扫,要把扫把拿起来,在客人脚底下扫东西是不礼貌的,仅这个就要培训一个上午。

第一天下午学照相。全世界最新的数码相机是怎么照的?他们把世界名牌通通摆在那里,每个扫地的人都要学,学习使用任何一种照相机,以便随时停下工作为顾客照相。

第二天上午学抱小孩。学习抱小孩的正确姿势,即一只手托孩子的臀部,另一只手扶孩子的背,孩子太小是不能抱腰的,很容易受伤。然后还要学习给小孩换尿布。

第二天下午学辨认方向。比如小女孩要买薯条,告诉她右前方,前进150米,找到那个灰色的房子……整个迪士尼的地图,通通要记在脑子里。

谁是迪士尼主要的客人?小孩,尽管买票的是爸爸妈妈。迪士尼有个规定,当小孩拉着大人的裙子讲话的时候,迪士尼工作人员应立即蹲下,因为小孩子是很矮的,你不能站着跟他讲话,他们都是未来的客户,要尊重。今天是爸爸妈妈带来的,以后是自己来的,再以后是带着他的小孩来的。这就叫引客回头!

任务三 熟知网络客服的基本素质

学习目标

【知识目标】 掌握网络客户服务岗位的技能要求,熟悉网络客户服务岗位必备的素质。
【技能目标】 熟悉网络客服心理、专业知识等方面的素质要求,并掌握一定的沟通技能。

情景导入

雪峰已经学习了关于网络客户服务的相关知识,他明白要成为一个优秀的网络客服,就要满足这个岗位对服务人员的基本要求,因此,他经常向优秀员工请教。几个月以来,雪峰把自己的工作体会都认真地记录下来,方便以后总结提升自己。

知识平台

一、网络客服的岗位描述

随着互联网的发展,现代企业基本都开展了网络客户服务,于是就衍生出了网络客服这一岗位。网络客服一般都是通过网络聊天工具和客户进行沟通,比如微信、QQ、邮件等,主要是回复客户的咨询、处理网络订单,并且推进公司的销售服务。具体工作描述如下:

(1)接听各种咨询话务并推广品牌。按照知识库及时准确回答客户,为客户提供标准服务;快速掌握公司的新政策、新业务,电话服务过程中,积极主动推荐公司的新产品,促使客户产生使用公司产品的意愿。

(2)受理客户申请的业务和客户的投诉电话。准确记录投诉内容,及时将需其他岗位协助受理的业务转送到后台;协助整理企业内部培训资料,辅导初级客户代表参加各项培训,参加各种团队活动,提高综合素质。

(3)使用多渠道方式(如电话、短信、邮件等)与客户进行沟通。通过沟通达到服务或销售目的;做好用户的咨询与投诉处理,做好用户的障碍申告与派单,总结反馈用户的意见与建议。

(4)认真填写交班日记,向下一班交清未完成和待解决的问题。与各部门保持良好的联系与沟通,经常检查电脑运行情况,及时报修排除故障。

二、网络客服的基本素质

一名优秀的客服不仅需要具备优秀的心理素质、品格素质、技能素质等,还需要有热情主动的服务态度、良好的自控能力、高超的语言沟通技巧和谈判技巧,以及丰富的专业知识。

(一)心理素质要求

1. 要有"处变不惊"的应变力

所谓应变力,是指对一些突发事件的有效处理的能力。作为客户服务人员,每天都面对着不同的客户,很多时候客户会给你带来一些真正的挑战。例如,在宾馆、零售店、呼叫中心工作的客户服务人员,都有可能遇到一些具有挑战性的情况。这就需要客服人员具备一定的应变力,特别是在处理一些客户恶性投诉的时候,要"处变不惊"。

2. 要有抗挫折、打击的承受能力

很多客户服务人员每天都要面对各种各样的客户误解,更有甚者,客户越过客户服务人员直接向其上级主管投诉。有些投诉可能是夸大其词。因此,一名网络客户服务人员需要有承受挫折和打击的能力。

3. 要有情绪的自我掌控及调节能力

一名客服人员每天可能要接待100个客户,也许第一个客户就跟你发生了争吵,因此你的情绪会很低落。可后边还有99个客户依然在等着你解决问题,这时候你决不能把第一个客户带给你的不愉快转移给下一个客户,你需要掌控和调整自己的情绪。对于每一个客户,你永远是他的第一个客服人员,特别是一些客户服务呼叫中心的在线服务人员,一天大约要受理400个投诉咨询,你需要对每一个客户都保持同样的热情。因此,优秀的客户服务人员的心理素质非常重要。

4. 要有满负荷情感付出的支持能力

客户服务人员需要对每一个客户都提供最好、最周到的服务,不能有所保留。而且对待第一个客户和对待最后一个客户,同样需要付出相同饱满的热情。每个人的这种满负荷情感的支持能力是不同的,一般来说,工作时间越长的客户服务人员,满负荷情感付出的支持能力就越强。

5. 要有积极进取、永不言败的良好心态

客户服务人员在自己的工作岗位上需要不断地调整心态,遇到困难不能轻言放弃。例如,24小时呼叫中心的呼叫座席会接到一些骚扰性电话,很多时候,有的客户服务人员就打退堂鼓了,觉得干不下去了。因此,客户服务人员需要有一个积极进取、永不言败的良好心态。这些和团队的氛围有很大关系,如果整个客户服务团队是一个积极向上的团队,员工在这种良好团队氛围当中,很多心里的不愉快就能很自然地得到化解;如果不是,那就要靠自己去慢慢化解。

(二)品格素质要求

1. 忍耐与宽容是优秀客户服务人员的一种美德

忍耐与宽容是面对无理客户的法宝,是一种美德。真正优秀的客户服务人员会根据客户的喜好使他满意。不同的客户性格不同,人生观、世界观、价值观也不同,优秀客服需要有很强的包容心,包容客户。

2. 不轻易承诺,但要言出必行

通常很多企业对客服人员都有明确要求:不轻易承诺,但要言出必行。客户服务人员不要轻易地承诺,随便答应客户做什么,这样会给自己的工作造成被动。但是客户服务人员必须要兑现自己的诺言,一旦答应客户,就要尽心尽力地做到。

3. 勇于承担责任

如客户服务人员在工作中出现失误,需要承担责任时,切勿相互推卸责任。客户服务是一个企业的服务窗口,作为一名优秀客服,此时更应该主动化解矛盾,勇于承担责任是客服工作人员应具备的基本素质。

4. 谦虚是做好客户服务工作的要素之一

拥有一颗谦虚之心是人的美德,一名客户服务人员需要有丰富的专业知识,但客户不都是行业内的人员,因此,对于客服来讲,谦虚更为重要。比如说IT行业的客户服务人员,有时需要上门提供维修服务,你有专业知识、专业技能,在这个领域你可能是专家,客户可能会说出很多外行的话,如果客户服务人员不具备谦虚的态度,在客户面前炫耀自己的专业知识,揭客户的短,这是客户服务中非常忌讳的一点。客户服务人员要求有很全面的专业知识和很高的服务技巧,但绝不能卖弄自己的专业知识,贬低客户。

5. 强烈的集体荣誉感

客户服务强调的是一种团队精神。企业的客户服务人员需要互相帮助,必须要有团队精神。人们常说某个球队特别有团结精神,特别有凝聚力,是指什么?主要就是指每一个球员在赛场上不是为了自己进球,他们所做的一切都是为了全队获胜。客户服务人员也是一样,你所做的一切,不是为了表现自己,而是为了把整个企业客户服务工作做好。这就是团队集体荣誉感。

(三)技能素质要求

1. 良好的语言表达能力及丰富的行业知识及经验

良好的语言表达能力是实现客户沟通的必要技能和技巧,丰富的行业知识及经验是解决客户问题的必备武器。不管做哪个行业都需要具备专业知识和经验,不仅要懂得如何跟客户沟通、如何向客户赔礼道歉,而且要成为掌握产品知识的专家,能够解释客户提出的各种相关问题。如果客户服务人员不能成为业内专业人士,那么有些问题可能就解决不了。作为客户,最希望得到的就是服务人员的尊重与帮助。因此,客户服务人员要有很丰富的行业知识和经验。

2. 熟练的专业技能及优雅的形体语言表达技巧

熟练的专业技能是客户服务人员的必修课。每个企业的客户服务人员都需要学习多方面的专业技能。掌握优雅的形体语言表达技巧,能体现客户服务人员的专业素质。优雅的形体语言表达技巧指的是一个人的气质,内在气质会通过外在形象表现出来。举手投足、说话方式、笑容等,都能表现出你是不是一个专业的客户服务人员。

3. 思维敏捷,具备对客户心理活动的洞察力

对客户心理活动的洞察力是做好客户服务工作的关键。所以,这方面的技巧是客户服务人员必须具备的。思维敏捷,具备对客户潜意识的洞察力,洞察顾客的心理活动,这是对客户服务人员技能素质的起码要求。

4. 具备良好的人际关系沟通能力和电话接听技巧

客户服务人员具备良好的人际关系处理与沟通能力,跟客户之间的交往会变得更顺畅。

电话接听技巧是客户服务人员的另一项重要技能,客户服务人员必须掌握怎么接客户服务电话、怎么提问等方面的内容。良好的倾听能力是实现客户沟通的必要保障。

(四)综合素质要求

1. "客户至上"的服务观念

"客户至上"的服务观念要始终贯穿于客户服务工作中。优秀的客户服务人员必须具备工作上的独立处理能力。一般来说,企业都要求客户服务人员能独当一面,也就是说,你要能独立处理很多客户服务中的棘手问题。

2. 问题的分析解决能力

优秀的客户服务人员不但需要做好客户服务工作,还要善于思考,能够提出工作的合理化建议,有分析解决问题的能力,能够帮助客户去分析解决一些实际问题。

3. 人际关系的协调能力

优秀的客户服务人员不但要能做好客户服务工作,还要善于协调同事之间的关系,以达到提高工作效率的目的。人际关系的协调能力,是指在客户服务部门中,与同事协调好相互关系的能力。有的时候,同事之间关系紧张、不愉快,会直接影响客户服务的工作效果。

(五)专业知识要求

1. 商品知识方面

(1)商品的专业知识。客服应当对商品的种类、材质、尺寸、用途、注意事项等都有一定的了解,最好还应当了解行业的有关知识,同时对商品的使用方法、洗涤方法、修理方法等也要有一个基础的了解。

(2)商品的相关知识。商品可能只适合部分人群,比如化妆品,有一个皮肤性质的问题,不同的皮肤性质在化妆品的选择上会有很大的差别;再比如玩具,有些玩具不适合太小的婴儿,有些玩具不适合太大的儿童等。此外,对同类的其他商品也要有个基本的了解,这样在面对客户关于不同类商品差异的询问时,就可以更好地解答。

2. 网站交易规则方面

(1)一般交易规则。优秀客服不仅要熟知网上交易流程、操作,还要学会查看交易详情,了解如何付款、关闭交易、退换货等流程和规则。

(2)物流知识。了解不同的物流及其运作方式,熟悉邮寄的种类,熟悉各家快递公司,了解不同物流方式的价格、速度、如何计价等问题。

只有了解了客服人员应该具备的素质和技能,才有可能在工作中不断地提升自我,自觉地学习服务技能和技巧,从而做好客户服务工作。

实践任务

在网络上找出目前各大交易平台的网站交易规则,如淘宝、京东、拼多多。

素质拓展

高盛的选择

1968年的一天,高盛的一位交易员接到了一个机构客户的一笔交易委托:买入50 000股某家公司的股票。这个单子在当时是少有的大单,因此在高盛的交易大厅引起了一阵兴奋,交易员执行完指令就出去吃午饭了,回来的时候发现桌子上有一大摞秘书留下的粉红便条,都是让他尽快给那个刚刚下单的客户回电。他急忙打回去,那边声音都变了:"我犯了一个大错,这次我肯定得被炒鱿鱼了!"原来,那位客户把卖出指令错误地下达成了买入,更可怕的是,他本来应该是卖出5 000股而不是买入50 000股!

晴天霹雳!高盛的交易员马上找到当时高盛的首席合伙人并向他汇报了情况。首席合伙人问他:"是我们的错还是客户的错?"他如实回答:"是对方的错。"首席合伙人又问他:"他们是不是一个好客户?"他同样如实回答:"是好客户。"首席合伙人很快做了个决定:"既然他们是我们的好客户,那么让我们把他们变成我们更好的客户。这次交易错误算我们的,我们来买单。"

任务四 认知网络客户服务中心

学习目标

【知识目标】 了解企业建立客户服务中心的必要性,熟悉网络环境下客户服务中心的特点和优势。

【技能目标】 提高对新型客户服务中心系统结构的认知,初步掌握服务中心功能、平台的操作。

情景导入

自入职以来,雪峰努力工作、积极进取,工作上取得了不小的成绩。该企业为提高服务效率和质量,对其自身的客户服务系统做出了一定程度上的改革和升级,准备成立客户服务中心。总经理决定让雪峰任客户服务中心主任,负责组建客户服务中心,雪峰踌躇满志,撸起袖子,准备大干一番。

知识平台

一、新形势下建立客户服务中心的必要性

传统的企业客户服务即柜面服务,主要负责售前的咨询服务和售后的维修服务,服务方式为设立企业售前、售后客服,进行柜面服务或上门服务。这种客户服务方式存在缺乏主动性、客户信息分散、服务效率较低等问题,难以满足客户的要求。

为了解决传统的柜面服务所出现的问题,提高服务效率和质量,许多企业对其自身的客户服务做了升级,建立了客户服务中心。传统的客户服务中心也称为呼叫中心,是建立在电话呼叫基础之上的客户服务方式,是一种单一的接入方式。

由于这种服务方式在提高工作效率的同时也大大提高了服务质量,相比于传统的柜面服务要占优势得多,因此很多企业目前还是使用这种客户服务方式。但它在面对迅速发展的企业客户需求时显得有些力不从心,主要表现在以下三方面:

(一)接入方式单一

传统的客户服务中心,接入方式比较单一,它是只建立在电话呼叫基础之上的客户服务方式,而对于别的接入方式,如传真、特别是网络等,一概不兼容。它在一开始的设计上就是单一的接入方式,扩展比较难。

(二)缺乏与互联网的互动能力

通过互联网可以接触到非常广泛的客户,无论何时何地都可以和客户取得联系,可以以一对一的方式来关怀客户,客户也可以在网上提出各种各样的问题。通过这种方式对客户进行关怀的边际成本很低,客户自己也可以完成购物和服务的全部过程。正因为如此,接触客户的方式、销售产品的方式和服务客户的方式都发生了深刻的变化。而传统的企业客户服务中心根本不具备这样的沟通功能,必将被时代淘汰。

(三)个性化功能较弱

每个客户都具有独立的思想,关注客户不仅需要市场促销,更要注重客户之间的差异性,也就是要为客户提供个性化服务。传统的企业客户服务中心缺乏识别客户价值的功能,难以找到每一位客户的特定需求。这样的状况显然难以适应网络环境下的激励竞争,企业客户服务如果不能为客户,特别是重要的客户不断提供符合客户自身特点的、最有价值的产品或方案,就很有可能造成这部分客户的流失。

综上所述,柜面服务和传统企业客户服务中心,在经济迅猛发展的大环境下,已经很难再满足广大客户不断发展的要求,不能满足目前企业对服务体制的改革要求。在新形势下,企业应根据自身的可持续发展要求,对其传统的客户服务中心进行彻底的改革,建立适应网络环境下的新型企业客户服务中心。

二、网络环境下新型客户服务中心建设

网络的发展对传统的客户服务中心提出了新的挑战,网络给客户带来无限的选择权,大大增加了客户与商家讨价还价的能力。客户可通过网络比较、选择世界范围内的商品;对一些不能提供优质服务的企业,客户只需单击鼠标就会轻而易举地将其弃置一边。

在互联网环境下,握在客户手里的鼠标直接决定着众多企业的前途和命运。无法快速对客户的要求给予回应,将严重制约客户对企业的满意度和忠诚度,而客户也迫切希望出现新的更加完善的客户服务中心。在这样的背景下,企业的新型客户服务中心应运而生。

(一)新型客户服务中心的概念

新型客户服务中心是一个集语音技术、呼叫处理、计算机网络和数据库技术于一体的系统,是在传统的客户服务中心的基础上,增加 Web、E-mail、Fax、WAP、短消息等接入和服务手段,同时对这些接入的服务请求进行统一的排队处理,通过智能路由选择合适的服务提供者为客户提供最优质的服务,从而便于用户通过更方便、多样的手段享受客户服务中心提供的服务,更大程度地发挥客户服务中心的作用。

(二)典型的新型客户服务中心系统结构

典型的新型客户服务中心是在传统的客户服务中心基础上增加了通过Internet为客户提供服务的能力。Internet的加入使得传统的客户服务中心有了新的转变。新型客户服务中心

为企业客户提供完整的、统一的客户服务平台,允许客户选择电话、传真、E-mail、Web等多种方式接入系统,使客户得到便捷、满意的服务。

(三)新型客户服务中心系统功能

1. 具有与互联网互动的功能

网络环境下的客户服务中心其实是一个复杂的客户服务实体。将互联网接入客户服务中心既可以充分利用客户服务中心提供的功能,又能充分利用互联网的网络资源,互联网技术可真正使客户服务中心提供"全天候"服务。

2. 其他面向客户的服务功能

与具有类似功能的系统合建能够在很大程度上降低系统的投资,并有利于业务的统一。比如,对于移动电话运营商而言,语音信箱、短消息中心、秘书台及一些增值服务和客户服务中心服务,均属于面向客户服务系统的范畴,合建后将具有更大的优越性。

3. 优化排队、调度功能

新型的客户服务中心接入方式的多样化,导致各种信息或服务请求大量涌入。这些来自不同通信方式的信息或服务请求,通过 PSTN 网与客户服务中心取得联系,同时通过排队机和智能路由,选择最合适的服务系统或人工来为客户提供服务。另外,新型的客户服务中心还开发出了各种自动业务,提供可编程的任务管理模块,客户可以自己编写所需要的流程,然后由任务管理器进行调度、管理,最后执行。

4. 可扩展功能

在未来科学技术更有所突破时,新型客户服务中心可以实现以下功能扩展:

(1)实现客户服务中心的大互联。客户服务中心的大互联是指把各个企业、各个行业,甚至是各个国家的客户服务中心进行相互联网,提供统一标准的各种客户服务,实现资源和利益共享。

(2)实现语音识别技术。实现语音识别技术,能大大地方便客户,特别是那些残疾人及弱势群体。人们就不用再为不会或不能使用电脑而苦恼了,只需要直接对着话筒说话就行了,用语音进行选择即可。

实践任务

在网络上,搜索现代客服中心的视频资料,提高感性认识。

素质拓展

华为打造适应数据时代发展要求的新型客户服务中心

华为"大服务"的理念、产品架构、生态系统和商业模式以及华为坚持以客户为中心,全面提升客户服务体验得到了合作伙伴的广泛认同。客户服务中心作为服务的重要组成部分,在数据时代面临不断变化的客户需求,也承载了更多的角色和价值,面临向网络和社交化转型的挑战。

众所周知,很多企业都有自己的客户服务中心。当然,有些可能会称为技术支持中心,简称为 TAC(Technical Assistant Center)。初期可以统括为售后服务中心,就是客户购买了本公司的设备或者产品,在使用过程中出现任何问题,通过拨打统一的服务中心号码解决问题。

一、数据时代下的客户服务中心

随着云计算、大数据、社交网络、物联网和移动化成为数字社会的五大热点,客户服务中心也要快速转型,朝着网络和社交化的客户联络中心演进。其中,技术支持网站内容要更聚合,更容易被用户检索,还要持续提升用户通过网站的自主问题解决率。另外,各类技术支持能力要能够通过移动终端覆盖,让用户随时随地可用,这些载体包括移动APP、微信、微博等。技术支持能力向网络和社交化转变,这正是适应数据时代发展要求的新型客户服务中心。

客户联络中心的宗旨是为客户提供"一站式"服务,从售前咨询、售后服务到客户回访,环环相扣,为客户提供完整的服务解决方案,最终实现以解决产品问题为基础,打通售前和售后服务,为客户解决所遇到的所有问题。

二、华为客户服务中心是为用户提供全天候优质服务的综合联络中心

华为中国区客户服务中心作为服务请求、远程支持、服务调度、售前咨询、续保、备件和投诉等业务的集中处理平台,实现了客户联络界面的统一,使服务过程与业务数据实现集中化、精细化管理。从技术支持到备件支持,从销售支持到运营支持,以此提高客户、合作伙伴与华为合作的效率,降低客户及合作伙伴的成本。

华为坚持以客户为中心,以"一站式"服务为目标,践行"良好的客户服务形象、良好的技术、良好的客户关系、良好的品牌"的核心服务理念,以专业性的人员,及时和全方位地关注客户、合作伙伴的每一个服务需求,并通过提供广泛、全面和快捷的服务,使客户体验到无处不在的满意和可信赖的贴心服务:

(1)快速的顾客响应,以最便利的方式沟通,完成业务咨询、问题受理、备件服务、维保信息查询、维保销售等,可为客户提供更富有个性化的服务项目。

(2)更畅通的交流,成为获取市场需求信息的重要窗口,利于形成市场信息的统计分析。

(3)统一集中管理客户资源,让服务延伸到生产、销售等各运营环节。

(4)更高效的服务流程管理,降低服务成本。

(5)专业化服务队伍。客户服务中心的工程师,在已经发布的各自产品认证领域,100%具有HCNP证书。

华为中国区客户服务中心正在转型为客户联络中心,技术支持能力向网络和社交化演进,把握ICT融合带来的机会,帮助合作伙伴和客户提升效率并创造价值。

(资料来源:CTi论坛)

项目综述

通过本项目的学习,学生熟悉和认知了网络客服岗位的要求以及客户服务的基本知识和技能。

一、通过对客户服务的学习,学生明确作为一名客服人员,应当掌握客户服务的相关知识。

二、通过对网络客户服务概念和分类的学习,学生能够区分客户服务的各种类型。

三、通过对客户服务中心的学习,学生了解在网络环境下新型客户服务中心对客户服务技能的要求。

项目二

认知商品

项目描述

市场上商品种类繁多,为提高企业经营管理水平,有利于商品流通,方便消费者购买,需要对众多商品进行科学分类。构建完善的商品分类体系可以实现对商品(包括虚拟商品)品类的正确认知。随着条码技术在电子商务领域的发展与应用,物流和信息流的同步有了更好的技术手段,可有效地提高商品流通的管理效率。

项目目标

通过本项目的学习,学生能够清晰地了解和掌握商品基础知识与周边知识,理解构建商品分类体系的意义与方法,通过对不同电商平台的品类布局及类目表的调查分析,实现对商品和虚拟商品品类的正确认知,更好地实现对店铺商品的销售与管理,提升商品品类管理效率。

通过本项目的学习,培养学生遇事勤思考的思维习惯,提升行业职业规范,增加与人交流、团队协作的能力;培养学生关注行业发展与时政热点,养成认真严谨、脚踏实地的工作态度;培养学生创新意识、创新思维和创新能力;培养学生求实的工作作风,促使学生职业素养的养成。

任务一 认识商品

学习目标

【知识目标】了解商品基础知识;了解商品周边知识;掌握同类商品间质量与货源比较。

【技能目标】明确作为客服人员,应当了解并掌握的商品知识。

客服与顾客就商品质量的对话

顾客: 我看好多家网店都有这款衣服,为什么你家要贵点儿呢?

客服: 这款衣服是我们家最先出的爆款哦!由于销量高、上身效果好,受到青睐,但同时也有很多仿款。我们家的衣服是自家工厂定制的,原材料都是实打实的,质量与版型是其他店无法比拟的。

顾客: 哦,那都有哪些优点呢?

客服: 我们的衣材十分讲究,除了连线以外,都是用纯毛制作的,用料讲究,而且比较轻薄,呈现出十分饱满的视觉效果。

客服: 其次,我们衣服的设计也是十分考究的,不仅提升了您的品位,还拉长了手臂线条。衣服采用简约的无扣门襟,干净清爽;同色系的腰带不仅能够收敛宽松腰身,也是十分经典的装饰。

顾客: 原来是这样啊!那我就可以放心地买啦!

知识平台

由于网店客服对店铺商品的成交量起着至关重要的作用,因此,客服应该具备丰富的知识,在与顾客沟通时,才可以围绕商品本身进行对话。如果对于顾客所提出的有关商品信息的专业问题,客服不能给予及时准确的答复,甚至一问三不知,顾客就会打消购物欲望,甚至会对店铺失去信心。因此,在顾客咨询的过程中,客服要对商品知识准确认知,充分掌握,才能满足实际工作的需求。那么作为一名优秀的客服人员,应当具备哪些商品知识呢?

一、商品基础知识

商品基础知识包括但不限于以下内容:

(一)商品外观

客服要认真观察实际商品,并掌握其显著的外观特点,然后通过语言进行准确描述。对于如图 2-1-1 所示的连衣裙商品,顾客可能会问裙子上的条纹图案是染印上去的还是手工绘制的，这就需要客服对自身商品进行准确认知，并给出明确答复，而不能用"不清楚""不了解"来搪塞顾客。

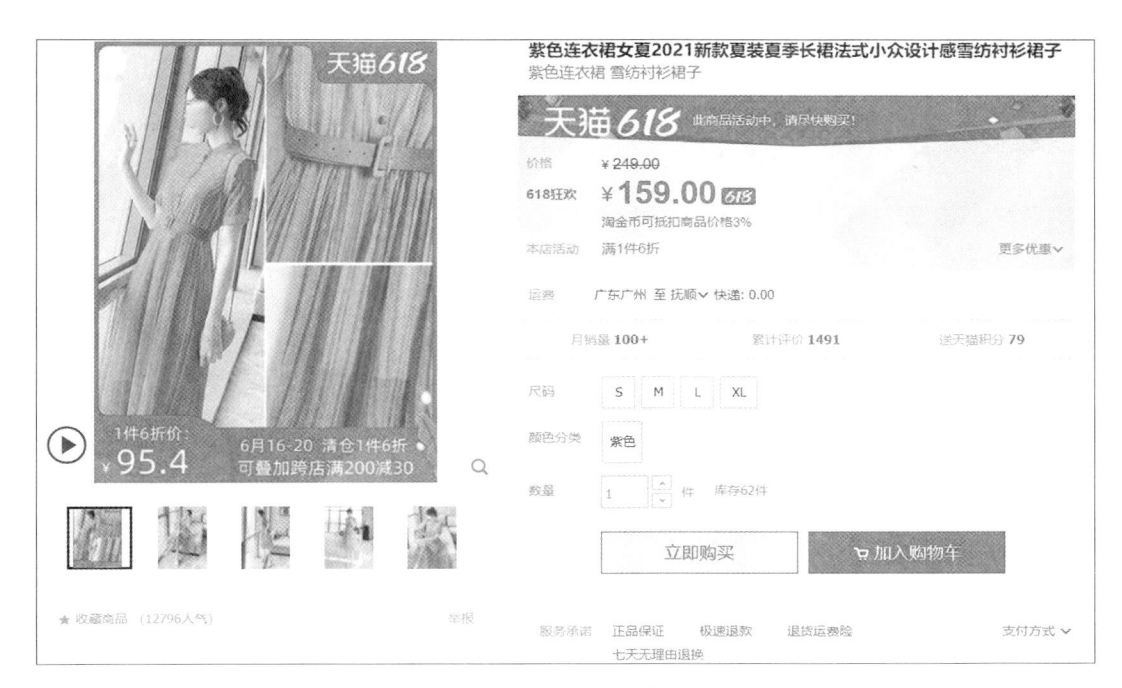

图 2-1-1　连衣裙商品

（二）商品基本属性

商品基本属性包括但不限于商品的规格、成分、含量及配件等，如顾客在选购服装类商品时，往往会向网店客服咨询其面料成分及材质含量，如果得到客服的明确回复，顾客就会觉得客服具有一定的专业性，值得信任。

（三）商品保养与维护

对于商品的保养与维护方法，客服应在顾客购买商品时就做出相关的阐述和说明，以确保顾客日后可以对商品进行合理的养护，从而延长商品的使用寿命。在商品详情页面中会有一些关于商品洗涤和存储的相关知识，建议客服要熟知这些知识，并且在交易的过程中主动提示顾客，如怎样避免衣服变形、脱丝、起球等。

（四）商品安装及使用方法

有些网店出售的商品可能要顾客自己手动安装。对于商品的安装与使用方法，客服也要熟练掌握，因为顾客可能会在收到商品后因为不会组装或者不会使用而咨询客服。此时，网店客服就要通过自己所掌握的商品安装知识，迅速且准确地帮助顾客解决问题，以打消顾客对商品的疑虑，完善其购物体验。

（五）商品关联销售

在学习商品知识时，网店客服还应掌握一些可进行关联销售的商品。这样在销售商品时，客服可以尝试推荐所关联的其他商品，提高客单价。需要注意的是，在推销关联商品时，一定要准确说出关联的理由，这样顾客才更容易接受。如对于图 2-1-1 所示的商品，网店客服可提前准备与其关联销售的商品信息,如皮包、鞋子、帽子等,以便在销售中抓住时机准确地推送给顾客。

二、商品周边知识

一般来说,商品的周边知识与顾客对商品的了解与选择没有直接的关系,但能在一定程度上指导或影响顾客的选择,加深顾客对商品的认知。这里主要从商品真伪的辨别和商品的附加信息两个方面来进行介绍。

(一)商品真伪的辨别

在真假难辨的网购平台上购买商品时,顾客会纠结自己所购买商品的真实性。客服要掌握辨别商品真伪的办法,让顾客按照所提供的这些辨别方法直接去检验自家商品,往往要比客服强调商品的真伪更实用。对商品真伪辨别知识的掌握,不仅可以增加顾客对这类商品的认知,还能让客服的专业性获得认可。

(二)商品的附加信息

在商品生产和销售中,通过商品的附加信息可赋予商品新的价值,如××推荐、××同款商品等。这种方式其实是利用了顾客的求名心理,通过所树立的代言人,无形中让顾客在选购此类商品时受到知名效应的影响。此外,还可以通过品牌价值的观点来为商品赋予一种精神价值,但此种方法一般只适合于对品牌文化有一定认同的顾客。

三、同类商品比较

电子商务的快速发展使得市场的同质化现象越来越严重。网店客服在面对"为什么××家和你们家的款式一模一样,价格却很便宜"这样的疑问时,不要一味地贬低和怀疑他人,而是让顾客了解自己的商品,并通过对比同类商品的方式突出自己的优势,这样才能客观、公正地回答顾客的问题。

(一)质量的比较

商品质量是顾客选购时最先考虑的因素之一。客服不仅仅要全面掌握商品的相关知识,包括商品的材质、规格、版型、用途和卖点等,还要熟悉同类商品的信息,找出自身商品与它们的区别,让顾客更加清楚自身商品与其他商品对比的优势,这样才能留住顾客。

(二)货源的比较

客服除了应该了解自家商品的质量外,还要了解商品的进货渠道和生产渠道,因为货源的比较也是影响顾客选择的因素之一。正规的货源渠道对商品的质量有所保证,能让顾客感受到网店经营的正规化、流程化,从而可以放心地购物。

总之,作为一名优秀的客服人员不但应该具有丰富的知识,还要读懂顾客的内心,了解顾客的核心需求。此外,客服也要熟知电商平台相关规则与交易知识,这样才能做到知己知彼,顺利达成销售目的。

实践任务

请同学自行收集所熟悉的商品相关资料,针对消费者心理,分别扮演顾客与客服角色,进行商品选购中咨询与推介的模拟演练。

素质拓展

解读顾客十大消费心理

销售行业有句话叫"优秀的导购必定是一个优秀的心理学家"。在实际门店销售中,客服导购人员从接待顾客到完成交易的过程中,每时每刻都在和顾客进行心理博弈,要提升销售业绩,就需要导购人员在整个过程中察言观色,掌握各类顾客的心理,运用有效制胜的战术进行"交战"。现以内衣门店顾客常见的十种消费心理为例,谈谈客服导购人员应该如何一一应对。

一、求实心理

心理特点:以追求产品的实用性为主要购买目的,对内衣面料、质地和工艺比较挑剔。这类顾客表现沉着冷静,对产品质量、价格、售后服务以及对导购本人的要求比较高,且自我保护心理比较强,对自己的利益非常关心。

成交撒手锏:导购在应对该类顾客时应该注重专业性和把握细节,用真诚、耐心、专业、求实的态度消除与顾客的隔阂,学会站在顾客的立场思考问题,建议主推高性价比、爆款类内衣产品,并极力引导顾客试穿,让其体验产品的上身效果以及穿着的舒适性,避免夸大事实、弄虚作假,用优质的服务和高性价比的产品征服顾客,赢得顾客的信任与认可。

二、求美心理

心理特点:以追求产品的美感为主要购买目的,着重于内衣的款式、色彩的时尚性。这类顾客的心理年龄普遍偏年轻,对时尚、潮流的理解比较前沿。

成交撒手锏:在应对该类顾客时,导购应该从顾客的穿着打扮方面(发型、外穿服装、包、鞋子、妆容等)进行细致的观察,通过与顾客探讨时尚潮流方面的话题切入推荐产品,尽量推荐店内款式比较时尚前卫、颜色独特的产品,并结合当今流行趋势,专业地强调该产品设计师的思路、设计风格定位,主推当季最新形象款、时尚款。向顾客推销过程中,尽量借助产品画册、走秀视频等工具,展示产品穿着后的美感效果。

三、求名心理

心理特点:该类型的顾客以表现身份、地位、价值观为主要购买目的,注重品牌、价位、公众知名度。该类顾客经济购买能力和品牌意识非常强。

成交撒手锏:重点向顾客介绍品牌的历史、品牌内涵,以及品牌在全国内衣行业的地位与知名度(包括品牌销售网点覆盖率、产品占有率、品牌荣誉、公众活动等)。

四、求廉心理

心理特点:以获得超值、低价产品为主要购买目的,注重产品的实惠。该类顾客经济购买能力普遍偏低,但又有购买品牌产品的欲望,顾客对价格比较敏感。

成交撒手锏:导购在实际销售中,应适当在心理上进行鼓励,热情接待,利用更多的优惠办法或礼品留住顾客,推荐特价产品或折扣优惠较大的产品,再附加赠送一份小礼品,让其"超值"到底,满意而归,同时,还要强调产品即使优惠,品质与服务也能保持一致性。

五、求速心理

心理特点:以追求快速方便为主要购买目的,注重购买的时间或效率。这类顾客通常比较繁忙,时间意识比较强,性格爽快、为人随和,但性子有点儿急,几乎都想利用最短时间、最简单的方式购买到优质的产品。

成交撒手锏:迅速掌握顾客所需尺码,将适合顾客需求的产品罗列出来,让顾客挑选或体验。顾客犹豫不决时,导购应主动为顾客做主,肯定产品穿着效果,并做出售后服务的承诺,让顾客放心、安心,直截了当,迅速成交。

六、求同心理

心理特点:以追求名人或大众消费为主要目的的购买心理,也就是我们常说的从众心理,该类顾客趋向于"跟风"和凑热闹,没有特定的自我购买要求,对产品的判断力和主张性不强。导购的言辞应巧妙地利用"从众"心理,让顾客在心理上得到依靠和安全感。

成交撒手锏:在实际销售中,应主推畅销款,强调很多人都已购买,而且购买后非常满意!导购既要采用数据(销售数据、补货数据、顾客反馈数据)效应,让顾客认识到某款产品的品质得到大众的认同,又要采用稀缺效应,让顾客感觉到产品的畅销程度,以及经常断货、缺货的紧张气氛。

七、求惯心理

心理特点:以满足特殊的爱好而形成的购买心理,往往注重自己偏爱的品牌和款式,多为回头客。顾客在选择产品时,会根据自我的兴趣偏好,有特定的购物习惯,讲究条理,性格保守执着,不容易接受新的事物。这类顾客大部分是门店的VIP顾客,对品牌或门店的忠诚度极高,而且对门店的长期贡献较大,对品牌、产品品质、服务都有一定的认同,所以,在实际销售中,导购不需过多地强调这些。

成交撒手锏:导购应及时调出顾客以往购买的记录,了解顾客对款式、颜色的趋向特点,根据顾客体型的变化,找出店内当季新款中类似顾客习惯购买的专属产品,引导顾客试穿,同时,导购还要利用顾客的消费积分以及会员权益等手段,促进顾客成交。

八、求安心理

心理特点:以追求安全、健康、舒适为购买心理,注重产品的安全性、舒适性与无副作用。该类顾客对产品的面料、里料、配件的质量比较敏感,当然,对产品的科学设计也很讲究,顾客自我呵护与健康意识极强。

成交撒手锏:导购应善于利用专业知识向顾客强调产品面料、里料、配件的安全性与环保性,借助官方权威的证明(如检测报告、免检产品证书、品牌荣誉证书等),让顾客参与现场演示与其他品牌的对比实验,消除其顾虑,并结合产品的设计理念与产品关键特点,向顾客解析产品有利于长期穿着的益处。同时,还要适当否定顾客选购、穿着内衣的不良习惯,甚至指出由此带来的健康威胁,专业地向顾客普及内衣健康知识,从而引导顾客正确地选购内衣产品。

九、好奇心理

心理特点:以喜欢尝试为主要目的的购买心理,对新产品感到好奇或产生兴趣,属即兴购买。该类顾客一般表现得比较冲动,而且对产品的价值期望非常高。

成交撒手锏:导购应在与顾客交谈时,了解其关键需求,然后完整、准确地运用FAB销售法则,不但要以通俗易懂的话术强调产品的特点、优点与好处,还要巧妙地制造产品悬念,让顾客感觉到显露的只是产品价值的冰山一角,有效激起顾客对某款产品的兴趣与购买欲望,也要善于利用逆反心理效应,从相反的思维方式出发,进一步增强顾客对某款产品的印象,瞬间推动顾客尝试购买产品。遇到该类顾客,切记一定不能向顾客推荐太多款式的产品,选择几款具有卖点突出的产品即可!

十、好胜心理

心理特点：由争强好胜心理引发的购买动机，有炫耀和暴躁的心理特征。该类顾客通常比较强势，很爱通过否定导购的观点来炫耀自己的专业和价值。这类顾客消费的核心价值往往不是产品的本身使用价值，而是自我炫耀、自我满足的效用。

成交撒手锏：导购在应对该类顾客时，应真诚地聆听顾客的每一句表达，对于顾客的观点要及时赞美和肯定，即使顾客的观点偏激或错误，也要以委婉、谦虚的态度反驳和引导，切勿与顾客进行争论；同时，导购应学会示弱，重视顾客的一言一行，迎合顾客的炫耀或好胜心理。

任务二 认知商品品类

学习目标

【知识目标】掌握商品分类的概念与基本原则，掌握商品分类的依据；了解建立商品分类体系的基本方法。

【技能目标】了解常见电商平台（如天猫超市或京东超市）的商品品类布局，了解如何在电商店铺中设置商品品类，实现对商品品类的认知。

情景导入

小红与小明就商品品类的对话

小红：今年春节估计很多人还要选择就地过年，要提前做好网购年货的准备。

小明：是啊，现在好多短视频平台都入驻电商行业，2021年首届抖音年货节总成交额为208亿元。其中，服装、珠宝、化妆品是年货节最受欢迎的品类。

小红：那这三个品类中最受欢迎的商品又分别是什么呢？

小明：羽绒服、翡翠、面部护肤品。

小红：对，过年我也抢购了一套护肤品，不过我更关注食品，尤其是方便烹饪的小吃。

小明：是啊，食品品类种类繁多，螺蛳粉夺得销量冠军，成为最畅销小吃。热干面、手抓饼、拌粉、年糕等具有地方特色的小吃位列其后。

小红：我也是看到是销量热品才跟风抢购螺蛳粉的，其实它不太符合我的口味，之前我都不知道它属于什么类别的食品。

小明：好多店铺都在销售螺蛳粉，我还特意查看了淘宝店铺上架螺蛳粉该怎么选类目。

小红：那你要好好研究天猫超市和京东超市的商品品类布局，要不顾客怎么能快速查询到你店铺的商品啊，今年可要提前做好准备。

知识平台

一、商品分类体系的基础知识

(一)商品分类的概念与基本原则

1. 商品分类的概念

市场上流通的商品种类繁多,为了方便消费者购买,有利于商业部门组织商品流通,提高企业经营管理水平,需要对众多的商品进行科学分类。商品分类是指为了达到一定目的,选择适当的分类标志,将商品集合总体逐级划分为包括大类、中类、小类、品类在内的完整的、具有内在联系的类目系统。这个类目系统即商品分类体系。

微课:商品分类的概念与基本原则

建设健全商品分类体系意义重大。首先,商品科学分类有助于国民经济各部门各项管理的实施。其次,商品分类有利于了解商品特性,有助于商业经营管理,是实行现代化管理的前提。最后,商品分类有助于促进商品学的教学和科研工作。

2. 商品分类的基本原则

要实现商品分类,首先要明确分类的商品所包括的范围,要从有利于商品生产、销售、经营习惯出发,选择适当的分类依据,最大限度地满足消费者的需要,并保持商品分类的科学性与系统性。具体来说,应当遵循以下六项基本原则:

(1)科学性原则

商品分类要科学:选择商品最稳定的本质属性作为分类基础;规定统一的归类原则;分类层级的划分要客观、合理。

(2)系统性原则

以分类对象的稳定本质属性或特征为基础,将选定的分类对象按照一定的顺序排列,每一个分类对象在这个序列中都占有一个位置,并与其他分类对象相关联,通常用数字代码表示它们之间的内在联系。

(3)适用性原则

商品分类体系应具有适用性,能满足分类的目的和要求。若进行商品分类,就要对每一种产品赋予一个标识,而且只能采用一个分类标识,不准同时采用两个或多个分类标识,否则会造成商品管理混乱。

(4)可扩展性原则

商品分类要充分考虑科技进步、新产品不断涌现的现实情况,在设置商品分类体系时,要留出足够的空位以安置新商品,从而使商品分类体系具有可扩展性。通常在商品目录里可以设置收容项目。

(5)兼容性原则

在进行商品分类、设置新的商品分类体系和商品目录时,要尽可能与国内原有的商品分类体系保持一定的连续性,使相关的商品分类体系之间相互衔接和协调。同时还应考虑与国际通用商品分类体系的对接,以利于推广应用,便于信息的查询、对比和交流。

(6)综合实用性原则

在满足国家商品管理系统总任务、总要求的前提下,尽量满足各行业商品管理系统、各有关单位的实际需要。因此，分类时应首先强调系统的整体经济效益、整体的最优化，要求局部服从整体。其次，在满足管理系统总任务、总要求的前提下，兼顾各管理子系统在分类上的要求。

（二）商品分类的依据

商品本质的属性和特征包括商品的用途、原材料、生产方法、化学成分等，这些也成了商品分类的常见依据。

1. 按商品的用途分类

商品的用途是体现商品使用价值的标志，是探讨商品质量的重要依据，因此被广泛应用于商品的研究、开发和流通。它不仅适用于对商品大类的划分，也适用于商品种类、品种的进一步详细划分。

按商品用途分类，其优点是便于比较相同用途的各种商品的质量水平、产销情况、性能特点及效用，能促使生产者提高质量、增加品种，并且能方便消费者对比选购，有利于生产、销售和消费的有机衔接。但这种分类方式不适用于储运部门和有多用途的商品。

2. 按商品的原材料分类

商品的原材料是决定商品质量和性能的重要因素，原材料的种类和质量不同，因而成分、性质、结构不同，进而使商品具有截然不同的特征。选择以原材料为标志的分类方法是商品的重要分类方法之一。此种分类方法适用于那些原材料来源较多且对商品性能起决定作用的商品。

以原材料为标志分类，其优点是分类清楚，能从本质上反映各类商品的性能、特点，为确定销售、运输、储存条件提供依据，有利于保证商品流通中的质量。但对那些用多种原材料组成的商品（如汽车、电视机、洗衣机、电冰箱等），不宜用原材料作为分类标志。

3. 按商品的生产方法分类

很多商品即便采用相同的原材料，由于生产方法不同，也会使商品具有不同的质量特征，从而形成不同的品种。按商品的生产方法分类特别适用于原材料相同，但可选用多种工艺生产的商品。

按生产方法分类，其优点是突出商品个性，能够展示生产方法与工艺的不同，有利于销售和工艺的革新。但这种分类方式不适用于生产方法有差别，但商品性能、特征没实质性区别的商品。

4. 按商品所含化学成分分类

有些商品所含化学成分与种类、数量对商品质量、性能、用途等有着决定性的或密切的影响，可以采用按所含化学成分分类的方法。此外，有些商品虽然主要成分相同，但由于含有某种特殊成分，而使商品的质量、性能和用途完全不同，因此商品的特殊成分也可用作商品分类的标志。如合金钢，主要的成分为 Fe，但由于合金元素种类不同，使之用途、性质不同。

按所含化学成分分类，其优点是能反映商品的本质特性，对于深入研究商品的特性、保管和使用方法以及开发新品种、满足不同消费者的需要等具有重要意义。但这种分类方式不适用于化学成分复杂的商品（如水果、蔬菜、粮食等）或化学成分区分不明显的商品（如收音机）。

二、商品分类体系的建立方法

（一）商品分类表

为了更好地了解商品分类体系，我们可以查阅商品分类表。商品分类表是指划分商品和服务类别的文件。根据商品的性质、用途、原材料以及不同的服务,可将商品和服务分为若干类,每类又划分为若干种。按照这种归类方式所划分的商品注册使用表称为商品分类表,部分内容见表 2-2-1。

表 2-2-1　　　　　　　　　商品分类表(部分)

大类	中类	小类	细类
……	……	……	……
01 食品干货	22 酒	01 啤酒	01 瓶装啤酒
			02 听装啤酒
		02 白酒	01 白酒
			02 其他
		03 果酒、洋酒	01 红葡萄酒
			02 白葡萄酒
			03 香槟酒
			04 威士忌
			05 白兰地
			06 伏特加
			07 其他洋酒
	23 饮料	01 碳酸饮料	01 可乐
			02 雪碧
			03 果味
			04 其他
		02 水	01 纯净水
			02 矿泉水
			03 其他
		03 茶饮	01 乌龙茶
			……

(二)建立分类的基本方法

商品可以按照许多标准进行分类,通常情况下,建立商品分类体系的基本方法有线分类法与面分类法两种。

1. 线分类法

线分类法又称为层级分类法,是将拟分类的商品集合总体,按选定的属性或特征逐次地分成相应的若干层级类目,并编制成一个有层级的、逐级展开的分类体系。线分类体系的一般表现形式是大类、中类、小类等级别不同的类目逐级展开,体系中各层级所选用的标志不同,各个类目之间构成了并列或隶属关系。由一个类目直接划分出来的下一级各类目之间存在着并列关系,彼此间不重复,不交叉。

通过表 2-1-1,我们可以分别解读一下商品分类表的各个层次的具体含义:

(1)大类

大类体现商品生产和流通领域的行业分工,如五金类、化工类、食品类、水产类等。

(2)中类

中类又可称为商品品类,体现具有若干共同性质或特征商品的总称,如食品类商品又可分为蔬菜和水果、肉和肉制品、乳和乳制品、蛋和蛋制品、烟酒和饮料等。

(3) 小类

小类又可称为商品品种，是对中类商品的进一步划分，体现具体的商品名称。

(4) 细类

细类又可称为细目，是对商品品种的详尽区分，包括商品的规格、花色、等级等，更具体地体现商品的特征。

2. 面分类法

面分类法又称为平行分类法，是将拟分类的商品集合总体，根据其本身的属性或特征，分成相互之间没有隶属关系的面，每个面都包含一组类目。将每个面中的一种类目与另一个面中的一种类目组合在一起，即组成一个复合类目。

通常情况下，服装的分类就是按面分类法组配的。把服装用的面料、款式、穿着用途分为三个互相之间没有隶属关系的"面"，每个"面"又分成若干个类目，使用时，将有关类目组配起来，如纯毛男式西装、纯棉女式连衣裙等。

由此可见，品类是顾客在购买决策中所涉及的最后一级商品分类，由该分类可以关联到品牌，并且在该分类上可以完成相应的购买选择。比如提到空调，顾客能够想到格力；提到矿泉水，顾客能够想到农夫山泉；提到超市，顾客能够想到沃尔玛。因此空调、矿泉水、超市这些都是品类。

我们分别从概念与优缺点评价等方面对上述两种商品分类方法进行比较，对比结果见表 2-2-2。

表 2-2-2　　　　　　　　商品分类方法比较

方法	概念	优缺点评价
线分类法	将拟分类的商品集合总体按照一定的分类标志逐次地划分成若干层级和类目，形成一个层级相连、逐级展开的分类体系	优点：容量大、层次性好，能较好地反映类目之间的逻辑关系； 缺点：结构弹性差
面分类法	将商品集合总体根据本身的属性或特征分成没有隶属关系的面，每个面包含一组类目	优点：结构弹性好，适合于计算机处理； 缺点：结构复杂，不能充分利用容量，不便于手工处理

三、电商平台的商品品类布局

现在，电商已经成为顾客主流购买渠道之一。如果你在 A 网上超市看到了一款较好的产品，若时间充裕，是不是还会去 B 网上超市搜同款产品进行价格对比呢？这种普遍存在的购买行为最终能够有效实施的前提是，顾客能够了解两个平台的商品品类布局，这样才可以进行快速比较，合理准确地选择出性价比满意的产品。

（一）了解商品频道布局

接下来我们以天猫超市和京东超市两个平台为例，找出它们商品品类布局的各自优势，让消费者能够在购物之前做到心中有数，避免浪费不必要的时间去考虑何种商品该在哪个平台购买，以此提高购买效率。首先，我们分别从淘宝首页与京东首页进入天猫超市（图 2-2-1）和京东超市（图 2-2-2）页面，来看看两个平台各自的商品频道分类。

在天猫超市商品频道分类页面中，左侧分别是"进口食品、食品饮料、粮油副食、美容洗护、家居家电、家庭清洁、母婴用品、生活服务"；上面分别是首页、企业采购。

图 2-2-1 天猫超市商品频道分类

图 2-2-2 京东超市商品频道分类

在京东超市商品频道分类页面中，左侧分别是"食品饮料、粮油副食、个人护理、护肤美妆、家居清洁、母婴用品、中外名酒、京东生鲜、居家生活"；上面分别是超市首页、超值量贩、京东生鲜、品牌特卖、山姆会员店、企业采购。

（二）对比分析商品频道分类

通过分析，我们得出如表 2-2-3 所示的天猫超市和京东超市的商品频道分类对比。

表 2-2-3　天猫超市和京东超市的商品频道分类对比

序号	天猫超市	京东超市
1	进口食品	
2	食品饮料	食品饮料
3	粮油副食	粮油副食
4	美容洗护	个人护理＋护肤美妆
5	家居家电	居家生活
6	家庭清洁	家居清洁
7	母婴用品	母婴用品
8	生活服务	
9		中外名酒
10		京东生鲜

通过两个平台的商品频道分类对比看出：序号"2""3""7"所对应的"食品饮料""粮油副食""母婴用品"并没有太大的不同，即使展开这几项的级联菜单，内容也区别不大。下面我们就依次分析序号为"1""4""5""6""8""9""10"的不同之处，从而得出其各自不同的优势所在。

1. 进口食品类（序号"1"）

针对此类，天猫超市单独设立了如图 2-2-3 所示的"进口食品"频道，内部又细分"进口牛奶、进口粮油/速食/调料、进口厨房用品……进口个人护理"等多项，而京东超市只是在"食品饮料"的级联菜单中设立了"进口食品"一项，如图 2-2-4 所示。因此可知天猫超市在进口商品这个方面的实力优于京东超市。

图 2-2-3　天猫超市"进口食品"频道

图 2-2-4　京东超市"进口食品"频道

2. 美容护理类(序号"4")

通过对比图 2-2-5 和图 2-2-6,可以看出天猫超市在"美容洗护"这个方面没有京东超市在"个人护理""护肤美妆"的分类细致,但是打开各自级联菜单后发现具体分类差别不大。

图 2-2-5　天猫超市"美容洗护"频道

3. 家居用具类(序号"5")

针对此类,天猫超市为"家居家电",京东超市为"居家生活"。综合分析这两个频道的级联菜单可以得出:天猫超市秉承其在"家庭清洁"中的细化分类原则,将家居家电也细化为"卫浴

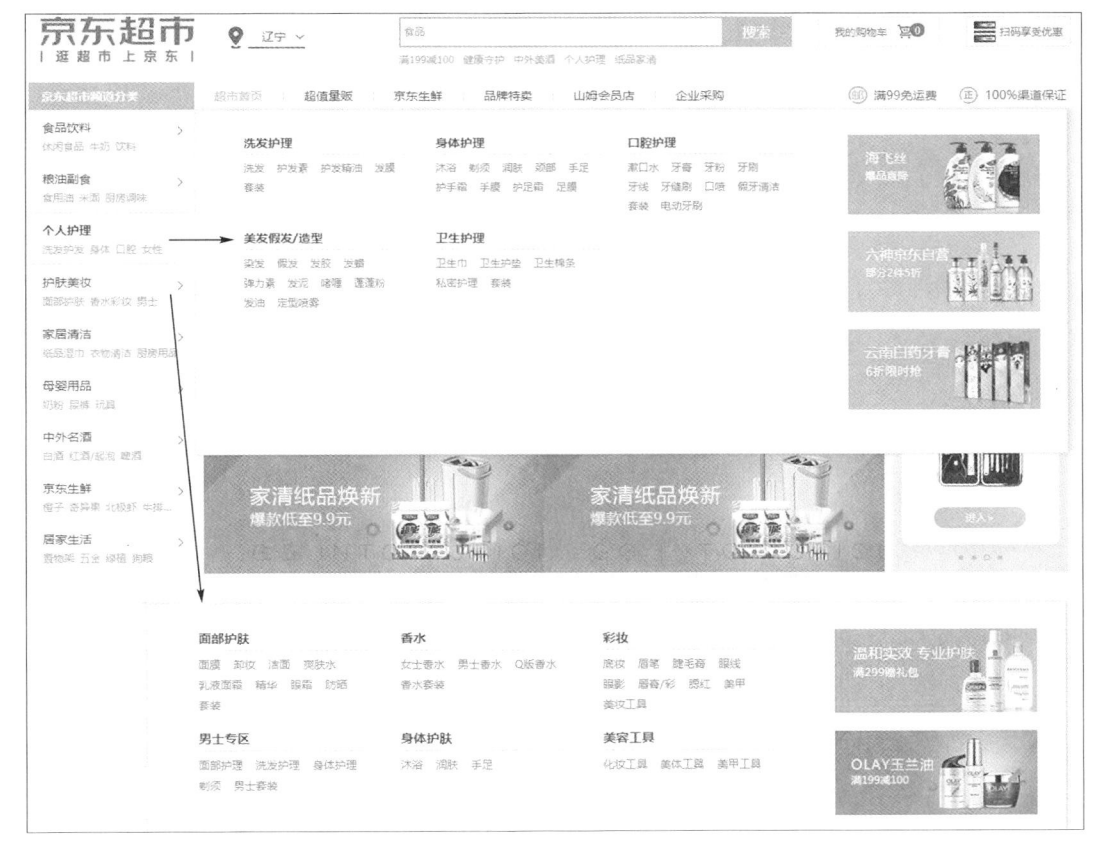

图 2-2-6　京东超市"个人护理""护肤美妆"频道

用具/配件、厨具"等，如图 2-2-7 所示。此外，天猫超市偏重床上用品与小家电方面，而京东超市偏重居家生活的绿植、宠物方面，如图 2-2-8 所示。

图 2-2-7　天猫超市"家居家电"频道

图 2-2-8 京东超市"居家生活"频道

对于家电项目而言，需要额外提到一点，虽然京东超市在横框的商品频道分类与竖框的商品频道分类中均没有家电项目，但是对比图 2-2-9 与图 2-2-10 可知，天猫超市所在淘宝首页中有"大家电/生活电器"，而京东超市所在京东首页中有"家用电器"，而且就目前产品销售情况而言，京东在家电的销售上与淘宝不分伯仲。

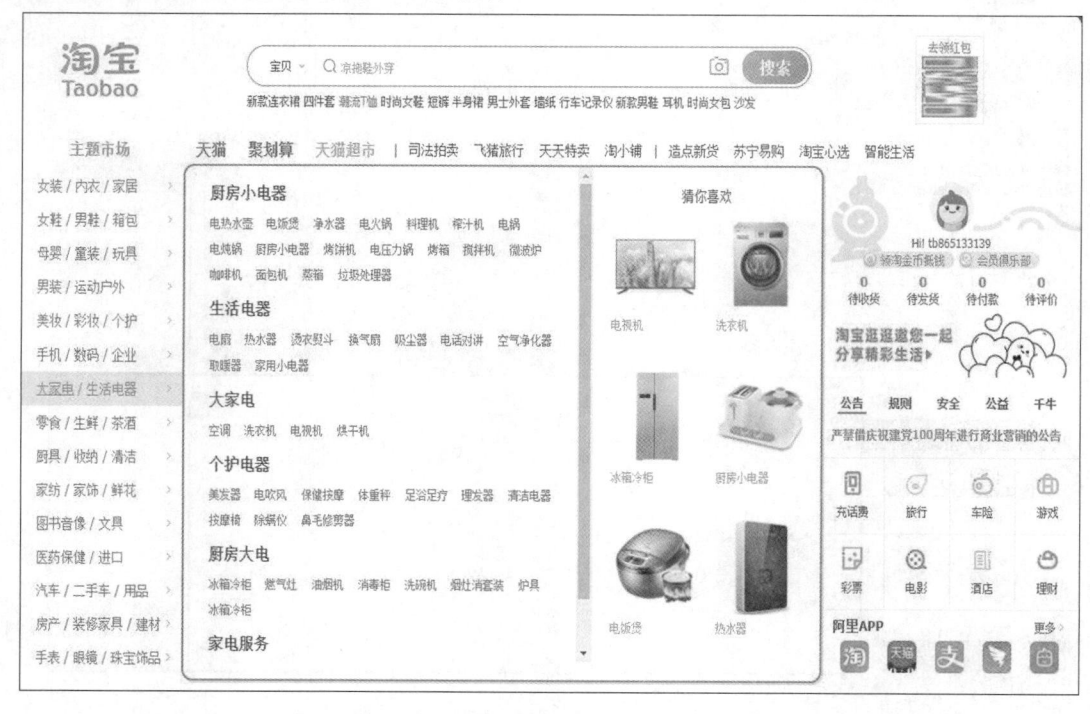

图 2-2-9 淘宝首页"大家电/生活电器"频道

图 2-2-10　京东首页"家用电器"频道

4. 清洁类(序号"6")

对比图 2-2-11 与图 2-2-12 可知,针对此类商品,天猫超市为"家庭清洁",京东超市为"家居清洁"。两大平台在清洁用品方面的分类差别不大,区别就是天猫超市分类更细致,按区域划分为"客厅清洁、卫生间清洁、厨房清洁",其品类也更齐备。

图 2-2-11　天猫超市"家庭清洁"频道

5. 生活服务类(序号"8")

天猫超市设立"生活服务"频道,内设"信用卡还款、转账、充话费、点券"品类,而京东超市没有单独设立这一项。因此就生活服务这个方面来说,天猫超市实力优于京东超市。

6. 名酒类(序号"9")

京东超市单独设立"中外名酒"频道,内设"白酒、啤酒、葡萄酒、洋酒、海外直采"品类,而天

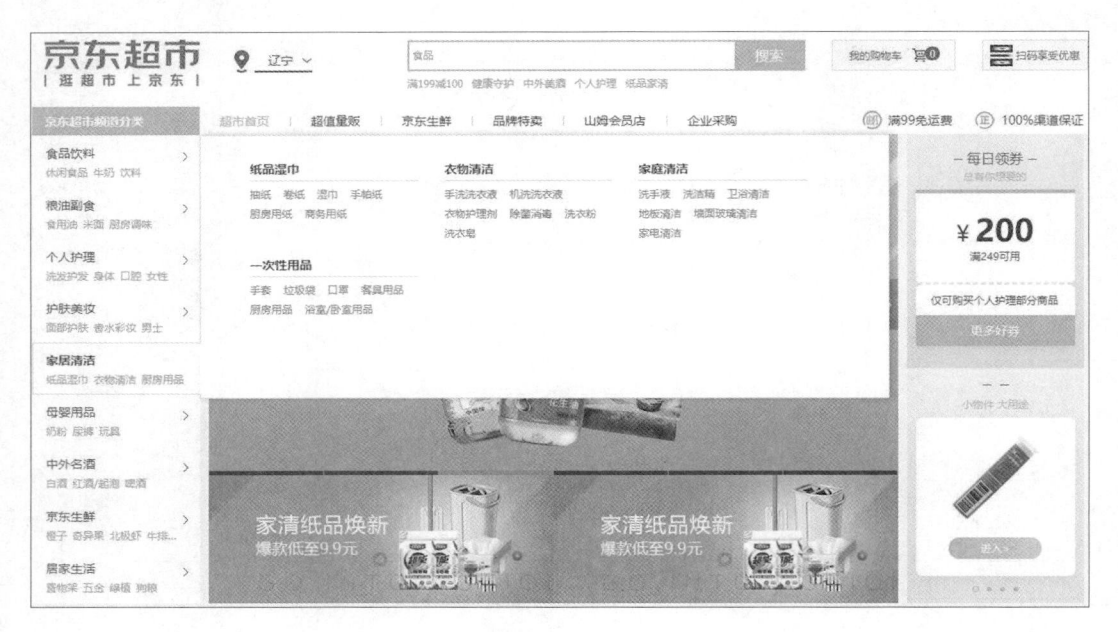

图 2-2-12　京东超市"家居清洁"频道

猫超市没有设立此项,并且在其他级联菜单中也没有这部分小分类。因此可知京东超市在名酒类这个方面实力优于天猫超市。

7. 生鲜类(序号"10")

如图 2-2-13 所示,京东超市单独设立"京东生鲜"频道,内设"新鲜水果、海鲜水产、精选肉类"等多项品类,而天猫超市没有设立此项。此外,京东自 2009 年开始构建自营物流体系,为提高响应速度还建立了管理中心、物流中心、采购中心、呼叫中心,形成了比较全面有效的物流网络布局。尽管天猫与京东同为具有流量优势的综合电商平台模式代表,但显然具备冷链物流体系优势的京东超市在生鲜类商品这个方面实力要优于天猫超市。

图 2-2-13　京东超市"京东生鲜"频道

综上所述,通过对天猫超市和京东超市的商品频道分类概况的分析,我们了解到两个平台在不同商品品类中各具优势,据此,消费者可以节省选择平台与商品的时间,提高购买效率。

（三）了解商品类目表

对于不同电商平台，对类同商品的分化依据是有所不同的，因此，要想对商品品类做到准确认知，还应参考平台的商品类目表。在表 2-2-4 所示的淘宝平台商品类目表中，我们可以看到不同行业所包含的一级类目种类繁多，因此，无论是客服还是买家都应该充分了解商品品类。

表 2-2-4　　　　　　　　　　淘宝平台商品类目表

行业	行业包含的一级类目		
游戏	腾讯 QQ 专区	网游装备/游戏币/账号代练	网络游戏点卡
话费	手机号码/套餐/增值业务	移动/联通/电信充值中心	
数码电器	数码相机/摄像机/摄影器材	3C 数码配件市场	闪存卡/U 盘/移动存储
	办公设备/文具/耗材	MP3/MP4/录音笔	
	国货精品手机	电脑硬件/台式整机/网络设备	笔记本电脑
	电玩/配件/游戏/攻略	影音电器	厨房电器
	生活电器	电子词典/电纸书/文化用品	台式机/一体机/服务器
	网络设备/网络相关	平板电脑/MID	个人护理/保健/按摩器材
美容护理	彩妆/香水/美发/工具	美容护肤/美体/精油	
	美发护发/假发		
服饰鞋包	箱包皮具/热销女包/男包	男装	流行男鞋
	女装/女士精品	女鞋	
	女士内衣/男士内衣/家居服	服饰配件/皮带/帽子/围巾	
家居用品	居家日用/收纳/礼品	家纺/床品/地毯/布艺	厨房/餐饮用具
	日化/清洁		
家装家饰	住宅家具	装潢/灯具/五金/安防/卫浴	家装饰品/窗帘/地毯
	家装主材	五金/工具	电子/电工
	商业/办公家具	布艺软饰	工艺饰品
	特色手工艺		
母婴	奶粉/辅食/营养品	尿片/洗护/喂哺/推车床	益智玩具/早教/童玩车
	童装/童鞋/亲子装	孕产妇营养/用品/孕妇装	玩具/动漫/模型/卡通
食品/保健	零食/坚果/茶叶/特产	传统滋补品/其他保健营养品	粮油/蔬果/干货/速食/水产
	品牌保健品		
运动/户外	运动鞋	运动服/运动包/颈环配件	运动/瑜伽/健身/球迷用品
	户外/登山/野营/旅行用品	运动鞋	
汽车配件	汽车/用品/配件/改装/摩托		
书籍音像	书籍/杂志/报纸	音乐/影视/明星/音像	
珠宝/首饰	品牌手表/流行手表	珠宝/钻石/翡翠/黄金	饰品/流行首饰/时尚饰品
玩乐/收藏	玩具/娃娃/模型/动漫/桌游	古董/邮币/字画/收藏	ZIPPO/眼镜
生活服务	鲜花速递/花卉仿真/绿植园艺	宠物/宠物食品及用品	避孕/计生用品
	酒店客栈/景点门票/度假旅游	演出/吃喝玩乐折扣券	网店/网络服务个性定制/软件
	电子凭证		
其他行业	乐器/吉他/钢琴/配件		
手机	手机		
大家电	大家电		

实践任务

1. 了解淘宝开店条件,掌握创建淘宝店铺的资格。
2. 在淘宝网中实现 0 元开店。

素质拓展

淘宝店铺宝贝分类在哪里设置?如何设置?

一个店铺中的宝贝可能有不同的款式、不同的来源,它们也可能会有不同的特色、不同的卖点、不同的品牌,如果我们不加以管理,可能就会出现店铺中宝贝乱七八糟的现象。所以为了解决这个问题,淘宝推出了店铺中宝贝分类的管理。通过不同的分类,顾客能够快捷地找到自己想要的商品。淘宝店铺宝贝分类在哪里设置?如何设置?下面就给大家分享有关淘宝店铺宝贝分类设置的经验。

以下为设置淘宝店铺宝贝分类的步骤:

1. 登录淘宝网首页,找到"卖家中心",在管理页面中单击"店铺"进入"店铺管理",在"店铺管理"下方的备选项中有"宝贝分类管理"选项,如图 2-2-14 所示,单击"宝贝分类管理"进入相关页面。

2. 进入添加宝贝分类页面,上方显示两个选项,分别为"添加手工分类"和"添加自动分类"。其中,手工分类可以给卖家提供更大的发挥空间,自动分类则能够帮助卖家节省时间与精力,我们可以根据店铺的实际经营情况自行安排。

3. 当单击"添加手工分类"时,下方会出现"分类名称",卖家可以把自己准备好的分类名称填入输入框中,也可以在一级分类下再次填写子分类名称,将所有分类名称全部输入完成之后,单击"保存更改",即可进行保存,如图 2-2-15 所示。

图 2-2-14 千牛店铺管理界面

图 2-2-15 添加宝贝分类页面

4. 当单击"添加自动分类"时,在弹出的"自动分类条件设置"对话框中,出现"按类目归类""按属性归类""按品牌归类""按时间价格"四个选项,可以选择想要归类的名称,之后进行搜索,操作完成后单击"确定"即可。例如,选择"按时间价格"进行归类后,在"设置时间"区域下侧单击"添加"按钮,在展开的对话框中单击"设置",在弹出的"设置"对话框中,可以选择最近×(天/周/月)或某段时间间隔内发布的宝贝,并设置价格区间,如图2-2-16所示。

图2-2-16 自动分类条件设置

无论是自动分类还是手工分类,只要保存成功之后,卖家均可在自己的店铺中查看已经保存好的分类。即使是店铺分类之前已经进行过设置,新上架的宝贝也是可以设置分类的,只需将新上架的产品添加到合适的分类之中即可。

此外,在设置分类时有一些小技巧,例如:要多注意商品的上架时间,要把新品放在上面,其次是摆放一些有优惠活动的商品;在"按品牌归类"设置时,要注意把品牌相同的产品归成一类,因为许多买家对于品牌的产品极度信任。

总之,通过熟悉淘宝类目表,灵活利用店铺的产品分类功能,可以把店铺中的内容整理得更加有条理,更加清楚,方便卖家对店铺进行管理,也方便买家进行商品查询。

(资料来源:爱开淘网站)

任务三 认知虚拟商品品类

学习目标

【知识目标】 掌握虚拟商品的概念与特征;熟悉虚拟商品的分类。
【技能目标】 能正确认知虚拟商品品类,了解常见电商平台(如淘宝、京东、拼多多等)的虚拟商品类目表布局,熟悉上架虚拟商品的操作流程。

> **情景导入**
>
> **小红与小明就虚拟商品的对话**
>
> 小红：听说你在网络交易平台上进行过虚拟物品交易？
>
> 小明：是啊，很多玩家都会在游戏里购买一些装备等，许多平台都可以进行虚拟商品交易。
>
> 小红：那都有哪些交易平台呢？
>
> 小明：那要看你想选购什么类型的虚拟商品。如果是PC大型网游之类的虚拟物品，可以选择5173，它是专业的大型网络游戏虚拟物品交易平台。
>
> 小红：5173，名字挺有意思的，可以购买账号、游戏币和道具吗？
>
> 小明：5173又叫作中国网络游戏服务网，是专门为用户提供数字产品交易服务的电子商务平台，它提供网络游戏的装备、游戏币、账号、点卡、代练、道具等很多网游交易产品。
>
> 小明：5173还提供游戏账号的寄售交易，就是卖家先将游戏账号暂时寄存在5173，当有买家购买时，由客服人员直接登录游戏进行发货，卖家无须整天守候与上线配合，可以说是网游虚拟物品交易中最便捷、省心的交易方式。
>
> 小红：不过，我一般都是用手机玩网络游戏，还有哪些可选平台？
>
> 小明：如果是手机网游的虚拟物品交易，就应该选择手游交易网；如果想选购点卡或者充值卡之类的，建议去看看淘宝。
>
> 小红：好的，谢谢啦！

知识平台

商品包括实物商品和虚拟商品。许多网站开设了虚拟商品销售平台，进行虚拟商品交易，本项目任务二表2-2-4所示的淘宝平台商品类目表中"游戏/话费"行业中所包含的"腾讯QQ专区、网游装备/游戏币/账号代练、网络游戏点卡、手机号码/套餐/增值业务、移动/联通/电信充值中心"均属于虚拟商品。

一、虚拟商品概述

作为一种新生事物，虚拟商品满足了人们的精神消费需求，它的出现带有某种客观必然性。虚拟商品消费的时尚、快捷、方便、个性化吸引了越来越多的网民。有专家预计，虚拟商品消费将会对传统消费观念形成巨大冲击，进入一个快速发展期。在这样一个潜力无穷、市场前景广阔的消费市场中，无论商家还是消费者都应该对虚拟商品进行准确的认知。

（一）虚拟商品的概念

对大多数消费者来说，虚拟商品可能仅是一个陌生的概念。虚拟商品是指电子商务市场中的数字产品和服务（专指可以通过下载或在线等形式使用的数字产品和服务），具有无实物性质，是在网上发布时默认无法选择物流运输的商品，可由虚拟货币或现实货币交易买卖。

虚拟商品中又包括数字商品和非数字商品。日常生活中，我们会接触到很多虚拟商品，如计算机软件、股票行情和金融信息、新闻、书籍、杂志、音乐影像、电视节目、搜索、虚拟云主机、虚拟云盘、虚拟光驱、APP虚拟应用、虚拟商品、网络游戏中的一些产品和在线服务。

（二）虚拟商品的特征

根据对虚拟商品概念的理解，可以将虚拟商品所具有的特征分别从其物理特性与经济特征两个方面加以描述。

1. 物理特性

虚拟商品具有如下物理特性：
（1）虚拟商品具有不易破坏性；
（2）虚拟商品是一种典型的知识含量极高的经验产品，它给消费者提供的是有用的知识和信息，其形式是无形的，无法观察和触摸；
（3）虚拟商品内容是可以改变的；
（4）虚拟商品具有可复制性，且其复制的边际成本几乎为零；
（5）虚拟商品具有速度优势。

2. 经济特征

虚拟商品具有如下经济特征：
（1）虚拟商品一般是一种高沉没成本、低边际成本的产品；
（2）虚拟商品具有非排他性（不排斥他人消费）；
（3）虚拟商品易被定制化和个性化，这导致虚拟商品市场易出现范围经济；
（4）虚拟商品具有时效性，传播速度快；
（5）虚拟商品具有网络外部性，其价值依赖于使用虚拟商品的用户数量。

二、虚拟商品的品类划分

虚拟商品消费市场发展迅速，潜力巨大，但同时也存在一些问题，如不同的电商平台对于虚拟商品品类该如何划分并没有统一的规定。通常情况下，可以将虚拟商品大体分为以下三种：

第一种是指无形产品，与有形商品相对应。此类界定过于宽泛，尤其将一部分传统意义上的服务包括在内，概念之间的界限不清晰，容易引起与传统认识的矛盾。

第二种是指网络产品，如网络游戏、数字产品及数字服务，可以通过网络传输、配送，这是目前较为广泛使用的虚拟商品概念的内涵。

第三种是指客观上并不存在的但却能够满足人们的某种消费需求的商品。这类商品可能仅仅是一种符号、一个概念或一种称谓。从"虚拟"及"虚拟商品"的本质含义来讲，这种理解是对"虚拟商品"本质内涵的科学界定。这个意义上的虚拟商品种类并不多见，但人类创造性思维必然会创造出越来越多的虚拟商品。

基于上述分析，通过对比多个平台虚拟商品的类目表，我们将目前生活中所涉及的常见虚拟商品品类总结归纳，可划分为如下八类：

1. 游戏类

游戏类虚拟商品主要指网络游戏点卡、网游装备、QQ号码、Q币等。其中，游戏爱好者最为熟悉的点卡是指游戏充值时使用的卡，全称是"虚拟消费积分充值卡"，是按服务公司的规定以现金兑换虚拟点（积分）的形式，通过消耗虚拟点（积分）来享受该公司的服务的一种钱款支付形式。在购买点卡型商品交易成功后,会实时在弹出窗口的页面上显示卡号、密码,需要客户自行充值或使用。

2. 充值类

充值类虚拟商品的主要代表为 IP 电话卡、网络电话、手机充值卡(移动/联通/电信充值卡)、交通卡等。IP 电话卡是利用先进的 IP 技术开发为客户提供的一种自动密码记账长途直拨电话业务,具有价格低、通话质量好、通达范围广、使用方便灵活的特点。充值卡是一种储值卡,是特定商家提供的消费卡,在交易过程中承担货币交换及流通的作用。有些游戏也可以进行在线充值,当购买在线充值型商品交易成功后,系统直接通过程序充值,实时在弹出窗口的页面上显示充值结果,没有卡号、密码,方便快捷,通常购买时需要填写游戏登录名确认。

3. 软件类

软件类虚拟商品包括财务软件、图像图形软件、系统软件、应用软件、行业软件、教育考试软件等。

4. 素材类

素材类虚拟商品包括各种图片格式素材(PS 素材、PSD 素材、高清图库、海报素材、背景素材、装饰画素材等)、音频素材(影视配乐、游戏音效等)、视频素材(转场视频、片头开场视频等)。

5. 服务类

服务类虚拟商品提供网络软件及软件序列号,提供各种软件安装包,提供代下载、代找电子书等服务。其中,网络软件一般是指网络操作系统、网络通信协议和应用级的提供网络服务功能的专用软件。

6. 教程类

虚拟教程项类目繁多,基本划分为职业基础教程、建筑工程教程、亲子教育教程、财经金融教程、娱乐类教程等。

7. 资料类

资料类虚拟商品包括资格证书、教学配套资料、各种考试类相关资料(考研资料、英语四六级考试资料等)。

8. 网站类

网站产品是一种理念,以产品的眼光看待网站是网站产品的精髓所在。网站产品不同于软件产品、服务产品、工业产品等。网站产品是一类信息产品,以网站的形式提供信息、服务或二者的结合是它的主要表现形式,如提供域名、虚拟空间、搜索服务等。

实践任务

在自建淘宝店铺上发布虚拟商品,实现对虚拟商品品类的认知。

素质拓展

如何在淘宝上架自己的虚拟商品?

很多人在网上开店的时候会比较偏爱开经营虚拟商品的店铺。那么如何在淘宝上架自己的虚拟商品呢?

具体操作步骤如下：

1. 登录千牛卖家工作台，单击"商品管理"中的"发布宝贝"，如图 2-3-1 所示。

图 2-3-1　千牛"商品管理"界面

2. 进入"发布宝贝"页面后，在"确认商品类目"区域的搜索框中输入"虚拟商品"，单击"搜索"按钮，确定虚拟商品类目，如图 2-3-2 所示。

图 2-3-2　"发布宝贝"页面

3. 如果想上架的虚拟商品没有对应的虚拟商品类目,也可自行设置。如销售自行设计的图像素材,可搜索后最终设置为"设计素材/源文件",如图 2-3-3 所示。

图 2-3-3　选择确认商品类目

4. 在"发布宝贝"页面上侧可完善商品的预填信息,可以上传条码图片(部分商品没有商品条码可以不选择,该选项非必选),快速识别出条码信息和类目,不用再手动填写。如果没有商品条码图片,请先选择好类目并填好品牌,并上传一张商品正面的完整图片(商品主图),注意要求 800×800 像素以上。然后单击"下一步,完善商品信息"按钮。

5. 进入完善商品信息界面,如图 2-3-4 所示,系统已经通过上传的图片帮助智能推荐商品标题关键词,回填部分属性。同时需要用户填写商品的销售信息,包括颜色、尺码等属性及库存价格信息。如果店里大部分商品的物流信息都是一致的,还可以将这些信息存为模板,下次再发布商品时就可以使用模板信息快速填充。

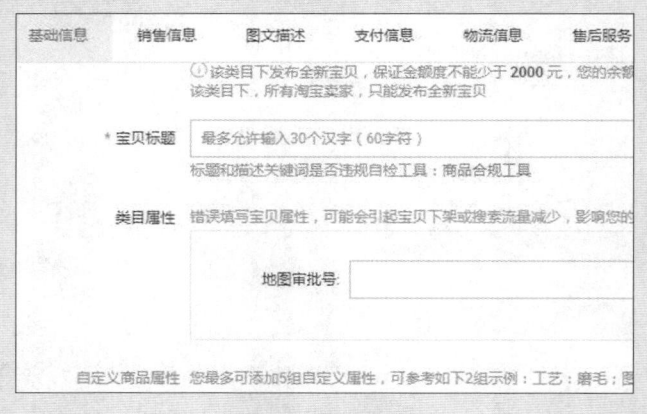

图 2-3-4　完善商品信息界面

6. 单击"下一步"按钮发布商品,然后单击"提交宝贝信息"即可上架,如图 2-3-5 所示。

图 2-3-5 提交宝贝信息

任务四 熟知商品的代码与条码

学习目标

【知识目标】 掌握条码的产生、含义、识别原理和类型;掌握一维条码的构成、分类和特点;掌握二维条码的构成、分类、特点和应用;明确商品代码和条码的区别与联系;了解我国条码技术在应用发展中存在的问题。

【技能目标】 能够利用软件制作一维条码和二维条码,并运用条码扫描器快速、准确地识读。

情景导入

顾客与销售就商品条码的对话

顾客:您好,这两种鱿鱼干的产地相同吗?怎么只标价格没有写产地呢?

销售:这两种鱿鱼干是不同产地的,您看这不是有商品条码吗?条码不同,产地就不同!

顾客:商品条码是什么?

销售:商品条码是由一组阿拉伯数字和线条组成的标识,它们记录着这个商品的价格、产地等信息,能通过电脑识别出来。

顾客:我们哪能看懂这些呢!你们在价格牌上除了写明价钱外还得注明产地,方便顾客嘛!

销售:您说得很对,我们会改进的,谢谢您的意见。当然我也可以教您如何用手机查询条码,方便您实时查阅并进行对比。

知识平台

我们都有过网购的经历,那你有没有想过昨天早上十点下单从广东深圳开始发货的商品,今天下午就可以收到,为什么会如此高效?这就要归功于条码识别技术。那么,什么是商品条码?它与商品代码是一回事吗?条码是如何被识别的?它又是怎样提高电商物流作业效率的呢?

条码技术是集编码、印刷、识别、数据采集和处理于一身的新型技术,随着计算机与信息技术的发展和应用而诞生。它具有输入速度快、准确度高、成本低、制作简单、可靠性强等优点,已广泛应用于商业、邮政、库存仓储、物流配送、图书管理、健康医疗等领域。

一、商品条码基础知识

(一)条码的产生与识别原理

1. 条码的产生

条码技术于20世纪20年代诞生于威斯汀实验室,一个名叫John Kermode的发明家想对邮政单据进行快速分拣,于是在信封上添加条与空组合而成的标识,这些条码中的信息是收件人的地址,如同今天的邮政编码,由此他发明了最早的条码标识。然后他又发明了条码识别设备,利用当时新发明的光电池来收集反射光形成条码符号,从而实现对信件的快速分拣。

2. 条码的识别原理

条码识别是通过扫描识读,将条码表示的数据转变为计算机可以自动采集的数据。条码识读装置由扫描器和译码器组成,具体识别过程是,扫描器利用自身光源发出的红外光或可见光照射条码,其中,深色的条是吸收光线,而浅色的空则将光线进行反射,再利用光电转换器接收反射的光线,扫描器将光线反射信号转换成电子脉冲数字信号,再由译码器将电子脉冲转换成数据,最后传至后台,从而识别条码所表示的信息。

(二)条码的含义与类型

1. 条码的含义

商品条码在我们的生活中随处可见,它是由一组宽度不等的多个条、空及对应字符,按一定规则排列组成的图形标识符,用于表示商店自动销售管理系统的信息标记或者通过商品分类编码来表达一定的信息,这些信息包括品名、规格、数量、生产厂商等静态信息;还可能有批号、流水线、生产日期、保质期、发运地点、到达地点、收货单位、运单号等动态信息。其中,条为深色、空为浅色,用于条码识读设备进行扫描识读,而对应字符则由一组阿拉伯数字组成,可供人们直接识读或通过键盘向计算机输入数据。

2. 条码的类型

目前条码的种类很多,外观多种多样。一般来说,可按维数将其分为一维条码和二维条码。一维条码和二维条码又有许多码制。码制是指条与空图案对数据的不同编码方式。不同码制有其固定的特点,可以用于一种或若干种应用场合。

二、一维条码

(一)一维条码的构成

一维条码只是在一个方向(一般是水平方向)表达信息,在垂直方向不表达任何信息,其有一定的高度是为了便于阅读器对准。

（二）一维条码的分类

一维条码有许多码制，主要有 EAN 条码、UPC 条码、库德巴码等，如图 2-4-1 所示。

图 2-4-1　常见的一维条码

1. EAN 条码

（1）EAN 条码的含义

EAN 条码是国际物品编码协会制定的一种条码，已用于全球 90 多个国家和地区。EAN 条码符号有标准版和缩短版两种。标准版是由 13 位阿拉伯数字构成，缩写为 EAN-13 条码；缩短版是由 8 位阿拉伯数字构成，缩写为 EAN-8 条码。我国于 1991 年加入 EAN 组织。

（2）EAN-13 条码的组成

EAN-13 条码一般由前缀部分、制造厂商代码、商品代码和校验码组成。

①1～3 位：前缀部分（3 位）

前缀部分是用来标识国家或地区的代码，如：690～699 代表中国大陆，471 代表中国台湾地区，489 代表中国香港地区，00～09 代表美国、加拿大，45～49 代表日本。其赋码权在国际物品编码协会。

②4～8 位：制造厂商代码（5 位）

制造厂商代码由厂商申请，国家分配，其赋码权在各个国家或地区的物品编码组织，我国是由国家物品编码中心赋予制造厂商代码。

③9～12 位：商品代码（4 位）

商品代码用来标识商品，赋码权由产品生产企业自己行使。

④第 13 位：校验码（1 位）

校验码用来校验商品条码中左起第 1～12 位数字代码的正确性。

以条码 6937526503743 为例来分析其组成，如图 2-4-2 所示，此条码分为 4 部分，从左到右分别为：前缀部分 693，是中国的国家代码之一；制造厂商代码 75265，代表着生产厂商代码，由厂商申请，国家分配；商品代码 0374，代表着厂内商品代码，由厂商自行确定；校验码 3，是依据一定的算法，由前面 12 位数字计算而得到。

图 2-4-2　通用商品条码的组成

在我国，企业若要使用商品条码，要先到所在地的中国物品编码中心分支机构办理申请手续，商品条码的注册及续展费用是每家企业应缴的费用，与使用商品条码的数量无关。条码的应用覆盖了生产、加工、仓储、物流、销售等环节，无论商品是在国内销售还是在国外销售，如果没有条码，一般进不了正规的商场与超市。

2. UPC 条码

和 EAN 条码一样，UPC 条码也是一种用于商品的条码。UPC 条码是由美国统一代码委员会制定的一种条码，主要用于美国和加拿大地区。我国有些出口到北美地区的商品为适应北美地区的需要，也申请了 UPC 条码。UPC 条码有标准版和缩短版两种，标准版由 12 位数字构成，缩短版由 8 位数字构成。

3. 库德巴码

库德巴码是一种条、空均表示信息的非连续、可变长度、双向自检的条码，可表示数字 0～9、字母 A～D 及特殊字符（＋，－，$，;，/，·）。其主要用于医疗卫生、图书情报、物资等领域。

（三）一维条码的特点与应用

在信息社会中，应用一维条码可以提高信息录入的速度，降低差错率而且成本较低，但只能容纳 30 个左右字符，且只包含数字和字符，所以一维条码通常只用作对物品的标识，而不是物品的描述，更多的信息还要依赖商品数据库的支持，离开了预先建立的数据库，这种条码就没有意义了。此外，一维条码尺寸较大，空间利用率较低，在遭到破坏后，不能阅读，这在一定程度上限制了一维条码的应用范围，由此，二维条码应运而生。

三、二维条码

（一）二维条码的构成

二维条码是在二维方向上分布的黑白相间的图形，能够在水平和垂直两个方向同时表达信息，它是按照一定规律记录数据符号信息的条码，因此能在很小面积内表达大量信息。如图 2-4-3 所示为常见的二维条码。

Ultracode　　Maxi Code　　Aztec Code　　Code One　　Vericode

PDF417　　Data Matrix　　QR Code　　Code 49　　Code 16K

图 2-4-3　常见的二维条码

（二）二维条码的分类

根据排列方式的不同，二维条码主要分为行排式二维条码和矩阵式二维条码两大类。

1. 行排式二维条码

行排式二维条码又称为堆积式或层排式二维条码。行排式二维条码的编码原理是在一维条码的基础上按需要堆积成两行或多行，在编码设计、校验原理、识读方式等方面继承了一维条码的一些特点，识读设备和条码印刷与一维条码技术兼容。但是由于行数的增加，需要对行进行判定，其译码算法和软件不完全与一维条码相同。具有代表性的行排式二维条码有 PDF417、Code 16K、Code 49 等。

2. 矩阵式二维条码

矩阵式二维条码又称棋盘式二维条码,是在一个矩形空间,通过黑、白像素在矩阵中的不同分布进行编码。矩阵式二维条码是建立在计算机图像处理技术和组合编码原理等基础上的一种新型图形符号自动识读处理码制。具有代表性的矩阵式二维条码有 Maxi Code、QR Code、Code One 等。

(三)二维条码的特点与应用

1. 二维条码的特点

相对于一维条码,二维条码具有如下特点:

(1)存储容量大,可容纳超过 1 850 个大写字母或 500 个汉字,比一维条码信息容量大几十倍。

(2)范围更广,可以对图片、声音、文字、数字、符号、签字、指纹等可以数字化的信息进行解码。

(3)容错能力强,具有纠错能力,这使得二维条码因穿孔污损引起局部损坏时,照样可以正确识别,损坏面积达 50% 仍可以恢复信息。

(4)译码可靠性高,比一维条码译码错误率要低得多。

但是二维条码识别速度相对较慢,而且识别设备成本较高。条码存储的数据不可更改。

2. 二维条码的应用

二维条码技术自问世以来,发展十分迅速,在产品溯源、手机购物、广告宣传、票证管理等领域得到了广泛的应用。

四、商品代码和商品条码的联系与区别

(一)商品代码和商品条码的联系

通过前面的学习,我们了解到无论是实物商品还是虚拟商品,其种类繁多,容易混淆,要想准确地实现对商品品类的认知,就要实现商品的科学分类,而商品分类与商品代码共同构成了商品目录的完整内容。

商品代码又称商品编码,或商品代号、货号,是在商品分类的基础上,根据一定规则赋予某种或某类商品以某种代表符号或代码的过程。使用商品代码可以加强企业的经营管理,便于计划、统计、物价管理及核算工作,提高工作效率;便于记忆、清点商品,实现现代化管理。条码技术是在计算机应用实践中产生和发展起来的一种自动化识别技术,它提供快速准确的数据采集方法,是实现各行业自动化管理的必要条件。

(二)商品代码和商品条码的区别

商品代码与商品条码是两个不同的概念,两者的区别主要体现在以下几个方面:

1. 含义不同

商品代码是代表商品的数字信息,而商品条码是表示这一信息的符号。商品代码是生产厂家针对不同类型、批次的商品所标识的唯一编号。产品型号是指产品上用于标识产品的编号。

商品条码是按照国际物品编码协会(EAN)统一规定的规则进行编制的,分为标准版和缩短版两种。标准版商品条码的代码由 13 位阿拉伯数字组成,简称 EAN-13 条码。

2. 特点不同

商品条码中,其条、空组合部分称为条码符号,其可供人识别的字符就是该条码符号所表示的商品标识代码。条码符号具有操作简单、信息采集速度快、信息采集量大、可靠性高、成本低廉等特点。

商品代码的唯一性是指商品项目与其标识代码一一对应,即一个商品项目只有一个代码,一个代码只标识同一商品项目。商品项目代码一旦确定,永不改变,即使该商品停止生产、停止供应了,在一段时间内也不得将该代码分配给其他商品项目。

3. 数字含义不同

商品条码一般分为四部分:第一部分代表国家,用于标识 EAN 成员的代码,由 EAN 统一管理和分配;第二部分代表生产厂家;第三部分代表厂内商品代码,编号和型号由生产企业独立编制,用以表示不同种类的商品;第四部分是校验码。

(三)注意事项

商品分类和编码是分别进行的,商品分类在先,编码在后。商品科学分类为编码的合理性创造了前提条件,但是编码是否科学也会直接影响商品分类体系的使用价值。值得注意的是,尽管商品条码是商品在全球流通的唯一"身份证",集编码、印刷、识别、数据采集和处理于一身,但商品条码本身是无含义的,并不包含商品信息。因此,商品条码并不能起到防伪作用。而且,由于很多扫码 APP 数据来源有差异,可能并不准确,故扫码无结果的商品也未必是假货。要辨别商品真假,在购买商品时,还是应当比对商品包装、厂家信息及其他防伪标识。

五、我国条码技术存在的问题

条码技术有机地联系了各行各业的信息系统,为实现物流和信息流的同步提供了技术手段,有效地提高了供应链管理的效率,是电子商务、物流管理现代化等的必要前提。

目前,我国条码技术在应用发展中主要存在如下几个问题:

(一)条码技术应用范围还比较局限

条码技术还仅仅用于一些食品行业、零售行业以及物流行业等,而且,仅是在这些行业中,条码的普及率也不高,仍然有很多的商品还没有条码,这给商品管理者带来了很大的不便,也妨碍了条码在这些行业中的应用。

另外,许多企业对条码技术的应用重视不够,认为使用这一技术增加了成本,实际对物流作业效率提高的促进作用不大。此外,由于大多数企业的物流管理信息化水平落后,物流技术设施落后,使得条码技术的效果难以发挥,也限制了条码技术在物流行业中的应用。

目前,条码技术的应用还未达到多样化,条码技术还需要应用于仓库管理、档案管理、行政管理等许多行业和领域,因此限制了条码技术在信息管理系统中的灵活应用。

(二)条码技术识读率偏低

条码技术在我国的发展处于初级阶段,产业规模小,在国际市场上所占份额偏低。人们对条码技术的应用与开发也非常有限,仅仅只是在低端条码设备上获得了一些技术突破和竞争优势,拥有的自主知识产权的条码和产品也很有限,这使得我国所使用的条码技术存在一定的识别率偏低的问题。

当扫描器扫描条码时,光敏元件通过测量条和空的反射率差,将条码符号信息转变为电信号,通过译码处理后,得到与条码符号相对应的数学代码,然后输入计算机。条码的准确识读主要与识读设备的性能有关,条码信息的录入最终是通过扫描完成的,条码密度越高,所需扫描设备的分辨率也就越高,这必然增强扫描设备对印刷缺陷的敏感性,如果选用的设备性能不好,会导致被拒识,影响条码识读的准确性。

(三)物品的编码体系不完善

条码技术的应用必须以信息分类编码为基础,而当前我国的物品编码体系还不完善,除了在应用的商品条码的代码体系外,其他编码大都妥善性差,互不兼容,缺乏通用交换平台,影响了行业、企业间的信息交换。另外,编码的标准体系也不完善,在标准发展方面,根据企业的实际需求和国际发展趋势,我国制定了一些码制标准和编码标准,对推动我国条码技术的发展起到了积极的作用,但仍存在不足,标准比较零散,没有形成体系,标准的版本也比较陈旧。

在我国,高速成长的企业一直寻找任何可能赢得竞争优势的机会。企业在竞争中逐渐懂得时间就是金钱,在订单流程中即使是几分钟的时间节省也可能会给最终用户带来不同的结果,因此需要提高供应链管理能力。采用快速准确的条码技术是缩短订单履行周期、降低成本、提高竞争力,最后提高效益的有效方法之一。条码技术以低成本的方式有效解决了各类管理信息系统所遇到的数据采集和输入问题,实现数据快速、准确地自动化采集,提升工作效能,实现管理目标。

条码识别技术作为应用最早、发展最快的自动识别技术之一,为我们的生活带来了便利快捷。随着市场的不断发展,不断完善的条码识别技术必定会推动我们去体验更优质的生活。

实践任务

请大家完成一维条码和二维条码的制作和扫描,涉及的条码在线生成网站可在网上自行搜索,也可以参考以下相关网站:

(1)一维条码生成:村美小站。

(2)二维条码生成:草料二维码。

条码的扫描请利用手机软件完成,并对比在不同的光线、污染、破损情况下一维条码和二维条码的区别。

素质拓展

商品条码在物流领域的应用现状

近几年物品编码和自动识别技术已经被各行各业的企业所接受,商品条码的应用范围也在不断扩大,成为人们生活中随处可见且不可或缺的一部分。商品条码在物流行业中的应用,能够实现上下游企业间信息传递的"无缝"对接,从而降低物流成本,提升企业效率。

在供应链物流领域,条码技术就像一条纽带,把产品的生命周期各个阶段发生的信息连接在一起,可跟踪产品从生产到销售的全过程,其具体应用如下:

1. 仓库货物管理

条码技术应用于库存管理中,避免手工书写票据和送到机房输入的步骤,大大提高了工作效率;解决了库房信息滞后的问题,提高了交货日期的准确性;解决了票据信息不准确的问题,提高了客户服务质量,消除了事务处理中的人工操作,减少了无效劳动。

2. 生产线人员管理

每个班次开工时,工作小组每个成员都要用条码数据采集器扫描他们员工卡上的条码,把考勤数据和小组成员记录到数据采集器,然后输入计算机系统。小组成员根据记录的情况,决定相应的奖惩。应用商品条码可以实现对生产作业过程中产生的大量实时性数据进行快速收集整理,通过数据采集对单个部件、整体部件或者是半成品等不同状态商品进行跟踪,充分实现生产的实时监控。

3. 流水线生产管理

在条码技术没有应用的时期,每个产品在生产线上,必须手工记载生成这个产品所需的工序和零件、领料号,按记载分配好物料后,才能开始生产。在每条生产线上,每个产品都有记录表单,每个工序完成后,填上元件号和自己的工号。手工记载工作量大,很复杂,而且不能及时反映商品在生产线上的流动情况。

采用条码技术后,订单号、零件种类、产品编号都可条码化,在产品零件和装配的生产线上可及时打印并粘贴标签。产品下线时,由生产线质检人员检验合格后扫入产品的条码、生产线条码号并按工序扫入工人的条码,对于不合格的产品送到维修人员那里,由维修人员确定故障的原因,整个过程不需要手工记录。

4. 仓储管理

条码出现以前,仓库管理作业存在着很多问题,如物料出入库、物品存放地点等信息手记过程烦琐,信息传递滞后,导致库存量上升,发货日期无法保证,决策依据不准,降低了系统的可靠性。为了避免失误,一些企业增设验收人员,这就降低了劳动生产率,影响指令处理速度。在已安装了计算机网络系统的工厂,只需在数据输入前加一些条码数据采集设备,就可以解决这些问题。

5. 进货管理

进货时需要核对产品品种和数量,这部分工作由数据采集器完成。将所有本次进货的单据、产品信息下载到数据采集器中,数据采集器将提示材料管理员输入收货单的条码,由数据采集器在应用系统中判断这个条码是否正确。如果不正确,系统会立刻向材料管理员做出警示;如果正确,材料管理员再扫描材料单上的项目号,系统随后检查购货单上的项目是否与实际相符。

6. 入库管理

搬运工(或叉车司机)只需扫描准备入库的物料箱上的标签即可。入库可分间接入库和直接入库两种:间接入库指物料堆放在任意空位上后,通过条码扫描记录其地址;直接入库指将某一类货物存放在指定货架,并为其存放位置建立一个记录。

7. 库存货物管理

对于标签破损,参照同类物或依据其所在位置,在计算机上制作标签,进行补贴。在货物移位时,用识别器进行识读,自动收集数据,把采集数据自动传送至计算机货物管理系统中进行管理。按照规定的标准,通过条码识读器对仓库分类货物或零散货物进行定期的盘存。在货物发放过程中,出现某些货物零散领取的情况,可采用两种处理方式:一是重新打包,系统生成新的二维码标签,作为一个包箱处理;二是系统设置零散物品库专门存储零散货物信息,记录货物的品名、数量、位置等信息,统一管理。将商品条码应用于企业成品库存管理中,能够有效防止产品登记错误,避免产品出现缺漏,提高了存货和拣货的准确性。

8. 货物信息控制、跟踪

库存自动预警:对于各种货物库存量高于或低于限量进行自动预警。结合各种货物近期平均用量,自动生成在一定时间内需要采购或取消的订货;有效地控制库存量。

空间监控:监控货物的实际位置、存放时间、空间余地等参数,对不合理位置、超长存放时间、余地不足等自动预警。

货物信息跟踪:对整个供应链进行跟踪。

报损处理:自动对将要报损货物进行跟踪,管理人员可对报损货物进行登记,填写报损申请表,若报损申请批准后,系统对报损货物进行报损处理,建立报损明细。

在配送管理环节,配送前对商品条码进行扫描,能够确保所发商品的准确性,通过连接互联网,大大提高了信息的传递速度和数据的准确性,从而做到实时物流跟踪,实现仓库的进货、发货、运输中的装卸自动化管理,整个配送环节也能及时反馈到管理系统中。

9. 出库管理

采用条码识读器对出库货物包装上的条码标签进行识读,并将货物信息传递到计算机,计算机根据货物的编号、品名、规格等自动生成出库明细。发现标签破损或丢失按照上述程序人工补贴。出库货物经过核对,确认无误后,再进行出库登账处理,更新货物库存明细。

项目综述

本项目主要通过相应的任务实施和知识平台,帮助大家熟悉和掌握商品的基本知识和基本技能。

一、通过对商品知识的学习,学生明确作为一名客服人员,应当掌握商品基础知识与周边知识。

二、通过对商品品类的学习,学生掌握商品分类体系的内涵、建立方法,熟悉常见电商平台的商品品类布局。

三、通过对虚拟商品品类的学习,学生掌握虚拟商品的内涵、特点、品类划分,能够正确认知虚拟商品市场发展现状。

四、通过对商品的代码与条码的学习,学生掌握条码的产生、含义、识别原理和类型;掌握一维条码与二维条码的构成、分类、特点和应用;明确商品代码和条码的区别与联系;了解我国条码技术在应用发展中存在的问题。

项目三

掌握客服须知的各大平台规则

项目描述

电子商务平台是指为交易的双方或多方提供信息发布、信息递送、数据处理等多项服务,实现交易目的的信息网络系统。它是协调整合信息流、货物流、资金流,实现有序关联、高效流动的重要场所。目前,国内较为知名的电子商务平台有阿里巴巴旗下的天猫、淘宝,京东旗下的京东商城、拍拍,此外,还有慧聪网、国美企业购、苏宁易购、聚美优品、当当、顺丰优选等。当成千上万的用户通过虚拟网络空间在这些商业平台上进行交易活动时,一定需要建立能够保障商务活动顺利进行的管理环境,同时,也要具备完善的交易机制和售后服务,这就需要构建规则体系。

项目目标

通过本项目的学习,学生能够清晰地了解和掌握电子商务平台的规则体系,理解物流规则、交易规则、评价体系的内容与特征,能够针对不同情况正确解读规则并解决实际问题,理解电子商务中物流、交易等工作的运营流程,更好地完善评价体系。

帮助学生树立规则意识,自觉遵守相关法律制度,培养重诺守信的商业道德和认真严谨的工作作风;培养学生分析问题、解决问题、与人沟通的能力,遇事勤思考、多动脑,办事会交流、懂变通;培养学生爱国、敬业、诚信、友善的人生观与价值观。

任务一 了解物流规则

学习目标

【知识目标】掌握物流基础知识;了解如何查询平台的物流规则;能够正确解读平台的物流规则。

【技能目标】了解客服物流工作的流程和规范,能正确合理运用物流规则。

客服与顾客就物流问题的若干对话

情景1:

顾客:为什么货品到现在还没有送到?

客服:很抱歉,麻烦您提供订货时间、姓名及送货地址,我帮您查询一下订单。

客服:您的送货时间为×××,目前离最后送货时间还有×小时,我将立即为您联系物流人员,催促他们抓紧时间,如逾期还未送到,请您再致电询问。

情景1:

顾客:你们少送了东西!

客服:我帮您查询一下,请您稍等。

(情况1:查询后,确定订单上有,但漏送了。)

客服:非常抱歉,根据电话录音应该是送您×瓶赠品,订单中只有×瓶,应该是客服人员下单时操作错误,非常抱歉,您看我们是约个时间给您送过去还是等您下次订购的时候再补上?

(情况2:查询后,确定订单上有,未出现漏送。)

客服:您好,×××小姐,物流部这里有您(或您朋友)收货时的签名,我们都是按照规定配送赠品的,已确定赠送的是×瓶赠品,这点请您放心!

(情况3:查询后,确定订单上没有。)

客服:您好,由于订单上没有此款商品,我们查听了电话录音,这里已确定货品已经全部送出,麻烦您再核对下。

知识平台

一、物流基础知识

(一)物流的概念

在熟悉各大网络平台物流规则之前,首先应该了解一些物流基础知识。在我国国家标准《物流术语》(GB/T 18354—2021)中,物流是指根据实际需要,将运输、储存、装卸、搬运、包装、流通加工、配送、信息处理等基本功能实施有机结合,使物品从供应地向接收地进行实体流动的过程。

(二)物流的工作任务

作为一名客服人员,要明确下述几项物流工作任务:

(1)了解不同物流方式的运作模式。

①邮寄。邮寄分为平邮、快邮、EMS 等。

平邮即普通包裹,这种方式耗费的时间比较长,一般 7~15 天到,但价格比较便宜。

快邮即国内快递包裹,这种方式下一般 5 天左右能到,价格比平邮稍微贵一些。

EMS 即国际邮包(包括空运、陆运、水运),这种邮寄方式是最快的,2~3 天就能到,但价格也是最高的。

②快递。快递分为航空快递包裹和汽车运输快递包裹。

③货运。货运分为汽车运输和铁路运输等。

(2)了解不同物流方式的价格,包括如何计价、还价余地等。

(3)了解不同物流运输方式的特点。

①铁路运输

优点:运量大,速度快,且运费较低,受自然因素影响较小,连续性好。

缺点:短途运输成本较高。

②公路运输

优点:机动灵活,周转速度快,装卸方便,且适应性强。

缺点:运送量小,耗能大,运费高,一般只适用于短程、量小的货物。

③水路运输

优点:运量大,投资少,成本低。

缺点:速度慢,灵活性和连续性差,受航道水文状况和气象等自然条件影响大。

④航空运输

优点:速度快,效率高,是较快捷的现代化运输方式。

缺点:运送量小,耗能大,费用高,一般适用于急需、贵重且数量不大的货物。

(4)了解不同物流方式的联系方式;了解如何查询各种物流方式的网点情况;了解快递公司的联系方式、邮政编码、邮费。

(5)了解不同物流方式的包裹撤回、地址更改、状态查询、保价、问题件退回以及索赔的处理等信息。

二、平台规则

网店在运营过程中,不仅要遵守国家法律法规,还要遵守平台规则。遵守平台规则是每一位商家的基本义务。作为一名网店客服,在日常工作中经常用到的与规则相关的内容又有哪些呢?下面以淘宝与京东两大平台为例,来了解分别从何处可查阅到其对应的平台规则。

(一)淘宝平台规则

登录如图 3-1-1 所示的淘宝网首页,单击页面右上方的"网站导航"按钮,在打开的网站地图页面中,包括"我是买家""我是卖家""淘宝帮助""账号管理""开放平台"五个模块。如

图 3-1-2 所示，单击"淘宝帮助"模块中的"淘宝规则"，进入如图 3-1-3 所示的"淘宝网规则"页面，单击顶部导航栏中的"规则辞典"选项卡，窗口左侧会出现规则体系相关分类。如图 3-1-4 所示的淘宝平台规则总则中包括六个章节，共计三十一条细则。可以根据需要，依次单击查看淘宝平台规则的信息明细。

图 3-1-1 淘宝网首页

图 3-1-2 "淘宝帮助"模块—"淘宝规则"

图 3-1-3 "淘宝网规则"页面

每次出台淘宝新规则都会有系统信息弹出，单击查看即可及时了解动态变化，对于即将上线的新规则和规则变更资讯，也可单击"规则众议院"提前进行了解。

淘宝是一个兼顾网购与开店的平台，若淘宝卖家想看到更详细的规则解读或参与讨论，有两种方法：方法一，通过在百度搜索中输入"淘宝论坛"，进入官网页面之后，单击"卖家经验"中的"淘宝规则"，即可查阅解读或参与讨论（全网开放）；方法二，使用手机端千牛，搜索"淘宝规则"，了解买家、卖家的情况（仅对卖家开放）。

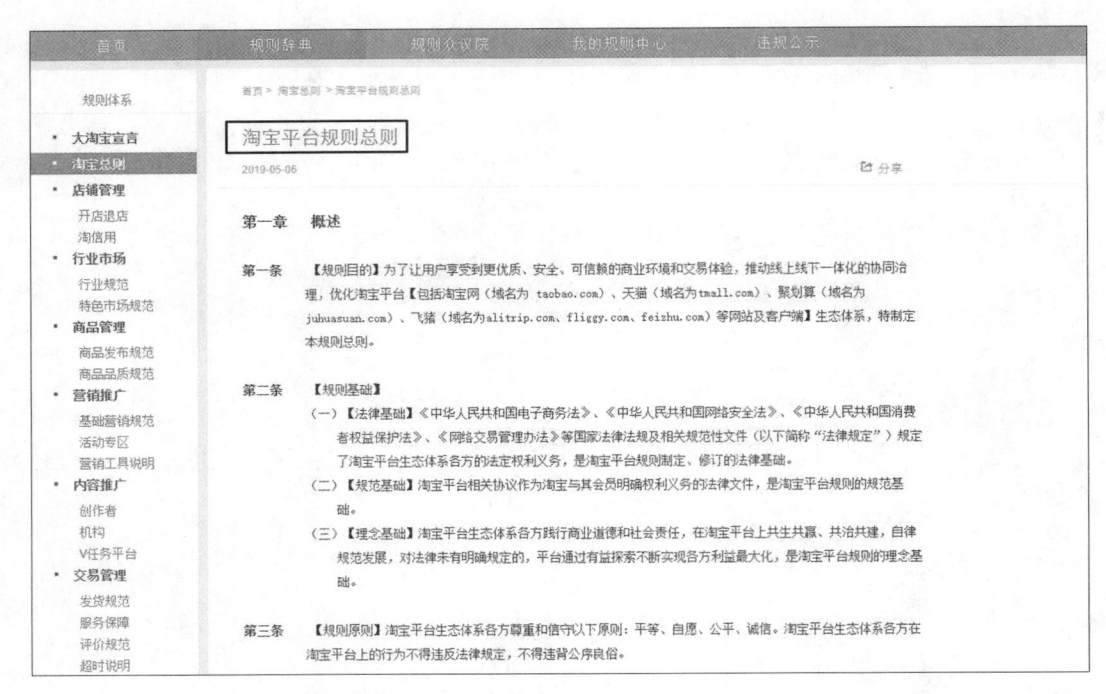

图 3-1-4 "规则辞典"页面—淘宝平台规则总则

（二）京东平台规则

登录如图 3-1-5 所示的京东首页后,当光标移至页面顶部导航栏中的"客户服务"按钮时,在打开的下拉列表中选择"商户"栏中的"规则平台"选项,即可进入京东平台规则页面。

图 3-1-5 京东首页

在如图 3-1-6 所示的京东平台规则页面中,主窗口的左侧区域显示实时调整的热门规则,右侧区域则显示系列最新公告,底部区域分为"规则坐诊室""商家规则速递""商家帮助中心""《京典》解读版"等规则专题。

在京东平台规则页面顶部导航栏中,主要包括"POP 规则""京喜规则""自营供应商管理规则""规则评审团""违规公示""全渠道规则""特色业务规则"等多个模块,当单击某一模块,会在级联菜单中显示更多的关联规则。部分模块构成如图 3-1-7 所示。

项目三 掌握客服须知的各大平台规则

图 3-1-6 京东平台规则页面

(a)"POP规则"模块内容

京东总则	招商合作	店铺/商品管理	商品质量	营销推广	售后管理	争议处理	奖励/违规
管理总则	招商管理	店铺管理	总则	营销管理	基础服务	基础纠纷规则	激励政策
	资质要求	商品管理	合规质量规范	营销玩法	特色服务	类目纠纷标准	违规管理
	经营资费		京东质量规范	内容营销		场景纠纷标准	
	考核标准		推优质量标准	营销工具			
	终止合作						

(b)"京喜规则"模块内容

京喜管理总则	招商合作	店铺商品管理	营销推广	服务管理	奖励/违规	争议处理	历史规则

(c)"自营供应商管理规则"模块内容

供应商管理规则	FCS规则

(d)"全渠道规则"模块内容

总则	招商合作	门店/商品管理	商品质量	争议处理	奖励/违规	售后管理	特色市场
总则	招商入驻规范	门店管理	商品质量规范	基础纠纷规则	违规管理	售后服务总则	京东到家
	资质要求	商品发布		类目纠纷		售后服务细则	
	经营资费	商品管理		场景纠纷			
				规则解读			

(e)"特色业务规则"模块内容

掌柜宝	京东旅行	京东拍拍	服务市场	京东拍卖	京东药急送	京东极速版	全球售

图 3-1-7 京东平台规则页面部分模块构成

三、物流规则

(一)查询物流规则

在"淘宝网规则"页面中,单击顶部导航栏中的"规则辞典"选项卡,通过右上方的搜索引擎,搜索"物流规则",在窗口中提供了数项服务细则。单击某一规则,窗口右侧会出现具体内容,左侧显示规则体系框架构成。如图 3-1-8 所示,以"新增《淘宝特价版物流发货规则》公示通知"为例,该项通知下附对应规则全文,并为该服务详细指定了"商品发货时限""延迟发货""虚假发货""商品缺货""违规责任"等条目内容。

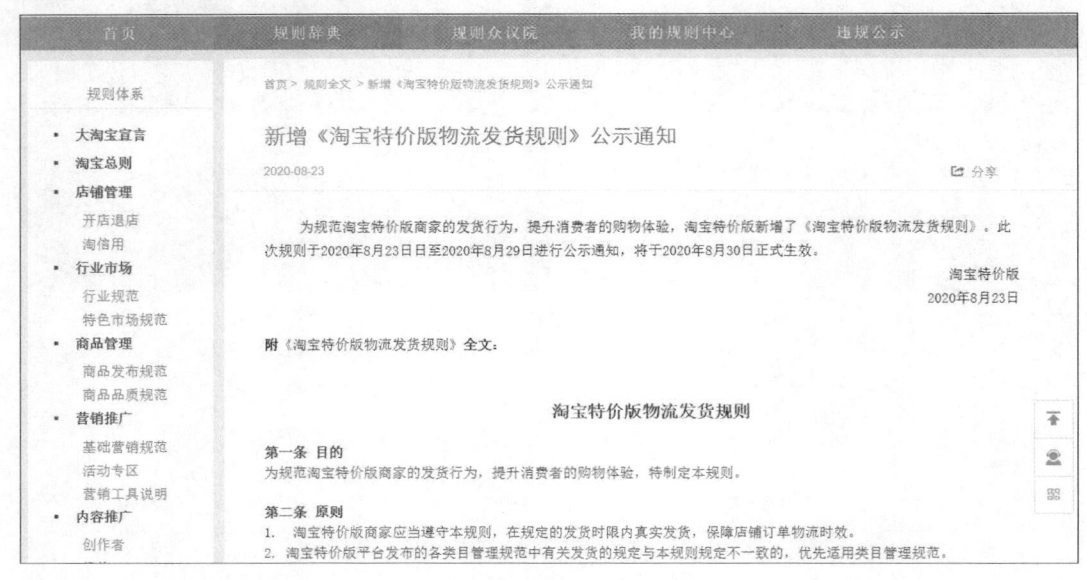

图 3-1-8 《淘宝特价版物流发货规则》

在京东平台规则页面中,通过右上方的搜索引擎,搜索"物流规则",进入京东物流页面,顶部导航栏的"物流服务"中提供了"仓配服务""快递快运服务""大件""冷链服务""跨境服务"等模块。同时,左侧窗口中也提供了京东物流仓储规则列表,其中涉及"快递""快运""大件""供应链""到仓服务"等多项服务细则,每一项服务细则均详细指定了"产品定义""服务标准""免费增值服务""收费增值服务"等条目,如图 3-1-9 所示。客服需学习各项规则,并严格遵守。

(二)物流规则的具体细则

物流规则的具体细则因平台而异,现仅就淘宝网部分物流规则列举如下:

1. 发货规则

(1)72 小时内发货,特殊规定除外。

(2)买家申请退款,卖家必须征得买家同意才能发货。

(3)卖家逾期发货,或者未经买家同意在买家申请退款后发货,卖家应当追回已经发出的商品,虚拟商品无法追回的,风险自行承担,但买家认可打款的或者自行确认的除外。

(4)按订单约定地址发货,需买家自提的要征得买家同意。

(5)卖家违反上述规定,买家可以拒收。

2. 签收规则

(1)买家必须向卖家提供准确的收货地址和收货人信息。

图 3-1-9 京东物流规则

(2) 买家变更收货地址或收货人信息的，要和卖家确认清楚。

(3) 提供收货信息时，可以选择本人或者他人作为收货人，选择他人作为收货人时，该收货人违反签收约定义务，需要由买家承担相应责任。

(4) 买家填写的收货地址和（或）收货人信息不准确，导致商品在该收货地址被签收的，淘宝视为本人签收，交易做打款处理，相应钱款将支付给卖家。

(5) 买家只填写了收货地址，但没有填写收货人或填写的收货人信息不特定，商品在收货地址被签收的，该签收视为买家本人签收。

(6) 卖家按照约定发货后，收货人有收货的义务，不得无正当理由拒绝签收商品。

(7) 收货人可以本人签收商品或委托他人代为签收商品，被委托人的签收视为收货人本人签收。

(8) 收货人在签收商品时，应当对商品进行验收。

(9) 收货人签收商品后，商品毁损、灭失的风险由卖家转移给买家。

3. 自动确认收货（实物）规则

(1) 物流方式为快递、EMS、不需要物流，自"卖家已发货"状态起的 10 天后，系统会自动确认收货。

(2) 物流方式为平邮，自"卖家已发货"状态起的 30 天后，系统会自动确认收货。

4. 运费规则

(1) 遵循谁的错谁承担的原则。

(2) 买卖双方达成退款协议，但未就运费进行约定的，由卖家承担与其发货相同货运方式的运费。

(3) 淘宝处理争议期间，卖家同意退货或换货，但就运费的承担提出明确异议的，买家应当先行退货，卖家签收商品后，由淘宝根据本规范对运费承担做出处理。

四、解读物流规则

物流是为了满足客户的需要，以最低的成本，通过运输、保管、配送等方式，实现原材料、半成品、成品及相关信息由商品的产地到商品的消费地所进行的计划、实施和管理的全过程。在不同时段,即使同一平台针对不同类型商品的物流规则要求也不尽相同,现仅就淘宝平台在某年"双十一"期间,某些品类产品(如在时尚生活、家装家纺、服饰频道中)在发货时间要求、物流状态监控、商品包邮规则等方面的物流规则进行简单介绍与解读。

(一)发货时间要求

1. 普通商品

11月11日0:00:00—11月17日23:59:59买家付款的订单(虚拟类目除外),商家须在11月20日24:00前发货并由物流公司揽件,且在11月25日23:59:59前可在物流公司系统内看到订单的物流状态(揽件、中转、派送、签收等),否则按照《天猫规则》延迟发货处理。

2. 特殊商品

11月11日0:00:00—11月17日23:59:59商家发货时间的特殊要求:

(1)家具建材大件类×××商品应自买家付款之日起15个工作日内完成发货。

(2)手机类目的合约机商品应自买家付款之日起7个工作日内完成发货。

(3)定制、预售类商品的发货时间以商品详情页面的描述为准,其他特殊情况双方自行协商。

(二)物流状态监控

1. 异常订单监控(所有"双十一"商家开通使用)

开通"物流预警"服务(免费),异常包裹主动通知买家,降低因物流产生的退货率和投诉率。

2. 运输路线监控

使用"雷达预警"时刻关注快递网络的运力情况,做好爆仓预案,买家较集中的区域建议错峰发货。

(三)商品包邮规则

1. 统一定义

(1)包邮指针对中小、普通件,由卖家承担送货到消费者收货地址的物流服务费用。

(2)包物流。具体含义如下:

①因体积及重量偏大,快递无法承接或快递成本较大时,卖家选择使用货运公司,而货运公司仅针对干线服务(货物运输到收件人所在区域的货运公司自提点)。

②包货运:由卖家承担送货到消费者所在区域的货运公司自提点的物流服务费用(买家需到货运公司自提点取件的方式也叫作自提),从货运公司当地自提点到消费者收货地址所产生的费用不在包货运范围内。

2. 规则要求和例外类目

(1)包邮(中国香港、澳门、台湾地区及海外除外)

①时尚生活

规则要求:图书下的杂志不做强制包邮;生鲜、牛奶、饮料不做强制包邮。

例外类目:杂志、饮料、纯牛奶、水产肉类/新鲜蔬果/熟食。

②家装家纺

规则要求:旅行箱类除较偏远区域包物流(偏远区域为甘肃、内蒙古、青海、宁夏、新疆、西藏)。

例外类目:旅行箱。

③虚拟类目

规则要求:虚拟类目因商品特点不做强制包邮。

例外类目:手机号码/套餐/增值业务/移动/联通/电信充值中心。

(2)包物流(中国香港、澳门、台湾地区及海外除外)

①服饰

规则要求:运动户外大件类商品,除较偏远区域包物流(偏远区域为甘肃、内蒙古、青海、宁夏、新疆、西藏)。

例外类目:踏步机/中小型健身器材/跑步机/大型健身器械/电动车/电动车配件/山地/公路/便携自行车。

②时尚生活

规则要求:母婴大件类除较偏远区域包物流(偏远区域为甘肃、内蒙古、青海、宁夏、新疆、西藏)。

例外类目:婴儿手推车/学步车、汽车安全座椅/安全背带、儿童房/桌椅/家具。

3. 包邮问题的常见违规情况

商家没有使用运费模板,设置的商家承担运费,也没有在页面说明运费情况,买家填写偏远地区拍下,商家要求加运费。如果买家投诉,肯定是算违背承诺的。

当产品页面已经说明快递和运费,如顾客是偏远地区,要确认好是否包邮或者发物流自提等,及时和顾客说明并且得到顾客的回复确认,如果聊天过程中和顾客说是包邮或者送货上门,但是偏远地区要加收运费或者只能发物流自提,额外产生的费用,如买家投诉,算违背承诺。如下面一则客服与顾客就包邮问题的对话案例。

顾客:在吗?你这个××还有吗?

客服:有的,请您放心购买。

顾客:这个包邮吗?

客服:本店全场包邮(中国香港、澳门、台湾地区及海外除外)。

顾客:我在新疆克拉玛依,请用 EMS 发给我。

客服:这个是参加包邮活动的,但是请看下本店的运费模板,上面写得很清楚。大陆地区的个别地区和非指定快递要补邮费差价,请您自己阅读模板。请您考虑下,根据实际情况来拍。

顾客:我拍下付款了,什么时候可以发货呢?

客服:我们会在第一时间给您发货的。

此时客服应该确认好仓库最晚发货时间,如果库存充足且想留住顾客,可以说明拍下可以今天给您发货,天猫规定是 72 小时内发货。如果产品库存不足,无法确认到货时间,要和顾客说明大概发货时间。

实践任务

1. 了解物流公司物流客服的工作职责。
2. 操作应用软件"物流大亨",熟悉物流过程。

素质拓展

跨境电商主要采用何种物流模式?

跨境电商物流模式包含邮政小包、国际快递、专线物流、海外仓、国内快递的跨国业务。

1. 邮政小包

据不完全统计,中国跨境电商出口业务70%的包裹都通过邮政系统投递,其中中国邮政占据50%左右的份额。

优势：邮政网络基本覆盖全球，比其他任何物流渠道都要广。而且，由于邮政一般为国营，有国家税收补贴，因此价格非常便宜。

劣势：一般以私人包裹方式出境，不便于海关统计，也无法享受正常的出口退税。同时，其速度较慢，丢包率高。

2. 国际快递

国际快递主要是指 UPS、Fedex、DHL、TNT 这四大巨头，国际快递对信息的提供、收集与管理有很高的要求，以全球自建网络以及国际化信息系统为支撑。

优势：速度快、服务好、丢包率低，尤其是发往欧美发达国家非常方便。比如，使用 UPS 从中国寄包裹至美国，最快可在 48 小时内到达，TNT 发往欧洲一般 3 个工作日可到达。

劣势：价格昂贵，且价格资费变化较大。一般跨境电商卖家只有在客户强烈要求时效性的情况下才会使用国际快递，且会向客户收取运费。

3. 专线物流

跨境专线物流一般是通过航空包舱方式将货物运输到国外，再通过合作公司进行目的地国国内的派送，是比较受欢迎的一种物流方式。

目前，业内使用普遍的物流专线包括美国专线、欧洲专线、澳洲专线、俄罗斯专线等，也有不少物流公司推出了中东专线、南美专线。EMS 的"国际 E 邮宝"、中环运的"俄邮宝"和"澳邮宝"、俄速通的 Ruston 中俄专线都属于跨境专线物流推出的特定产品。

优势：集中大批量货物发往目的地，通过规模效应降低成本，因此，价格比商业快递低，速度快于邮政小包，丢包率也比较低。

劣势：相比邮政小包来说，运费成本还是高了不少，而且在国内的揽收范围相对有限，覆盖地区有待扩大。

4. 海外仓

所谓海外仓服务，是指由网络外贸交易平台、物流服务商独立或共同为卖家在销售目标地提供的货品仓储、分拣、包装、派送的一站式控制与管理服务。卖家将货物存储到当地仓库，当买家有需求时，第一时间做出快速响应，及时进行货物的分拣、包装以及递送。整个流程包括头程运输、仓储管理和本地配送三个部分。

目前，由于优点众多，海外仓成了业内较为推崇的物流方式。比如，eBay 将海外仓作为宣传和推广的重点，出口易、递四方等物流服务商也大力建设海外仓储系统，不断上线新产品。

优势：用传统外贸方式发货到仓，可以降低物流成本；相当于销售发生在本土，可提供灵活可靠的退换货方案，提高了海外客户的购买信心；发货周期缩短，发货速度加快，可降低跨境物流缺陷交易率。此外，海外仓可以帮助卖家拓展销售品类，突破"大而重"的发展瓶颈。

劣势：不是任何产品都适合使用海外仓，最好是库存周转快的热销单品，否则容易压货。同时，对卖家在供应链管理、库存管控、动销管理等方面也提出了更高的要求。

5. 国内快递的跨国业务

随着跨境电商火热程度的上升，国内快递也开始加快国际业务的布局，比如 EMS、顺丰均在跨境电商物流方面下了功夫。

项目三　掌握客服须知的各大平台规则

由于依托邮政渠道，EMS的国际业务相对成熟，可以直达全球60多个国家。顺丰也已开通了到美国、澳大利亚、韩国、日本、新加坡、马来西亚、泰国、越南等国家的快递服务，并启动了中国大陆与俄罗斯的跨境B2C服务。

优势：速度较快，费用低于四大国际快递巨头，EMS在中国境内的出关能力强。

劣势：由于并非专注跨境业务，相对缺乏经验，对市场的把控能力有待提高，覆盖的海外市场也比较有限。

任务二　认知交易规则

学习目标

【知识目标】掌握交易规则的概念、表现形式、分类等基础知识；能够正确解读平台的交易规则。

【技能目标】了解交易工作的流程和规范，能正确合理运用交易规则。

情景导入

客服与顾客就发票问题的对话

顾客：在吗？你店里这款风衣还有吗？

客服：有的，尺码齐全，请您放心购买。

顾客：我买得比较多，有发票吗？

客服：本店提供正规发票。

（一定不能回答没有发票，否则这项会扣6分和处罚保证金，还会影响第二年签约！）

顾客：我买风衣，可以开文具（或其他商品）的发票吗？

客服：根据您交易的商品开具发票，我们是要报税的，请谅解！

（一定不能答应，否则扣6分！）

顾客：我买100元的产品，可以给我开500元的发票吗？

客服：您好，根据您交易的金额开具发票，我们是要报税的，请谅解！

（一旦答应，扣6分！）

客服：您若有需要，请在拍下后，在备注里面写清楚抬头，请放心挑选心仪的宝贝。

顾客：货收到了，怎么没有看到发票呀？

客服：您先稍等下，我去帮您查下具体情况，查到后马上给您回复。

客服：实在不好意思，发票给您开好了，在发货的时候忘记给您发过去了，我们马上给您寄过去，实在抱歉！运费由我们承担，请放心！

（如果说没有开发票，扣6分！）

知识平台

一、交易规则基础知识

（一）交易规则的概念

交易规则是指电子商务平台经营者对平台内经营者、消费者开展交易活动的方式、履行的义务和限制基本权利等要求的规定，即电子商务商业实践中的平台规则。如在《淘宝规则》主要章节中，就包括"概述""定义""交易""市场管理""通用违规行为及违规处理"等。在"交易"部分规定了交易的基本规则。

（二）交易规则的表现形式

电商平台交易规则主要表现为注册协议、服务协议、服务声明、争议处理规则等。如在淘宝中，除了《淘宝规则》《淘宝平台服务协议》等基础性规则，还有《淘宝平台争议处理规则》《淘宝评价规则》等针对专门问题的规则，以及《飞猪旅行集市管理规范》《淘宝医疗器械行业惯例规范》等行业市场规则。在京东中，有《京东交易协议》《京东服务协议》《京东隐私声明》等。

（三）交易规则的分类

为保障商品和服务质量、保护消费者权益、维护市场秩序，交易规则一般包含以下类别：

（1）通则。

（2）入驻规则，指电子商务中规范平台内经营者入驻和开展经营活动的规则，一般由平台内经营者资质规则、信息核验披露规则等构成。

（3）商品服务保障规则，指电子商务经营活动中规范平台内商品服务发布、销售、营销和信用评价等的规则，一般由商品服务资质规则、商品服务发布规则、质量检查规则、禁限售规则、营销规则、信用评价规则等构成。

（4）权益保护规则，指电子商务经营活动中涉及消费者与商家权益、个人信息、知识产权、争议解决及其他与经营活动有关的权益保护规则，一般由知识产权保护规则、消费者权益保护规则、争议处理规则等构成。

（5）数据信息保护规则，指电子商务经营活动中关于数据信息收集、利用和保护的规则，一般由个人信息保护规则、平台信息保护规则、信息收集利用规则等构成。

（6）符合电子商务平台经营特点的特殊规则，如团购规则、特殊商品的交易规则、紧急情况下的交易管理规则、涉及国家利益与社会公共利益的交易的适用规则、特殊形式的交易管理规则、其他符合自身特点的交易规则等。

二、解读交易规则

客服对于商家店铺而言是一项非常重要的工作，可以大幅度提升店铺的转化率，但是，各大平台规则众多，下面仅以《淘宝规则》为例进行简单介绍，客服需学习如下交易规则，并严格遵守，以免影响店铺的正常运营。

（一）商品如实描述

商家要对所售商品质量承担保证责任，这是商家的基本义务。商品如实描述指商家在商品描述页面、网店页面、阿里旺旺等所有淘宝提供的渠道中，对商品的基本属性、成色、瑕疵等必须说明的信息进行真实、完整的描述。商家应保证出售的商品在合理期限内可以正常使用，包括商品不存在危及人身、财产安全的危险，符合商品或其包装上注明采用的标准，具备商品应当具有的使用性能等。

  针对该规则，客服在利用旺旺与顾客沟通时，一定要准确说明商品的基本属性、成色和瑕疵等内容。例如，对顾客描述羊毛衫时，不能用"100％纯羊毛""含羊毛99.9％"等词语代替，以免顾客产生误解。

（二）不能违背承诺

1. 违背承诺的判定

  违背承诺指商家未按照约定向顾客提供承诺的服务，妨害顾客权益的行为。违背承诺的，商家须履行消费者保障服务规定的如实描述、退货、换货、赔付等承诺；或商家须按实际交易价款向顾客或淘宝提供发票；或商家须向顾客支付因违背发货时间承诺而产生的违约金。

2. 违背承诺的惩处

  针对该规则，客服通过旺旺与顾客交流时，不要轻许承诺，一旦向顾客做出承诺，就必须严格履行。例如，客服向顾客承诺，如果是运输过程造成的商品损坏，网店将承担来回的运费；如果未能履行，则顾客可以以违背承诺为由进行投诉，一经判定确有下述违规，则对商家店铺信用进行扣分：

（1）淘宝判定商家确实应该承担退货、退款等售后保障责任，但商家拒绝承担的，扣6分。

（2）淘宝判定商家确实应承担七天无理由退换货售后保障责任，但商家拒绝承担的，扣6分。

（3）商家参与"试用中心"的活动，但却在买家报名成功后拒绝发送或延迟发送已承诺提供的试用商品的，扣6分。

（4）买家选择支付宝担保交易，但商家拒绝使用的，扣6分。

（5）加入货到付款或信用卡付款服务的商家，拒绝提供或者拒绝按照承诺的方式提供前述服务的，扣6分。

（6）加入淘宝官方活动的商家，未按照活动要求（除发货时间外）履行的，扣6分。

（7）商家违背承诺的，应承担相应的后果和责任。如需继续履行，天猫将督促商家继续履行其义务，扣6分。

（8）商家拒绝提供或者拒绝按照承诺的方式提供发票的（特定商品除外），扣6分。

（9）商家通过阿里旺旺等方式引导买家在天猫外进行交易的，扣6分；商家通过各种方式参与套取淘宝官方发放的红包或积分的，扣6分；商家就已付款订单或特殊情形下对应的商品或服务有未履行的其他承诺的，每次扣4分（如答应了给赠品但未发赠品）。

（三）付款、退款与退货问题

1. 付款方式

  "支付宝上没有钱，可以用微信红包或者线下银行给你们转账吗？"此类必须注意，绝对不能说支持，否则算违规！淘宝支持线上付款（快捷支付、信用卡、蚂蚁花呗、余额宝），如遇买家由于特殊原因，不能使用支付宝，商家可以友善地提醒：开通支付宝，或者找别人代付。

微课：交易规则中付款、退款与退货问题

2. 超时规定与申请退款

（1）自消费者拍下或淘宝卖家最后修改交易条件之时起三天内，消费者未付款的，交易关闭。客服不要去主动关闭客户拍下的订单。

(2)消费者自付款之时起即可申请退款。自消费者申请退款之时起两天内淘宝卖家仍未点击发货的,淘宝通知支付宝退款给消费者。

(3)自淘宝卖家在淘宝确认发货之时起,消费者未在以下时限内确认收货且未申请退款的,淘宝通知支付宝打款给淘宝卖家:实物发快递、EMS 商品十天内,平邮(指走中国邮政包裹业务)商品三十天内。

3. 申请退款后处理

消费者申请退款后,依以下情况分别处理:

(1)淘宝卖家拒绝退款的,消费者有权修改退款协议、要求淘宝介入或确认收货。消费者在淘宝卖家拒绝退款后七天内未操作的,退款流程关闭,交易正常进行。

(2)淘宝卖家同意退款或在五天内未操作,且不要求消费者退货的,淘宝通知支付宝退款给消费者。

(3)淘宝卖家同意退款或五天内未操作,且要求消费者退货的,则按以下情形处理:消费者未在七天内点击退货的,退款流程关闭,交易正常进行。消费者在七天内点击退货,且淘宝卖家确认收货的,淘宝退款给消费者;消费者在七天内点击退货,通过快递退货十天内、平邮退货三十天内,淘宝卖家未确认收货的,淘宝通知支付宝退款给消费者。

4. 退货规范

(1)卖家提供错误地址导致无法送达,必须承担相关的运费损失。

(2)应当使用与卖家发货时相同的运输方式发货。除非得到卖家的明确同意,否则买家不得使用到付方式支付运费。退货后,卖家有收货的义务。

(3)买家或卖家违反物流规范,做如下处理:

①卖家未在规定时间内提供退货地址,或者提供退货地址错误导致买家无法退货或操作退回商品后无法送达的,或者买家根据协议约定操作退货后,卖家无正当理由拒绝签收商品的,交易做退款处理,退货运费由卖家承担。卖家需要取回商品的,应当与买家另行协商或通过其他途径解决,淘宝不予处理。

②买家逾期未根据协议约定或淘宝规定时间操作退货的,交易做打款处理。

(四)订单与发票问题

1. 关闭订单(违规成立,每笔扣 1 分)

(1)不能未经买家同意,私自关闭订单。

(2)如果买家要求关闭订单,只能通过购买的旺旺要求(商家能够提供凭证是买家要求关闭)。

2. 发票问题(违规成立,扣 6 分)

只要买家支付过货款,商家就需要无偿向索要发票的买家提供发票,不能拒绝,不能要额外的费用。常见的商家违约情况如下:

(1)商家表示不提供发票。

(2)商家表示开发票需要买家承担税点金额,或者让买家承担发票邮寄费用。

(3)商家表示是特价商品,无法提供发票。

(4)商家表示"纳税主体变更申请中""发票打印机器维修中""当月限额发票用完还未申领""财务不在,无法开具"等。此种情况,应主动告知消费者需要发票后期可以补寄,并明确补寄周期,运费应由商家承担。

(5)A 公司只能开 B 公司名称的发票,或经营类目为 A,告知买家只能开具 B 类目发票(如鞋类商家告知买家只能开办公用品发票)。

（五）其他问题

1. 泄露他人信息

如下为客服与顾客就客户 ID 信息问题的对话案例。

顾客：我刚刚另外一个号在你这里买的×××，寄货地址好像设置错了。你帮我核对下。

客服：不好意思，为了保护客户的信息安全，请您用刚刚拍下的 ID 来核对。

顾客：订单号是××××××，赶紧帮我查下。

客服：理解您的心情，但是本店只能用拍下宝贝的账号来咨询商品和信息的问题。请您谅解，您可以赶紧换号，我会第一时间帮您查询，祝生活愉快。

这里要注意：比如 A 账号购买，用 B 账号咨询核对地址等，不能提供信息，否则按泄露信息处理扣分（违规成立，扣 6 分）。

因此，泄露信息的防范可以采用如下两种方式（如非必要，不建议采用第二种）：

（1）买家用哪个 ID 拍的，跟哪个 ID 核对信息。

（2）如果非购买 ID 来确认信息，让对方复制地址过来。

除此之外，还有一些不法之徒会故意注册一些名称相似的 ID，诱使客服违反规则泄露他人信息。例如，在宋体字的情况下，英文大写字母 O 与阿拉伯数字 0 就很难区分，客服在与顾客核对交易信息时，最好是在卖家中心的"已卖出的宝贝"模块中通过复制联系人 ID 进行订单搜索，只有能搜索到的订单才可以进行顾客信息的核对。

2. 网络安全问题

此外，客服在日常工作中要特别注意网络安全问题，不要随意接收陌生人发送的文件，也不要扫描可疑的二维码，以免计算机中毒。注意辨别钓鱼网站的网址链接，在旺旺上通过单击淘宝链接打开的页面不会要求再次输入登录名和密码。如果对方发送的链接需要输入登录名和密码，均不是安全链接，需要谨慎处理。

实践任务

通过查询了解不同电商平台在面对交易纠纷时的处理规则，并能将其灵活运用在与顾客的沟通中。

素质拓展

淘宝虚假交易规则有哪些？如何扣分？

淘宝平台中有很多的规则约束着淘宝商家，比如淘宝虚假交易规则。还有很多的淘宝商家对于淘宝虚假交易规则不太了解，下面进行介绍。

1. 虚假交易的定义

淘宝店铺的虚假交易是指淘宝商家通过虚假、虚构、隐瞒交易实情等方式获取销量、评分、积分等不正当利益。

2. 虚假交易的具体内容

（1）发布无实质性的交易

①发布纯信息的商品，比如购物体验、游戏秘籍等；

②发布免费获取或者价格奇低的商品,比如一元或者一元以下的商品和信息。
(2)拆分或者赠品打包
①将一件商品拆分为多个不同的页面或者样式进行发布;
②将店铺商品的赠品进行打包或者出售。
(3)虚假物流
使用虚假发货单号或者同一单号反复使用。
(4)改价
大幅度地修改商品的价格或者商品的成交价格等。
(5)其他
①商家自己注册或者操控其他账号,购买自己店铺内的商品;
②商家利用第三方的软件或电商工具以达到虚假宣传和交易的目的。

3.违规情况
违规的高发领域主要是好评返现、免单、自己拍库存等。

4.虚假交易违规行为与扣分
第一次:≥96笔,一般违规行为,扣12分。
第二次:≥96笔,一般违规行为,扣12分。
第三次:≥96笔,视为情节严重一般违规行为,扣48分。
第四次或以上:不论笔数均视为情节严重一般违规行为,扣48分。
若卖家短期内产生大规模虚假交易行为,不论次数和笔数均视为情节严重一般违规行为,扣48分。
若卖家发生以下任一情形,认定严重违规行为,扣48分:
(1)累计三次及以上被认定为情节严重的虚假交易行为;
(2)违反上述规定后,再次发生大量虚假交易行为;
(3)存在手段恶劣、行为密集、规模庞大、后果严重、恶意对抗监管等特殊情节;
(4)为他人提供虚假交易服务。
单个商品涉嫌虚假交易,不论次数和笔数单个商品降权30天,多次发生的,降权时间滚动计算。

任务三 掌握评价体系

学习目标

【知识目标】 掌握评价体系的概念与构成;了解并会解读个人信用评价规则和店铺评分规则;分析个人信用评价规则和店铺评分规则的异同点。

【技能目标】 熟悉不同平台的信用评价规则和店铺评分规则,掌握提高店铺信用综合评分的方法。

> **情景导入**
>
> **客服与顾客就商品评价的对话**
>
> **客服**：您好，您在×××旗舰店购买的×××已被×××快运揽收，愿它以火箭般的速度飞到您手中！
>
> **顾客**：才发现快递收了我6元，少收一些就好了，要是到货再晚，可就不能给好评了。
>
> **客服**：邮费是要这么多的啊，不信您自己看单子上面，纸箱、货单都是要花钱买的，小店没赚您的邮费。您订购的宝贝已被×××快递的快递员带走啦，旅途号（单号××××××），宝贝即将送到。
>
> **客服**：包裹正在派送中！签收时记得检查！满意的话请给我们全5星评价！可以分享您的试穿感受。

知识平台

一、评价体系概述

（一）评价体系的意义

在网络购物过程中，买卖双方有权基于真实的交易，在交易成功后15天内进行相互评价，发布与交易的商品或服务相关的信息。各零售平台都在平台规则中对商品评价的合法性、真实性、相关性做出了规定。其中，合法性指不得发布违法信息；真实性指禁止"刷单"等虚假评价，相关性指不得发布外网链接和广告等与被评价商品无关的评价内容。同时，平台也明确了用户自身对商品评价的删除、审查等管理权限。

线上选购交易方式使得电商平台客户评价体系具有现实指导意义。接下来，我们就以淘宝的评价体系为例进行详细介绍。

（二）评价体系的构成

《淘宝评价规范》指出：淘宝评价由"信用评价"和"店铺评分"组成。其中，"信用评价"由买卖双方互评，包括"信用积分"和"评论内容"。"店铺评分"（店铺DSR）由买家对卖家评出，包括对商品或服务的质量、服务态度、物流等方面的评分指标。因而，评价体系规则也分为个人信用评价规则和店铺评分规则。其中，个人信用评价规则仅适用于淘宝网个人交易平台上的评价操作及查看，而店铺评分规则适用于淘宝网个人交易平台和淘宝商城。那么，如何查看卖家的信用评价和店铺评分情况呢？顾客可以在卖家店铺首页中单击皇冠图标或单击"店铺动态评分"，便可以查看卖家的详细信用评价和店铺评分信息。店铺评分指标包括"描述相符""服务态度""物流服务"。如图3-4-1所示，在左上角店铺名称的同一排可以看到"描述""服务""物流"的分数。在"进入店铺"旁边可以看到店铺等级标志，以心、钻、冠的形式显示。

此外，通过单击店铺名称可以看到"卖家信息"的总体情况，包括"店铺半年内动态评分"和"店铺30天内服务情况"，如图3-4-2所示。根据这些详细数据，顾客可以了解店铺服务质量

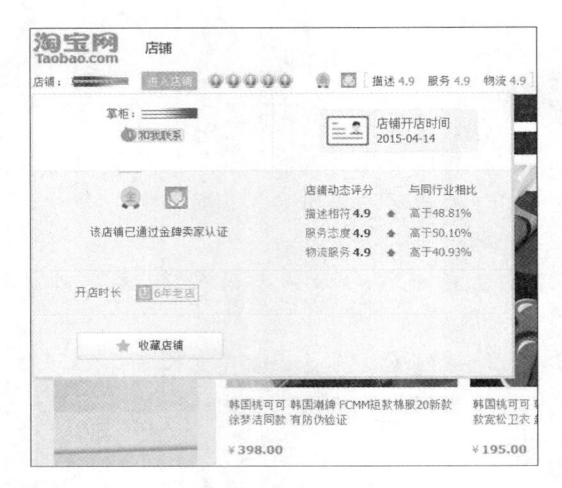

图 3-4-1　淘宝网店铺信用评价和店铺评分

和卖家信用评价,通过参考对比,选择优质店铺,选购物美价廉的商品;而卖家也可以根据评分和反馈意见,改善不足之处,提高售前和售后服务质量,以便今后为客户提供更优良的服务。

图 3-4-2　天猫店铺信用评价和店铺评分

二、个人信用评价规则

信用评价规则是指电商平台经营者为交易双方提供信用评价服务,以及收集、记录、披露交易双方信用情况的规则。

（一）相关定义

个人信用评价:淘宝网会员在使用支付宝服务成功完成每一笔交易后,双方均有权对对方交易的情况做一个评价,这个评价我们称之为信用评价。

评价积分:评价分为"好评""中评""差评"三类,每种评价对应一个积分。

评价计分:评价积分的计算方法,具体为:"好评"加一分、"中评"为零分、"差评"扣一分。

信用度:对会员的评价积分进行累积,并在淘宝网页中进行评价积分显示。

评价时间:买卖双方可基于真实的交易,在交易成功后 15 天内发布与交易的商品或服务相关的信息,开展相互评价,所以评价时间指订单交易成功后的 15 天。

(二)相关评价规则

1. 评价前提

评价的前提是成功完成交易。如果交易过程中发生退款,且交易买方选择"未收到货"或"要退货",则在退款完成后,此交易视为取消,不发生评价并且没有评价积分。

2. 买家匿名评价

买家在评价时可以选择匿名评价,即选择隐藏自己的名字。选择匿名评价,此交易的出价记录与评价记录都将匿名显示,匿名做出的评价产生评价积分。

若买家在进行评价时,没有选择匿名评价,则在交易评价完成后30天内,有一次机会可以将此评价更改为匿名评价,更改后此交易的出价记录与评价记录都将匿名显示,此评价将不重复计分。匿名评价不能改为非匿名评价。

3. 缺席评价

如一方好评而另一方未评,在交易成功15天以后系统将自动默认给予评价方好评。

如一方在评价期间内做出"中评"或"差评",另一方在评价期间内未评,则系统不给评价方默认评价。

如双方在评价期间内均未做出评价,则双方均不发生评价,没有评价积分。

4. 评价显示

如交易双方做出的评价都是"好评"(包括按前款规定系统自动做出的"好评"),则评价内容将即时全网显示并计分。

如一方给予另一方的评价是"中评"或"差评",交易双方互评,则评价内容将在交易双方全部完成评价48小时后全网显示并计分。

如仅有一方做出"中评"或"差评",另一方未评,则评价内容将在评价期间届满的48小时后全网显示并计分。

5. 评价计分

每个自然月中,相同买家和卖家之间的评价计分不得超过6分(以支付宝系统显示的交易创建时间计算)。超出计分规则范围的评价将不计分。

若14天内(以支付宝系统显示的交易创建时间计算)相同买家和卖家之间就同一商品,有多笔支付宝交易,则多个"好评"只计1分,多个"差评"只减1分。

6. 评分的算法

在信用评价中,评价人若给予"好评",则被评价人信用积分增加1分;若给予"差评",则信用积分减少1分;若给予"中评"或15天内双方均未评价,则信用积分不变。如评价人给予"好评"而对方未在15天内进行评价,则评价人信用积分增加1分。

采用"好评"加1分,"中评"不加分,"差评"减1分的累加算法,公式如下:$Z=X+Y$,Z表示最后得分,X表示上一次的累积得分,Y表示此次得分,取值为{1、0、-1}。

7. 评价的修改和删除

"中评"或者"差评"在评价后30天内,评价方有一次自主修改或删除评价的机会,可以选择修改,仅限修改成"好评",也可以进行删除。评价经修改以后不能被删除或再次修改。更改后的评价按本规则规定计分。

8. 评价积分的显示

交易双方在淘宝中每交易成功一个订单都可以获得相应的评价。在交易中,无论是作为卖家还是买家的角色,其信用度均分为20个级别,所对应分值与图标分别如图3-4-3、图3-4-4所示。

分值	等级		分值	等级
4分-10分	♥		4分-10分	♡
11分-40分	♥♥		11分-40分	♡♡
41分-90分	♥♥♥		41分-90分	♡♡♡
91分-150分	♥♥♥♥		91分-150分	♡♡♡♡
151分-250分	♥♥♥♥♥		151分-250分	♡♡♡♡♡
251分-500分	◆		251分-500分	◇
501分-1000分	◆◆		501分-1000分	◇◇
1001分-2000分	◆◆◆		1001分-2000分	◇◇◇
2001分-5000分	◆◆◆◆		2001分-5000分	◇◇◇◇
5001分-10000分	◆◆◆◆◆		5001分-10000分	◇◇◇◇◇
10001分-20000分	👑		10001分-20000分	👑
20001分-50000分	👑👑		20001分-50000分	👑👑
50001分-100000分	👑👑👑		50001分-100000分	👑👑👑
100001分-200000分	👑👑👑👑		100001分-200000分	👑👑👑👑
200001分-500000分	👑👑👑👑👑		200001分-500000分	👑👑👑👑👑
500001分-1000000分	👑		500001分-1000000分	👑
1000001分-2000000分	👑👑		1000001分-2000000分	👑👑
2000001分-5000000分	👑👑👑		2000001分-5000000分	👑👑👑
5000001分-10000000分	👑👑👑👑		5000001分-10000000分	👑👑👑👑
10000001分以上	👑👑👑👑👑		10000001分以上	👑👑👑👑👑

图 3-4-3　淘宝卖家信用等级图　　　　图 3-4-4　淘宝买家信用等级图

（三）信用评价规则举例

以京东平台为例，在《京东开放平台评价管理规则》中，有关恶意评价处理及其申请受理范围与申请条件解释如下：

1. 恶意评价处理

如果消费者存在恶意评价行为，商家可以向京东发起申诉（路径：商家后台—维权中心），京东将根据商家提供的证明材料进行审核，经京东平台判定为恶意评价的，京东平台有权屏蔽或删除该评价。

2. 恶意评价处理申请受理范围

（1）评价内容含有黄、赌、毒、暴的违法言论或其他违反法律法规、公序良俗信息的言论。

（2）消费者和商家沟通过程中，消费者主动利用中、差评要求商家提供返现、优惠券等利益以及其他不当利益或对商家提出不合理的要求。

（3）同行竞争者交易后故意给出与事实不符的负面评价的不正当竞争行为。

3. 恶意评价处理申请条件

（1）商家仅可针对店铺订单产生的评价申请处理。

（2）申请时间应为评价产生之日起的 30 天内，超过 30 天，商家将无法发起申请。

（3）针对同一个评价内容，商家仅能发起一次申请，如证据不全或无法证明为恶意评价，京东将驳回该申请，且不支持再次发起申请。

三、店铺评分规则

（一）店铺评分的定义与打分标准

店铺评分是指在淘宝网中交易成功后，买家可以对本次交易的卖家进行宝贝与描述相符、卖家的服务态度、卖家发货的速度、物流公司的服务四项评分。

打分参考标准如下：

1. 宝贝与描述相符

5 分——质量非常好，与卖家描述完全一致，非常满意；

4 分——质量不错，与卖家描述基本一致，还是挺满意的；

3分——质量一般,没有卖家描述的那么好;
2分——部分有破损,与卖家描述不符,不满意;
1分——与卖家描述严重不符,非常不满。

2. 卖家的服务态度
5分——卖家的服务太棒了,考虑非常周到,完全超出期望值;
4分——卖家服务挺好的,沟通挺顺畅的,总体满意;
3分——卖家回复很慢,态度一般,谈不上沟通顺畅;
2分——卖家有点儿不耐烦,承诺的服务也兑现不了;
1分——卖家态度很差,还骂人、说脏话,简直不把顾客当回事。

3. 卖家发货的速度
5分——卖家发货速度非常快,包装非常仔细、严实;
4分——卖家发货挺及时的,运费收取很合理;
3分——卖家发货速度一般,提醒后才发货;
2分——卖家发货有点儿慢,催了几次终于发货了;
1分——再三提醒下,卖家才发货,耽误时间,包装也很马虎。

4. 物流公司的服务
5分——物流公司服务态度很好,运送速度很快;
4分——物流公司服务态度还好,运送速度挺快;
3分——物流公司服务态度一般,运送速度一般;
2分——物流公司服务态度挺差,运送速度太慢;
1分——物流公司服务态度非常差,送货慢,外包装有破损。

(二)相关评价规则

1. 四项指标打分分值

宝贝与描述相符、卖家的服务态度、卖家发货的速度、物流公司的服务四项指标打分分值:1分(非常不满意);2分(不满意);3分(一般);4分(满意);5分(非常满意)。

2. 匿名评价

店铺评分为匿名评分,不显示评分人的个人信息及单笔评分分数。

3. 评价显示

每项店铺评分均为动态指标,系此前连续6个月内所有评分的平均值。

4. 评价计分

每个自然月中,相同买家和卖家之间若产生多笔成功交易订单且完成店铺评分的,则卖家的店铺评分有效计分次数不超过3次(以支付宝系统显示的交易创建时间计算)。超出计分规则范围的评分将不计分。

5. 评价修改

店铺评分成功后,立即生效,一旦生效即无法修改;若买家对卖家进行店铺评分时,只对其中几项指标做出评分后,就确认提交了,则视为完成店铺评分,无法再次修改和评分。

6. 追加评论

自交易成功之日起180天(含)内,买家可在做出淘宝网信用评价或店铺评分后追加评论,追加评论的内容不得修改。卖家可对追加评论的内容进行解释,追加评论不影响淘宝卖家的信用积分或商家的店铺评分。

7. 评分计算

店铺评分生效后,宝贝与描述相符、卖家的服务态度、卖家发货的速度三项指标将分别平均计入卖家的店铺评分,物流公司的服务评分不计入卖家的店铺评分,但会计入物流平台。方式是相同条款的评分分数累加后求取平均数。公式如下:

$$Z=(X+Y)/N$$

式中:Z表示最后得分;X表示以前累加的得分;Y表示此次评分;N表示参与评价的总人数。

四、评价体系规则分析

评价体系中个人信用评价规则和店铺评分规则的异同点见表3-4-1。

表3-4-1 个人信用评价规则和店铺评分规则的异同点

内容	相同点	不同点	
		个人信用评价规则	店铺评分规则
评价时间	交易成功后的15天内		
评价对象	淘宝网会员	买卖双方互评	仅是买家对卖家的评分
显示形式	"信用评价管理页面""掌柜档案""我的淘宝""旺旺"等	以心、钻、冠的形式显示	滚动方式显示
计分方式		信用分累加的方式	累加后平均,只展示近6个月的店铺评分分数
评价条件（哪些交易可以评价）	交易成功	按宝贝评价	按订单评分(商城卖家可对每种商品做出宝贝与描述相符的评分)
匿名评价（匿名的具体形式）		用户可选择是否匿名	默认匿名

通过上述学习,我们可以明确评价体系的信用等级非常重要。买家在选择不同卖家的相同产品时,首先会选择信用级别高的。而卖家信用越高,其店铺产品的橱窗推广位就越多,在店铺中排列的位置就越靠前,其所销售产品在同类产品中排列的位置就越靠前,越容易被买家找到。此外,在交易纠纷中,信用越高者的主动权越大。

虚拟化的购物环境缺乏真实性和可见性,而评价体系恰好能弥补这一缺陷,即能够提供借鉴信息让顾客判断商品是否符合现实要求,又能够实现不同商户在同一商品之间的对比,为顾客提供性价比较高的购物建议,同时也可以提供反馈信息让商家改善服务质量,促进不同商家之间的良性竞争。

实践任务

查阅了解淘宝网、京东商城、美团及苏宁易购等平台的评价体系,讨论这些电商平台在构建评价体系中存在的缺陷及可能出现的问题,尝试提出合理化建议与解决方案。

素质拓展

电子商务评价体系

一、电子商务网站评价指标

电子商务网站评价指标的选取是一个去粗存精的过程,企业在实现电子商务的过程中,首先是建立电子商务网站,让更多的消费者知道并且使用。我们需要关注电子商务网站以下几个相关的指标：

（1）客户价值，即客户的含金量和客户是不是潜在的购买者。客户的含金量是按照普通访问、注册用户、实名注册用户、经过身份认证的实名注册用户、具有信用体系的认证实名用户这5个层级组成的金字塔结构依次上升的。抓住那些位于金字塔上层的客户人群，才是电子商务企业的真正目标。

（2）用户行为，即新用户是如何来到网站的、在网站中停留了多长时间、访问了哪些页面、有没有完成购买环节等；老用户的行为是指二次购买率和重复购买率。活跃用户的数量，才是最直接的经济来源。

（3）总体运营。网站的流量才是生存根本，有了流量才会去考虑客户价值和用户行为，才会产生业绩。

以下介绍几个电子商务网站的评价指标：

1. 京东商城

京东商城用户评价指标包括：消费者基本信息，如消费者所在地、购物时间、评论时间等信息；消费评价信息，如综合得分、优点、缺点、购物心得；他人评价信息，如评价的回复和评价对他人购买有无作用；网友讨论区，可发表包含图片等信息量更大的评论。最终网站向消费者提供的是某产品用百分比表示的好评度信息。

2. 淘宝网

（1）信用评价规则

淘宝网会员在使用支付宝服务成功完成每一笔交易后，买卖双方均有权对对方交易的情况做一个评价，这个评价亦称为信用评价。评分规则为好评加1分、中评加0分、差评扣1分。交易者所得到的好评、中评和差评的分数累积成信用度，并会在淘宝网页上显示评价积分。评价期限内如一方好评而另一方未评，在交易成功15天以后系统将自动默认给予评价方好评；如一方在评价期间内做出中评或差评，另一方在评价期间内未评，则系统不给评价方默认评价；如双方在评价期间内均未做出评价，则双方均不发生评价，无评价积分。

淘宝网为了防止卖家用不真实的交易来进行"炒作信用度"的行为而制定了一些规则。淘宝网规定，每个自然月（指每个月的一号到这个月的月底）中，相同买家和卖家之间的评价计分不得超过6分（以支付宝系统显示的交易创建时间计算），超出计分规则范围的评价不计分；若14天内（以支付宝系统显示的交易创建时间计算）相同买、卖家之间就同一商品有多笔支付宝交易，则多个好评只计1分，多个差评只扣1分。

（2）店铺评分规则

店铺评分是会员在淘宝网中交易成功后，仅限使用买家身份的淘宝网会员（下称买家）对本次交易的使用卖家身份的淘宝网会员（下称卖家）进行如下四项评分：宝贝与描述相符、卖家的服务态度、卖家发货的速度、物流公司的服务；只有使用支付宝并且交易成功的交易才能进行店铺评分，非支付宝的交易不能评分，虚拟物品及不需要使用物流的交易则无物流公司的服务评分项，店铺评分的有效期指交易成功后的15天。四项指标打分分值：1分——非常不满意；2分——不满意；3分——一般；4分——满意；5分——非常满意。

淘宝对于店铺评分的积分规则：每个自然月中，相同的买家和卖家之间产生多笔成功交易订单且完成店铺评分的，卖家的店铺评分有效计分次数不超过三次（以支付宝系统显示的交易创建时间计算)。超过积分规则范围的评分将不计分。店铺评分生效后,宝贝与描述相符、卖家服务态度、卖家发货速度三项指标将分别平均计入卖家的店铺评分,物流公司服务评分不计入卖家的店铺评分,但会计入物流平台。

3. 苏宁易购

苏宁易购与上述网站评价体系类似,但其有删除用户评价的权限,并且在用户进行评价时,如果评价语句中包含苏宁易购官方规定的敏感词,该评价将不成立。

综上所述,以上电子商务网站在评价体系设置方面均有交叉点,并且用户体验占据主导地位,卖家的服务态度居次位,但不同的是,京东与苏宁易购有删除用户评价的权限,语句中不得含有敏感词汇。

二、网络评价的作用

传统线下购物,消费者与商家之间信息不对称,容易被误导;消费者之间很少发生交集;购物完成之后,消费者多在其直接群体中进行购物经验交流共享,直接群体对消费者购物决策影响大。电子商务网站的商品评论就是口碑营销的一种形式。口碑营销的特点就是人们对一种产品或服务的感受很好,出于自己的感受把产品和服务传达给第三者,从而让其他人了解这个产品或服务。无疑,网店中的商品评论就是口碑营销的一个很好的载体。

网络评价的舆论作用是不可小觑的,但随之而来的评论质量问题同样也影响着电商的产品销量。网络评论的公开化、信息化反映着电商的信誉程度、物流能力、售后服务等方面。随着网络评论的普及,用户对于电商的要求越来越高,也在另一方面刺激电商要加强网站的构建,包括网络速度、产品介绍、产品查询服务、物流速度及售后服务。

网络评价主要表现形式是售后评价。用户大多根据自己的亲身体验填写评价。对于所购买的商品来说,用户的评论反映着商品的优点与不足,这就要求制造商对自己的产品进行重新评估或者进行更新换代,也在一定程度上促进科技的不断改善。

商家不能仅局限于得到好评,提高商家信誉,也要提高自己产品的真实性、可靠性,完善售后服务。

项目综述

本项目主要通过相应的任务实施和知识平台,帮助大家熟悉和掌握电子商务平台的规则体系,理解电子商务中物流与交易等工作的运营流程,了解评价体系架构。

一、通过对物流规则的学习,学生掌握物流基础知识,了解如何查询平台物流规则,了解客服物流工作的流程和规范,能够正确解读平台物流规则。

二、通过对交易规则的学习,学生掌握交易规则的概念、表现形式、分类等基础知识,了解交易工作的流程和规范,能够合理运用交易规则解决交易纠纷。

三、通过对评价体系的学习,学生掌握评价体系的概念与构成,能够正确解读个人信用评价规则和店铺评分规则,能分析个人信用评价规则和店铺评分规则的异同点。

项目四

掌握网络客户服务技巧

项目描述

无论在什么商业环境下,客户的喜好和需求都是经营者非常关心的问题。客户的需求是多样、不确定的,因此需要经营者深度挖掘客户需求。网络客户具有互联网的特殊性,其需求的多变性与不确定性显得更加突出,因此需要充分了解客户需求并进行深度挖掘与分析,从而更细致地为每一位客户提供所需的服务,提升客户满意度的同时加强商家对企业客户管理的能力。随着互联网市场的快速发展,电子商务平台的竞争日益激烈,精准的客户关系是赢得网络客户资源的重要法宝。客服人员要能够依据商家的诉求,精准地划分出客户需求。

项目目标

通过本项目的学习,学生了解网络客户的分类及网络客户购买行为;明确收集客户资料的方法,学会建立客户信息档案;学会对企业客户进行用户画像分析。

坚持以马克思主义人民观重要思想为指导,树立正确的服务思想和服务意识,在客服岗位中弘扬爱岗敬业、忠于职守的职业精神。以满足客户需求为出发点,为企业客户提供定制化服务,真正做到以人为本,注重人的价值,把为人民服务的理念放在首要位置。坚持做到立足本职,扎扎实实为社会做贡献,以高度的职业荣誉感和自豪感,焕发出对本职工作的激情,把身心融化在职业活动中。

任务一　了解网络客户分类及特点

学习目标

【知识目标】认知网络客户生命周期；了解客户分类方法及其特点。
【技能目标】学会为客户进行归档分类，形成企业客户档案。

情景导入

　　余虹和张强是某职业院校电子商务专业即将毕业的大三学生。在实习学期，二人一起来到素有电商之都美誉的杭州的某经营化妆品的商贸公司实习。这家公司主要经营护肤品、彩妆等化妆品生意，几年前国外形势较好时主打出口贸易。随着国际经济形势的转变，这家公司把经营业务逐步转移到国内，主打产品内销。由于有较高的行业标准，产品转内销销量喜人。伴随着国内电子商务的快速发展，公司也逐步开辟了互联网领域业务。经营业务转型，公司急需像余虹和张强这样的专业人才来帮助企业扩大互联网业务。

　　二人刚到公司实习，就被安排到了客户服务部门。因为企业负责人认为只有与客户近距离接触，才能更好地为客户服务。因此企业负责人决定把二人安排在企业重要的小组——客户服务管理组。刚刚加入客户服务管理组的余虹和张强凭借敏锐的洞察力和执行力，很快就掌握了客户分析的要领。经过他俩收集整理的客户档案，条理清晰，内容全面，目标客户筛选精准度高，为店铺的销售和推广赢得了很多客户的支持。

知识平台

一、初识网络客户生命周期

　　任何一个"走进"网店的客户都会经历一个从陌生访客到反复购买的全周期过程，即以一个客户开始对企业了解或是企业对某一类客户进行开发为起点，到客户与企业的往来关系完全终止并且与之相关事务完全处理完毕并不再关注企业为终止的全过程。对企业而言，认识网络客户的生命周期比了解企业产品的生命周期更重要，且有长远意义。如图4-1-1所示为客户成长路径。

访问客户　→　潜在购买客户　→　购买客户　→　重复购买客户　→　忠诚客户
　　　　　　　　　　　　　　　转化率

图 4-1-1　客户成长路径

从上图中我们看出一个网络客户从最初访问开始到形成客户忠诚会经历很多不同阶段。而每一个阶段客户的满意度和购买行为都会发生变化。客户在任何一个阶段出现服务或产品不满意的体验感后都有可能直接从忠诚客户瞬间转变成潜在购买客户,甚至访问客户,严重者则转变为拒绝访问客户。所以每一个环节商家都要认真对待,目的是提升网络客户的满意度,从而培养忠诚客户。

(1)获取客户阶段。通过挖掘,不断获取潜在客户,通过有效信息渠道提供合理的商业价值,从而获得客户认可。

(2)提升客户阶段。通过提供精准的营销服务和产品信息培养具有高价值属性的客户。

(3)维护客户阶段。进一步加深与客户之间的密切联系,培养和提升客户的忠诚度,维系长久的合作关系,使之成长为忠诚客户。

(4)衰退客户阶段。建立高危客户预报警示机制,通过有效手段挽回流失客户,重新建立与客户之间的关系,延长客户生命周期。

如图 4-1-2 所示为客户生命周期理论。

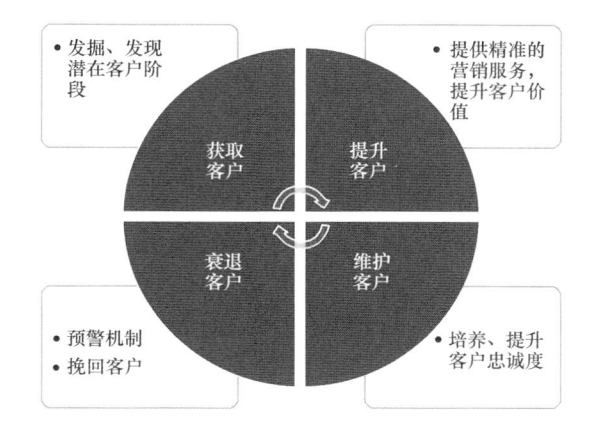

图 4-1-2　客户生命周期理论

二、掌握网络客户划分依据

一般客户的需求主要是由其社会地位和经济背景决定的,因此对客户的特征细分,就是对其社会地位和经济背景所关联的因素进行细分。这些因素包括地理、人口、心理和消费行为等。

(一)地理因素

地理因素是指消费者所在的地理位置、自然环境等。比如,依据国家、区域、城市规模、人口密度、地理特征等对客户进行细分。

地理因素之所以作为划分客户的依据,是因为处在不同地理环境的消费者对同一类产品通常具有不同的需求与偏好,对企业采取的营销策略会有不同的反应。例如,我国江浙沪地区电子商务发达,网络消费者和网络商家遍布众多。这是基于区位优势决定的市场和消费布局。

(二)人口因素

人口因素指各种人口统计变量,包括:年龄、婚姻、职业、性别、收入、受教育程度、家庭结构、国籍、民族、宗教、社会阶层等。不同的客户在价值观念、生活喜好、审美观念和消费方式等方面都会有很大的差异。例如,年龄阶段的差异导致需求有差别,其在网络上的购物行为就会千差万别;男性网民与女性网民的网络关注度和兴趣点也大有不同:男性网民更关注信息类、游戏类等产品,女性网民更多关注生活类、交互类产品。由于人口统计变量衡量比较容易,有关数据获取也相对容易,故商家易于采用。但是衡量指标相对较多,商家还需要根据自身发展进行客户细致划分。

(三)心理因素

心理因素包括社会阶层、生活方式、个性。

社会阶层是指在某一社会中具有相同特质和持久性的群体。处于同一阶层的成员具有类似的价值观、兴趣爱好和行为方式,不同阶层的成员则在上述方面存有较大的差异。显而易见,很多互联网商家把不同社会阶层的消费者所具有的不同特点作为识别与筛选客户的重要依据之一。

生活方式是指一个人如何生活。不同人追求的生活方式各不相同,有的追求时髦新潮,有的追求恬静简朴,有的追求冒险刺激,有的追求稳定安逸。服装生产企业要为各类消费者分别设计不同服装。

个性是指一个人比较稳定的心理倾向与心理特征,它会导致一个人对其所处环境做出相对一致和持续不断的反应。俗语说:"人心不同,各如其面",每个人的个性都会有所不同。通常,个性会通过自信、自主、支配、顺从、保守、适应等性格特征表现出来。互联网商家依据消费者个性因素对客户进行划分,可以为其产品更好地赋予品牌个性,以与消费者个性相适应。如带有社区交互功能的电商产品就可以很好地利用社群的个性标签带动群体的消费。

(四)消费行为因素

根据购买者对产品的了解程度、态度、使用情况等将他们划分成不同的群体,叫行为细分。很多商家把行为因素作为划分客户的最佳起点,因为行为因素能更直接地反映消费者的需求差异,例如顾客的购买时机、追求的利益、使用者情况、使用数量、品牌忠诚度、购买时的准备阶段和态度等因素。其中商品的品牌忠诚度则是商家不可忽视的因素。有些消费者经常变换品牌,另外一些消费者则在较长时期内专注某一品牌或少数几个品牌。通过了解消费者品牌忠诚情况,以及对比品牌忠诚者与品牌转换者的各种行为与心理特征,不仅可为商家准确锁定目标客户群提供基础,同时也有助于商家了解为什么有些消费者忠诚于本企业产品,而另外一些消费者忠诚于竞争对手的产品,从而为商家确立目标市场提供启示。

三、明确网络客户分类及特点

许多互联网企业会对客户建立标签,通过不同标签对客户进行有效分类管理。这是维系客户、进行精准化与差异化营销的重要依据。

(一)忠实客户

忠诚客户是企业宝贵的客户资源,这类客户对企业忠诚度最高。企业对这类群体进行长期维持是客户关系工作中的重中之重。这类客户对企业的信任度是非常高的,他们由于长期的信任而产生与价格要素无关的心理特征,价格敏感度相对较低。他们的特性:消费金额和频率高,信用度以及忠诚度高,对质量问题承受力强,对产品和服务的要求普遍偏高,具有非常重要的宣扬价值。针对这类客户,企业要为其提供个性化服务,例如绿色通道、优先知悉权、重视客户诉苦等,总之要高度重视。

（二）潜在客户

这类群体在客户资源中占比是比较大的。这类客户由于接触时间较短，因此在提供服务过程中促使他们转向第一类客户是工作重心。这类客户的特性：潜力发掘不够，品牌忠诚度尚未构成，对商家没有彻底认可，保持观望的态度。针对这类客户，企业要耐心、细心，不断为其提供服务，通过优质的产品与服务让对方感受到诚意，静待花开。

（三）边际客户

这类客户对于商家的贡献值以及购买力是比较低的，但是所占用商家的人力、物力、精力和财力却与其他客户是相等的。所以可以精确地把这类客户区分出来，这样有利于商家更好地调配资源。这类客户的特性：接受产品或服务以获取自己单方面利益为驱动，消费周期比较长。针对这类客户，商家在沟通中应宣扬专业优势，严控服务质量，加强关心，提升产品及服务性能等，逐步感化这类客户。

（四）流失客户

这类客户也是挖掘的重要群体。由于客户流失的原因不能一概而论，因此需要专门收集信息，分析原因，针对流失原因进行改善，做好挽留计划。这类客户的特性：价格敏感度较高，忍耐力低，单方面看问题。针对这类客户需要定向给予优惠活动，如发放红包、优惠券、代金券等。对其进行长期关心，增强本身品牌对其影响力。竭力挽回其信任度，使其转变为第二类甚至第一类客户。

网络客户分类见表 4-1-1。

表 4-1-1　　　　　　　　　　网络客户分类

分类	对企业信任度	特点	权益
忠诚客户	高	消费金额、频率高，信用度以及忠实度高，对质量问题承受力强，对产品、服务质量要求高	绿色通道，优先知悉权和购买权，高度重视客户诉苦
潜在客户	一般	潜力发掘不够，品牌忠诚度尚未构成，对商家没有彻底认可，保持观望的态度	确保服务专业性、产品时效性以及多样性
边际客户	较低	接受产品或服务以获取自己单方面利益为驱动，消费周期比较长	宣扬专业优势，严控服务质量，加强关心
流失客户	极低	价格敏感度较高，忍耐力低，看待问题不够全面	定向进行优惠活动，如发放红包、优惠券等，长期关心，增强本身品牌对其影响力

实践任务

1. 请以小组为单位，以互联网上某一产品（如零食、美妆等）为例，依据其消费特点及习惯对班级同学的客户身份进行种类划分，并给出应对建议。

2. 为了更好地理解网络客户分类的方法，请根据所学知识完成以下操作：（1）对某一家店铺客户进行打标分类；（2）为店铺客户设置分类标签。

> **素质拓展**

网购中新客户和老客户购买过程异同

老客户是企业稳定收入的主要来源,是企业的基石,特别 20∶80 原则中那 20% 的客户,对企业的可持续发展有着非常重大的影响。老客户相比于新客户,维护成本低,有再次开发的价值,只要产品能迎合他们的购买点,他们就能变成企业的稳定客户群体,并能给企业带来源源不绝的新流量。老客户一般是通过收藏链接或者输入网址直接进入商家店铺,因为有过购物经历,所以对网店产品和服务较放心。老客户会比较重视样式与店铺活动,简单咨询或者不咨询就会直接下单,收货后的纠纷也较少,满意度与忠诚度较高。

然而,挖掘新客户与稳定老客户有着同等的重要地位。新客户一般是通过搜索引擎或者广告链接进入店铺,因为首次购买会有顾虑,所以进店铺后要看产品样式、商家信誉等级、销售记录、产品服务价格及用户评价等信息,然后还要经过咨询、议价、售后服务等系列环节最后才购买。其中某一个环节服务不到位或者与客户沟通不畅,都容易给客户留下不好印象,甚至产生纠纷。新、老客户购买异同如图 4-1-3 所示。

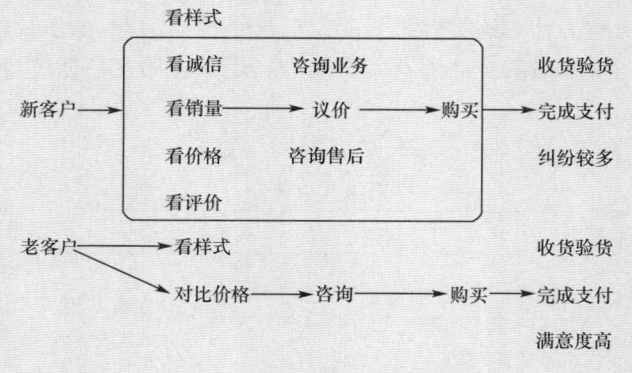

```
                看样式
                看诚信   咨询业务           收货验货
  新客户 ──→   看销量 ─→ 议价 ─→ 购买 ─→ 完成支付
                看价格   咨询售后           纠纷较多
                看评价

  老客户 ──→ 看样式                         收货验货
             对比价格 ─→ 咨询 ─→ 购买 ─→ 完成支付
                                           满意度高
```

图 4-1-3 新、老客户购买异同

很明显,老客户比新客户购物过程更加简化、便捷,服务成本更低,经济效益更高。维系一名老客户胜过开发十名新客户。

(资料来源:徐熠明.电子商务客户服务.北京:中国财政经济出版社,2021)

任务二 掌握客户购买行为分析方法

学习目标

【知识目标】掌握客户消费需求及购买行为的影响因素。
【技能目标】学会分析影响客户购买行为的因素。

情景导入

"拼多多,拼多多,拼得多,省得多,拼就要就要拼多多,每天随时随地拼多多……"当年一首充斥在街头巷尾的拼多多歌曲迅速席卷全国。这家成立于2015年的电商平台,通过独特的新社交电商思维模式横空出世。以更低的价格、拼团购物的社交理念,拼多多上线仅一年时间,单日成交额突破1 000万元,付费用户数突破1亿。拼多多用了不到10个月的时间就走完了老牌电商三四年走的路,并成功在纳斯达克上市。拼多多的成功在于开拓了互联网交易的新局面,通过开启社交功能把用户间的联系纽带做得更牢固。拼多多通过深挖客户需求、不断优化客户购买行为,社交电商做得如鱼得水。

知识平台

一、了解网络客户购买需求

伴随着互联网浪潮的兴起,越来越多的人加入网络购物,从而形成数目庞大的互联网用户群体。网络客户的消费习惯、消费趋势决定了今后互联网企业的发展趋势。因此要弄清楚互联网世界"谁在买(Who)"、"买什么(What)"、"怎样购买(How)"和"为什么购买(Why)"的问题。

(一)谁在买(Who)

中国互联网络信息中心(CNNIC)发布的第49次《中国互联网络发展状况统计报告》显示,截至2021年12月,我国网民规模达10.32亿,较2020年12月增长4 296万,互联网普及率达73.0%。互联网电商的出现,使得消费者的消费观念、消费方式和消费者的地位发生了非常大的变化。互联网电商的发展促进了消费者主导地位的提高,网络系统巨大的信息处理能力和精准的商品推送能力为消费者挑选商品提供了前所未有的空间,消费者购买意愿不断增强。依据中国互联网络信息中心的统计,网络客户大致分为:网络依赖群、网络商务群、网络社交群、基础应用群、自我展示群、非主流网游群、网络浅尝者等七大群体,如图4-2-1所示。

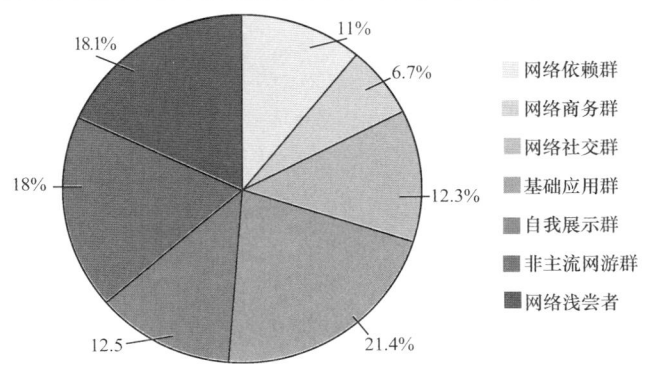

图4-2-1 中国网民分群群体命名及规模

数据来源:第23届中国互联网络发展状况统计报告

1. 网络依赖群

此部分群体是互联网的主流群体,无论是从群体结构还是从使用频率来说都是很大的群体。这部分人每日在线时间都很长,使用的网络应用软件也很多,是名副其实的资深网民。

2. 网络商务群

伴随着互联网的蓬勃发展,互联网商务群体逐步增大。这部分群体主要在网络金融、电子商务、在线旅行等方面依赖于搜索引擎、即时通信、电子邮件等基础应用。他们对网络购物需要的是便捷的方式,更多强调工作效率和效果,网络交易能力非常强。

3. 网络社交群

这部分群体是基于社交功能而聚集在一起的群体,因此他们在具有社交特征的软件应用方面的比例明显高于其他群体。如使用即时通信、微博、微信、社群交友、短视频软件等社区类网络应用上的比重明显偏高。这部分群体的消费购物行为往往是在社交群的带动下产生的。

4. 基础应用群

此群体是占据互联网群体比重较大的一部分,他们在在线时长和网络活跃度方面都比较积极。如在搜索引擎、电子邮件、即时通信、社群交友、短视频平台等互联网基础应用上的比例明显高于总体水平,而在其他类型软件上的使用比例明显偏低。

5. 自我展示群

这类群体最大的喜好是乐于展现自我,因此对带有社交功能的软件比较青睐,如微博、微信、各大短视频平台账号(如抖音、斗鱼、小红书等),甚至还喜欢进行各种直播活动。这类群体具有推动其他群体跟风、模仿消费的能力,因此被各大商家青睐,纷纷与其进行商业推广活动。

6. 非主流网游群

这部分群体中绝大部分都是网络游戏的参与者。此类群体最大的网络特征就是热衷参与网络游戏,除此之外对其他应用参与度都不高。

7. 网络浅尝者

随着互联网的普及,这部分群体的数量呈逐年下降趋势。其在各个应用上的群体特征都不太突出,他们上网时长短,使用网络应用数量少,同时也是网龄较小的群体,但却是现实年龄较大的群体,平均年龄大于 40 岁。伴随着互联网的快速发展,这部分群体也在逐渐加入其他互联网群体。由于此群体有坚实的物质消费能力,一旦进入互联网消费群体,购买潜力和购买规模不容小觑。

目前,互联网商家面临的挑战是如何更高效地吸引更多的网络用户,如何努力地将网站访问者变成消费者,甚至忠诚消费者。因此,无论是网店运营人员,还是作为网络服务终端的客服人员都应该将精力集中在搜集客户群体、区分客户特征等方面,从而确定自己的潜在消费群体,做到精准营销,有的放矢。

(二)购买什么(What)

购买什么是针对网络购物种类进行划分。只要符合法律法规及运输条件许可,万物皆可互联网交易。根据用户需求可将商品分为:

1. 交易类产品

交易类产品主要是为满足各类交易行为线上化所衍生的互联网产品形态。如买卖实体商品、虚拟商品以及各类服务。例如,淘宝、京东、美团等都属于交易类产品。

2. 社交类产品

社交类产品主要是满足人们从社会生活中所衍生出的虚拟社交需求的互联网产品形态，包括社交、社区、社群等各类人与人之间信息互换的互联网产品。例如，腾讯QQ、微信、拼多多等都属于社交类产品。

3. 内容类产品

内容类产品主要为用户提供新闻、行业资讯、百科知识等内容。例如，今日头条、搜狐、新浪等门户网站都属于内容类产品。

4. 工具类产品

工具类产品主要解决用户在某种特定环境下的即时性需求，因而往往需求明确，产品逻辑比较简单。工具类产品的用户群使用产品的目的性都很强。例如，有道词典、有道云笔记、科大讯飞等都属于工具类产品。

5. 娱乐类产品

这类产品满足的用户需求往往是复杂而多方面的，因此这类产品衍生出了很多子类型，包括图片、音乐、视频、游戏、文学等。腾讯视频、网易游戏、起点中文网等都属于娱乐类产品。

（三）怎样购买（How）

消费者在网络上消费实质上就是一个收集信息、比较信息和进行信息决策的过程。消费者在网络上的消费过程大致经历如下三个阶段：

1. 售前

消费者首先在浩瀚的互联网中，寻找和发现大量能够满足自己需求与喜好的产品信息。这些信息有些是主动获得，有些是被动推送获得。无论哪种获得方式，都是依据消费者潜在或现实喜好。大多数消费者在获得商品信息时依然把价格作为参考依据和筛选条件。大数据推送与智能筛选可以为消费者进行精准商品信息推送，达成交易更容易、更节约成本。

2. 售中

找到合适的商品和服务后，买卖双方就价格、交货方式及时间等问题进行交互式协商和谈判，消费者选择结算方式，如货到付款、邮寄付款或在线第三方平台支付。

3. 售后

售后服务在现代互联网交易中越来越重要。优质的售后服务可以提高顾客的满意度和忠诚度，通过提供给网络消费者必要的服务支持，满足其合理的诸如退换货要求等，增进企业与消费者的长期关系，实现企业长期良好的经营口碑，积攒更多的忠诚客户。

（四）为什么购买（Why）

价格优惠、购物方便快捷是人们选择网上购物的理由。影响网络消费者购物的因素有很多，诸如产品质量、价格合理性、支付手段、物流保障、交割周期、消费者心理因素等方面。

通过分析以上内容，可以很好地帮助我们了解市场的需求、消费者购买行为以及企业营销的出发点，同时也是企业经营发展、增进与消费者关系的直接途径。

二、了解影响网络客户购买行为的因素

（一）影响网络客户购买行为的内在因素

网络客户及其购买行为是企业运营推广较为关心的问题。传统营销学理论认为，一个人

的购买选择会受到五种主要心理因素的影响,分别是动机、知觉、学习、信念和态度。在分析网络客户的心理因素时,可分别从这五方面进行。

1. 动机

心理学研究表明,人产生某种需求而又未得到足够满足时,心理上就会产生不安或紧张,成为内在的驱动力,心理学称之为动机。当有了动机就要寻找或选择目标,当目标明确后,就要进行满足需求的活动。而当需求得到满足,则行为结束,然后又有新的需求,产生新的动机,引起新的行为,周而复始,往复进行,如图 4-2-2 所示。

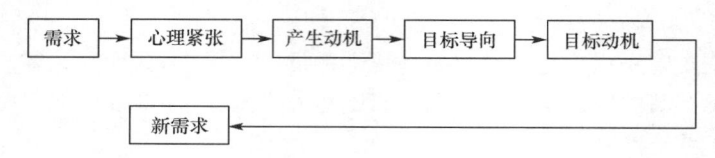

需求 → 心理紧张 → 产生动机 → 目标导向 → 目标动机

新需求 ←

图 4-2-2　影响网络客户购买行为的内在因素

著名的马斯洛需求层次论就很好地诠释了人类需求动机。这种动机理论是网络客户行为分析和网络营销战略确立的依据。

2. 知觉

知觉指的是为个人选择、组织并解释信息的投入,以便创造一个有意义的万物图像的过程。知觉不仅取决于刺激物的特征,而且依赖于刺激物同周围环境的关系及个人所处的状况。知觉一般经历三种过程:展露、注意和理解。在信息处理过程中,如果一则信息不能在这几个阶段生存下来,就很难存储在人的记忆中,从而也无法有效地对消费者行为产生影响。对于消费者来说,展露并不完全是一种被动的行为,许多情况下是一种主动选择的结果。如互联网世界的商家广告铺天盖地,展现给网民。但绝大多数网民会主动屏蔽其不感兴趣的广告推送。注意,消费者不可能同时对展露在其面前的所有信息感兴趣,而会选择性地注意他们感兴趣的事物。商家则要更多关注能引起消费者注意的因素,如价格、视觉刺激物等。理解是个体赋予刺激物以某种含义或意义的过程,理解涉及个体依据现有知识对刺激物进行组织分类和描述,它会受到个体因素、刺激物因素和情景因素的制约和影响。

3. 学习

学习是指由于经验而引起的个人行为的改变。人类行为大多来源于学习。对于网络客户服务人员来讲,对组织的驱动力、对客服工作的态度都可以纳入学习范畴。在网络销售过程中可以运用各种形式的刺激性暗示和提供积极强化印象等手段来建立起网络消费者对企业提供的商品或服务的认同。

在网络客户服务过程中,新公司完全能够采用跟竞争对手相同的驱动力并提供类似的服务手段面向客户。消费者更容易把其对原先的品牌忠诚度转嫁给能提供与之类似产品或服务的商家,而不是转向与之相反的商家。企业可以通过不断的学习提供强有力的驱动力来赢得更多的消费者。

4. 信念和态度

通过行为和学习,人们获得了信念和态度,这些又会反过来影响人们的购买行为。

(1)信念指一个人对某些事物所持有的描绘性思维。如消费者欲购买手机,他会预先了解手机的基本性能,如接打电话、网络配置、性价比优越等信念。人们根据自己的信念做出行为。当人们对某种商品品牌树立了信念,那么同类型商品的宣传不会轻易动摇消费者的购物选择。同样当消费者认同某商家提供的优质服务,则商家无论是售前、售中还是售后,都会牢固抓住消费者的注意力，合作关系轻易不会被撼动。因此作为网络客户服务部门要经常关注消费者对其产品或服务所持有的信念，可以进行定期客户回访，这些信念对树立产品或服务的品牌形象至关重要。如果消费者对商家提供的产品或服务所持的信念是错误的，并阻碍了他们的购买行为，商家就要想方设法通过营销手段纠正错误或挽回形象。尤其在看不见、摸不着的互联网世界中，稍有不慎就会让部分消费者产生对商家错误的信念。因此才会有电话回访、满意度调查等手段及时更正错误信念。

(2)态度是指一个人对某些事物或观念长期持有的好与坏的认识上的评价、情感上的感受，从而产生行动倾向。在网络上欲购买手机的消费者会持有这样的态度：用最少的钱获得性能最好的手机；国货品牌华为、小米的手机性价比较高。于是华为、小米品牌的手机对于这些消费者来讲印象深刻，购物时是首选。因此这类商家提供的产品同这些消费者既有的态度完全一致，外加商家提供的客户服务优越，就能轻易获得消费者行为的支持。

(二)影响网络客户购买行为的外在因素

除了内在因素，外在因素也会制约着客户购买行为。这些外在因素主要有：

1. 商品价格

价格不是决定消费者购买的唯一因素，但却是消费者购买商品时肯定要考虑的重要因素。对一般商品来讲，价格与需求量之间经常表现为反比关系，同样的商品，价格越低，销售量越大。网络购物之所以具有生命力，重要原因之一就是商品价格普遍低廉。

2. 购物时间

这包含两方面的内容：购物时间的限制和购物时间的节约。传统的商店，每天只能营业10~14小时，许多商店还有公休日。在商店停业的日子里，顾客买不到需要的东西，商店也失去了购物的顾客。网络购物的情况就不一样了。网络虚拟商店一天24小时营业，随时准备接待客人，没有任何时间的限制，顾客凌晨3、4点或者半夜12点购物都没有问题，互联网时代大大方便了人们的购物时间。现代社会加快了人们的生活节奏，时间对于每一个人来说都变得十分宝贵，人们用于外出购物的时间越来越少，拥挤的交通、日益扩大的商店门铺，延长了购物所消耗的时间和精力；商品的多样性使得消费者眼花缭乱，人们不愿意花费更多的时间和精力去一家一家店铺挑选商品，更不愿意去反复对比同一种商品。网络购物极大地缩短了挑选商品的时间，同时解决了跨时间、跨地域购物的障碍，极大方便了现代人们的购物习惯。

3. 商品

商品是消费者做出购买行为的根本。网络市场不同于传统的线下市场，网络消费者的购物特性也区别于传统线下消费者，因此，网络销售的商品要考虑新颖性以及购买参与程度等因素。追求商品的时尚和新颖是许多消费者的动机，特别是青年消费者重要的购买动机，这类消费者特别重视商品新的款式、格调和社会流行趋势，而对商品的使用程度和价格敏感程度较低。这类消费者主要集中在快奢产品、潮流电动、新颖服饰等领域。网络销售商品往往欠缺用户参与体验程度，这是网络商品销售的一大弊端。但随着互联网消费的普及以及商家不断优化线上购物体验感，推出了许多增强互动、体验的环节，如真人直播带货、线下体验线上购物、产品众筹等模式，通过多种渠道打通了线上与线下对产品清晰度认知的融合。甚至一些商家还会邀请顾客参与产品设计、生产、包装等环节，大大增加了网络消费者的商品参与程度，也增进了商家与消费者的感情。

4. 选购的便捷性

传统消费者购物时多喜欢"货比三家"。受区域、时间等因素影响,购物的便捷性大打折扣。互联网时代的购物则打破了地域、时间因素的限制,消费者在网络上比价格、比性能、比运输等"货比 N 家"的现象比比皆是,并具有容易实现的可能,商品挑选的余地大大扩展。而且,消费者可以从更多维度进行商品的选择。这是传统市场购物达不到的景象。网络消费者通过各种搜索工具、信息渠道来进行商品的筛选,能够方便快捷地搜索到全国甚至世界范围内的相关商品信息。此外,消费者还可以在互联网世界中通过发布公告方式,告知万千商家自己所需要的产品,吸引万千商家主动联系消费者,消费者可以从中选择心仪产品。随着互联网商家数目激增,推送给消费者可选择的产品众多,面临这样多的选择,消费者自然会有很大优选空间,这样便捷的购物体验是传统市场所不能给予的。

5. 购物的安全性与可靠性

互联网购物还有一个保障性条件就是购物的安全性与可靠性。基于目前的网络购物体验来讲,网络安全也是一个重要保障。传统的购物方式是一手交钱一手交货,互联网可以采取货到付款的方式,这样消费者在购物时有更大的掌控权和选择权。此外,消费者在网络购物时还可以采取在第三方支付平台进行支付。这种支付方式既保障了消费者的权益,同时对商家也是一种保护。

6. 交付方式的便捷

产品交付方式的便捷也是目前许多消费者选择网络消费的一个重要因素。传统市场购物需要消费者从筛选到运输产品都亲力亲为,尤其一些大宗商品或特殊商品货物运输也是一个重要环节。伴随互联网时代应运而生的网络运输行业逐步兴起,并能提供更专业优质的货运服务。这大大便捷了消费者,免除了购物之后的担忧。送货上门更是许多商家营销推广的卖点之一。专业的货物包装、高效的配送体系、精准的投放末端都为网络购物带来了方便。消费者只要轻轻一点鼠标,坐等货物上门已经成了时下很多消费者的购物习惯。

三、分析网络客户购买决策过程

网络客户的购买过程,就是把需求行为转化为现实行动的过程。而这一过程不是简单的买或不买的行动,而是一个复杂多变的过程。从有购买需求到做出购买行为大致经历五个阶段:唤起需求、收集信息、比较选择、购买决策和购后评价。

(一)唤起需求

网络购买过程的起点为唤起需求。消费者的需求是在内外因素共同刺激下产生的。当消费者对某件商品产生兴趣后,才会产生购买欲望。需求是消费者做出购买决定过程中必不可少的基本前提。没有了这种需求就谈不上购买行为。

对商家而言,唤起消费者的这种购物需求是进行后续营销手段的起点。如进行视觉、听觉、文字、图片甚至短视频等刺激手段都可以激发消费者购物需求。对于互联网商家而言,要时刻洞察客户的消费喜好、兴趣等个体需求。同时要结合自身产品特点及时调整与消费者相匹配的需求点,以及这些需求在不同时间的不同程度,是由哪些因素激发出来的购物欲望,从而精心设计相关联的营销措施,去吸引更多的消费者浏览网页,留住顾客,诱发他们的购物需求及欲望。一般网络客户服务的从业者大体都会或多或少对自家顾客的消费偏好有所了解,除了要维系老客户的关系外,更要注重新客户的开发和激发潜在需求。

（二）收集信息

消费者在购物过程中，收集信息的渠道主要有两种：内部渠道和外部渠道。内部渠道指消费者个人所拥有的相关产品的知识，包括购买商品的实际经验、对整个市场行情的了解等；外部渠道指消费者可以从外界收集信息的通道，如个人信息通道、商业信息通道和社会公共资源信息通道等。

个人信息通道主要包括亲戚、朋友、同事的购买经历及购物体会。这种经历和体会在某种情况下对消费者的购买决策起着决定性的作用，因此在分享、好评、推荐等环节商家要留心关注。

商业信息通道，如展现会、推介会、各类广告推销等，主要通过厂商有意识的活动把商品信息传播给消费者。互联网世界的信息推广主要依靠线上的商业推广活动，如线上展现会、直播推介、网络广告或系统检索带动的产品推广。例如，在百度推广、搜索引擎竞价排名、电商平台以打榜竞价等方式进行产品推介。

社会公共资源信息通道，如网络上相关政务工作平台、商会网站信息平台、社群贴吧等各大功能性质的网络平台。

与传统的购物过程相比较，过去消费者对于信息的收集大都处于被动状态，而互联网时代商品信息的收集主要是通过网络进行的。一方面，网络消费者可以根据自己的喜好，通过互联网跟进信息；另一方面，网络消费者通过收集、浏览，不断更新信息，激发新的购物需要，从而寻找新的购买机会。

（三）比较选择

当消费者有了购买需求，信息也收集得足够，接下来就要对收集的信息进行有效的对比、匹配了。有些消费者需要对比产品信息，如产品的差异化。有些消费者则需要匹配支付能力，毕竟没有实际支付能力的购买欲望只能是一种想象，难以付诸行动。为了使消费者需求与自己的购买能力相匹配，就要进行价格的对比。还有消费者要匹配货运物流、售后服务等信息。综上，比较选择对消费者来说是一个多变复杂的环节。消费者需要对比的信息是多方面、多维度的，权衡多方面信息后才会做出购买决策。

网络购物不直接接触商品，消费者只能依靠网络商家的商品描述，如文字、图片、视频、用户评价等信息来判断商品的品质。此外，可以通过多种营销推广活动捕捉消费者。所以商家除了要重视能体现商品价值的多维度的推广介绍，还要更多地进行拉近与消费者间距离的营销推广活动。

（四）购买决策

网络消费者在完成了对商品的比较选择之后，便进入了购买决策阶段。与传统的购买方式不同，网络消费者的购买决策有许多特殊的地方。例如，购买者理智动机所占比重较大，而感情用事比重较小；网络购买决策受外界环境影响较小，大部分的购买决策都是由自己做出或是已经与身边人商量后做出的行为；做出网络购买决策较传统购买决策要快速得多，瞬间就可完成。

（五）购后评价

消费者重新考虑这种购买行为是否正确，效用是否理想以及服务是否满意。这种购后评价往往决定了消费者今后的购买动向，甚至有些潜在消费者或是观望消费者会通过他人的购后评价来决定自己的购买行为。因此商家要维护好消费者的购后评价，不仅是给购买客户提供售后服务，更会影响甚至决定潜在消费者的购买行为。

网络客户服务

互联网为网络客户服务人员收集消费者购后评价提供了得天独厚的优势资源,方便、快捷、高效的互联网连接着商家与消费者。为了提高商家的网络竞争力,最大限度地占据市场,吸引更多的客户,商家必须虚心聆听消费者的反馈意见和建议。商家甚至可以在销售商品的同时征求消费者对产品或商家的意见或建议,从而得到一手消费者的真切感受,通过大数据分析、归纳,可以迅速找到产品或服务的不足,及时了解消费者的意见和建议,随时改进自己的产品性能和提高售后服务质量。

与消费者购买行为相关的任何环节都有可能是拉近或疏远客户关系的因素,因此商家在维护与客户的关系时任何环节都不能忽视。

实践任务

1. 分析当下的互联网产品都符合马斯洛需求理论的哪些层次(表4-2-1)。

例如,微信、微博、QQ、豆瓣、知乎、天涯论坛、京东、天猫、百度、谷歌、墨迹天气、去哪儿、瑞星、金山、今日头条、网易新闻、糯米、美团、饿了么。

表 4-2-1 　　　马斯洛需求层次

生理需求	
安全需求	
社交需求	
尊重需求	
自我实现需求	

2. 以小组为单位,以互联网上某一类产品(如服装、零食、洗护、美妆等)为例,结合表格(表4-2-2)完成某产品网络用户消费购买行为分析。

表 4-2-2 　　　_____产品网络用户消费购买行为分析

购买行为	决定因素	营销策略
唤起需求		
收集信息		
比较选择		
购买决策		
购后评价		

素质拓展

互联网中有很多小程序也可以实现消费者类别划分。诸如目前使用率很高的微信小程序就有该功能。以下就是微信小程序甄别用户在使用过程中划分出的消费类别分布,如图4-2-3所示。

- 在用户使用微信小程序消费的类别中,餐饮外卖占比位居首位,达到26%;水果生鲜、服装鞋包、生活用品和交通出行等消费也明显高于其他类别。
- 小程序用户更愿意在小程序中进行高频次的日常消费,这类小程序将有更高重复使用次数。

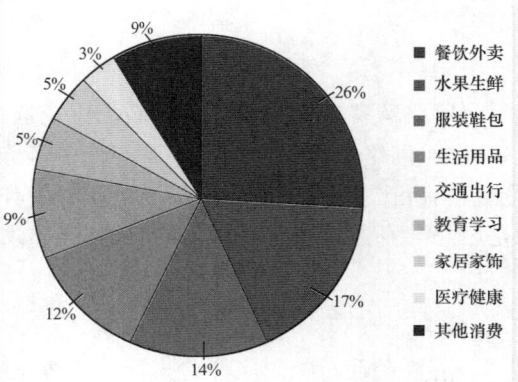

图4-2-3 微信小程序甄别用户在使用过程中划分出的消费类别分布

项目四 掌握网络客户服务技巧

任务三 掌握客户信息收集及档案建立方法

学习目标

【知识目标】掌握企业收集客户信息的方法并能够为企业收集客户资料，学会建立客户档案。

【技能目标】学会建立客户信息登记表。

情景导入

余虹和张强在客户服务管理组逐渐进入了工作状态。今天领导派二人在公司收集企业相关客户资料并把客户资料整理成有效档案文件。二人利用在学校所学的知识，开始了收集客户资料的工作。

知识平台

谁拥有了客户，谁就拥有了市场，拥有了未来。客户是企业的宝贵资源，客户在企业生产、发展的进程中占有重要地位，客户信息成了企业的重要资源。伴随着电子商务时代的快速发展，市场竞争异常激烈，而精准有效的客户资源已经成为商家不容忽视的力量。收集客户信息的渠道越来越多元化，建立客户信息库已成为商家维护客户资源的一种有效手段。

一、收集客户信息

收集客户信息是商家日常经营管理中至关重要的活动。高效地收集、整理、分析客户信息是商家进行有效营销决策的重要依据。客户数据已成为电子商务时代商家重要的数据资源，掌握了客户数据信息能更好、更精准地为商家经营战略提供宝贵依据。客户信息收集主要有以下几种情况：

（一）内部资料收集整理

通过企业内部的各种统计资料、原始记录、营业日志、订货合同、客户来函、店铺的会员注册信息、购买记录、退换货信息等，收集整理客户信息。这些资料多数是靠人工收集和整理的，而且分散在企业各职能部门内部，需要有专业部门或人员进行及时整理汇总。客户服务管理部门的相关岗位工作职责中就有这部分工作内容。

（二）通过网络资源获取客户信息

借助互联网上各种信息渠道，能够帮助企业尽可能多地获得客户信息。如专业的获客工具、软件和第三方平台（企业）。目前许多公司都很重视客户信息资源的建立，通过建立自己的企业客户数据库，并从大型数据库中寻找所需客户资料。如银行和信用卡公司、电信公司、目录营销公司，以及其他需储存客户大量信息数据的专营公司。存储的数据不仅包括客户的地址，还包括一些往来合作伙伴的相关信息，如经营状况、员工人数、营业额以及其他信息。需要注意的是,这些信息的获得要在法律允许范围内进行,客户信息的运用也要遵循法律法规,合法、依法运用客户数据信息。

(三)市场调研获取客户信息

通过市场调研、面谈、访问、电话、E-mail、微信、社区互动等途径获取更多的客户信息。优秀的客服、营销员通常善于收集、整理、保存、整合和利用各种有效获客信息资源;善于对特殊重点客户的维护与挖掘,并做到长期跟踪、回访。

(四)查找各种汇编资料和行业政府、社团组织发布的数据信息

统计资料是指国家有关部门的统计调查报告、行业协会或主管部门在报刊上面刊登的统计调查资料、行业团体的调查统计资料等。名录类资料是指各种客户名录、会员名录、同学录、协会名录、职员名录、名人录、行业年鉴等。大多数当地市场监督管理部门的网站就可以提供这方面的查询。互联网上海量信息可供参考,但要学会甄别筛选有效信息,商家要通过专门的步骤把有意向的目标客户找出来。

(五)逛展会获得客户资源

现在每年都有数不清的各种形式的行业展会,有线下展会,也有线上展会。参展商既可能是商家,又可能是某些商家的客户。在展会中可以通过会刊了解参展商的信息及联络方式。因为参展的企业都是比较活跃的企业,愿意接触信息,彼此成为客户,寻找更多的合作机会。这些信息大多是非常有效的信息,可以减少我们甄别信息的成本,而获得高效真实的有用信息。

(六)运营商精准大数据获客

互联网数据技术的发展和应用可以让我们借助互联网优势进行诸如以下工作:

1. 网站抓取

提供自己或者同行竞争对手的竞价网站、推广网页链接,即可抓取实时访客、新注册用户数据。

2. 手机 APP 抓取

提供纵向行业的手机 APP,即可抓取该手机 APP 每天的高频使用者、浏览访问者、新注册用户数据(如房地产行业纵向 APP——安居客、贝壳等)。

3. 400 和 800 电话、固话抓取

提供同行或竞争对手的 400 和 800 电话、固话号码即可实时抓取通话记录,实现主叫、被叫、进线电话用户数据。

4. 关键词、小程序抓取

提供相关关键词即可实时抓取搜索者相关数据,提供相关小程序即可实时抓取使用者、浏览者、新注册用户数据。

注意:以上获取用户信息的过程不能侵犯用户的权益。

(七)服务过程中获取客户信息

对客户的服务过程是商家深入了解客户、联系客户、收集客户信息的最佳时机。在提供服务过程中,客户往往能够直观地讲述自己对产品的看法与期望、对服务的评价和要求、对竞争对手的认识,以及对其他销售机会的愿望。这种方法是收集客户信息较直观的方法之一,也是客户服务管理岗位的重要工作职责部分,是目前互联网商家普遍使用的方法之一。

(八)信息反馈收集

这是通过收集客户投诉或意见反馈渠道,将客户体验后的真实感受和评价收集起来的一

种方法。目前商家都会设立一个专用通道，如投诉热线、售后客服、意见箱等，让客户把自己的想法和意见反馈给商家，这样有助于商家不断完善其服务体系，进一步提升商家服务质量。尤其是一些老客户已经与商家建立了良好的合作关系，会从客户角度更好地帮助商家改进服务质量。

（九）精准寻找目标客户群

通过客户信息分类，依照商家营销定位，精准寻找目标客户群。商家在实施经营战略时都会对其产品或服务进行精准的营销定位，锁定的目标客户群就是其潜在客户群或是精准客户群。通过寻找目标客户群来进行客户资料的收集能更精准地定位商家的目标客户，收集的客户信息更有针对性，获客效率更高，客户资源质量更好。

（十）由老客户引荐新客户

从老客户所从事的行业、亲密社交关系，为企业引荐新客户；还可以从同行业的竞争对手那里获得新客户的引荐。这样引荐过来的新客户转化为老客户的可能性会大大提高，新客户的购买决策过程更加容易。这样的获客成本更低廉，转化更有效。因此要不断维系与老客户间的亲密关系。

二、设计客户信息登记表

商家在店铺后台可以看到基本的客户资料，如手机、邮箱、地址、购买记录等这些与交易相关的显性信息，也可以随时查询客户的消费记录和会员折扣，甚至可以通过收集客户生日、兴趣爱好、浏览习惯等隐性信息推断其消费习惯及消费心理，以便及时跟进各种促销手段，或者推出更受客户欢迎的店铺活动。商家可以利用客户信息登记表对这些客户信息进行有效收集和整理。

（一）基本客户信息登记表

由于新、老客户对商家认同感不同，新、老客户对于商家收集信息的反应也不尽相同。相对于老客户而言，新客户对于一些敏感、隐私的信息不愿意透露太多。因此我们要针对新、老客户设计不同的客户信息登记表，这样更有利于商家对收集信息的整理。

通常我们收集的客户信息主要由基本信息和到店信息两部分组成，具体见表 4-3-1 和表 4-3-2。

表 4-3-1　　　　　　　　　客户信息登记表（基本表）

商家名称：_____　　　　　日期、时间：_____

姓名		性别		出生日期	
籍贯		民族		手机号码	
出生地		学历		专业	
毕业院校				毕业时间	
工作单位				职业	
爱好				E-mail	
信仰				微信号	
喜欢的书籍				喜欢的颜色	
家庭地址				家庭电话	
月收入情况					
家庭成员情况					

表 4-3-2　　　　　　　　客户到店信息登记表（到店信息表）

商家名称：_____　　　　　　日期、时间：_____

到店次数					
引进新客户情况					

第（　）次购买本店产品				
日期		名称		数量
单价		颜色		尺码
到店评价 （产品/服务）	满意			
	不满意			
	建议			

第（　）次购买本店产品				
日期		名称		数量
单价		颜色		尺码
到店评价 （产品/服务）	满意			
	不满意			
	建议			

客户信息登记表是商家收集客户信息的重要工具，可以用来区分新、老客户，也可以甄别客户类型，帮助商家挖掘潜在客户。商家可以从客户信息登记表中了解客户满意度、忠诚度以及消费趋势等信息，方便建立客户信息档案及数据库，为商家制定有针对性的营销策略提供可靠依据。

（二）会员客户信息登记表

通过建立会员制，商家能够更深入地收集客户信息，收集到的客户信息会更丰富、更多元化。这样有利于商家更清晰地认识客户群体，精准把握客户特征，为实行精准营销奠定客户基础。某电商平台会员信息表见表4-3-3。

表 4-3-3　　　　　　　　某电商平台会员信息表

基础资料		扩展资料		偏好资料	
姓名		性别		手机	
电子邮箱		生日		省份	
会员级别		客户来源		会员状态	正常 不享受会员折扣
信用等级		交易次数		交易额	
上次交易时间		宝贝件数		平均订单金额	
交易关闭数					
收货信息					
标签					
备注信息					

(三)意向客户跟踪表

商家每天都会接待大量的访客,而每个客户的年龄、性格和关注点都各不相同,只设计一种类型的客户信息登记表并不能完全反映客户的需求信息。因此商家还需要为每一位客户建立专属信息表,用于登记客户的姓名、年龄、性别、学历、家庭成员和预算等有效信息,其主要目的是更好地提醒客服人员及时跟进和持续追踪有意向的客户,最终目的是促成购买行为。这种表格被称为意向客户跟踪表或潜在客户跟踪单。此表可以针对某一行业或所面临的客户群体进行设计。如表 4-3-4,以某房地产企业意向客户跟踪表为例进行说明。

表 4-3-4　　　　　某房地产企业意向客户跟踪表

客服专员:			建卡时间:		编号:
客户信息				是否预约	置换/首购
客户姓名	性格特点	购房预算	方便联系时间		实际使用人信息
电话	家庭成员	预购时间	现有住房(是/否)		姓名/性别
性别	家庭住址	支付方式	看房评价		与看房人关系
邮箱	单位/行业	首付比例及贷款年限			年龄
年龄	到店途径	房型关注点	购买时间		电话
职业	户型要求	对比楼盘	是否有改善需求		决策人
学历	购房用途	客户购房的兴趣和生活方式			职业/行业
建档回访日期	意向客户等级	下次回访应对策略	沟通内容要点		主管意见

意向客户跟踪表应该系统、连续地填写,并把握好两次间隔的时间,太短会被客户厌烦,太长会使客户淡忘。一般行业间并无绝对时间间隔,大多数以 1～2 周为宜。每次跟踪,切勿流露出迫切交易的目的,而是抱有了解客户需求并帮助其解决问题的态度。

(四)营业日报表

营业日报表也称为销售日志,通过它可以有效地收集客户信息及销售统计情况,展示与客户沟通过程中所遇到的问题,并且可以很好地对每日的销售情况及完成进度进行有效评估,多用于线下实体销售店铺。随着电子商务的发展,线上企业也会设计类似的日报表。该表格的用途取决于商家管理部门的要求。表 4-3-5 为某房地产企业的营业日报表。

表 4-3-5　　　　　　　　某房地产企业的营业日报表

时间：_____年_____月_____日

客户编号	客户姓名	联系电话	拟购房型	意向级别	来电/来店	信息来源	来店时间	离店时间	详情	订房	售房	置业顾问
1												
2												
3												
4												
5												
6												
7												
8												

三、购物平台会员等级设置

这里以淘宝购物平台为例进行介绍。

1. 功能简介

客户运营平台官方版通过店铺 VIP 设置提供给商家对会员进行分层管理的能力。商家可通过对消费者交易金额、次数等的限制对主动入会的会员进行分层管理和运营。

2. 普通会员等级配置

(1)单击开启按钮,配置交易额或交易次数,至少需填写一个,如图 4-3-1 所示;当填写两个条件,消费者满足任一条件即可单击入会。

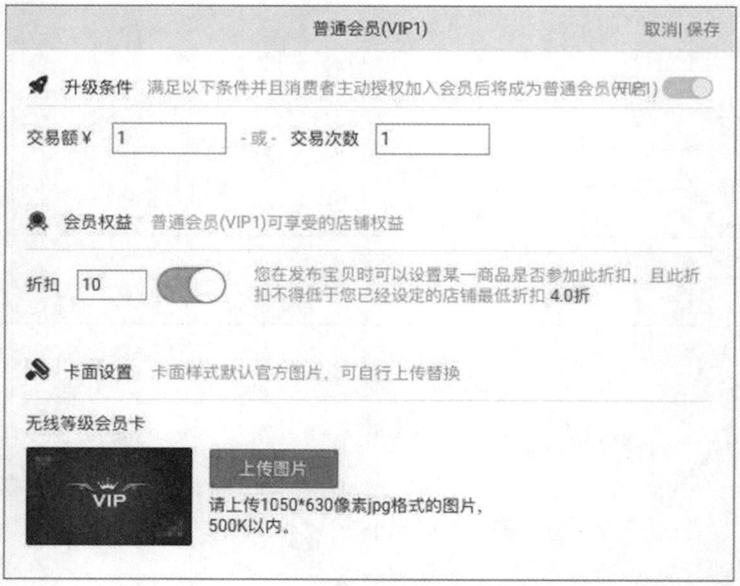

图 4-3-1　普通会员等级配置

（2）依据店铺规划配置相应的等级折扣，可填写 1～10。如折扣填写为 10，则不给予折扣；如填写为 9.5，则给予 9.5 折。该等级折扣将在商品一口价基础上进行打折。

（3）上传该等级对应的会员卡图片，如不上传则为官方默认图片。

（4）单击保存即完成该等级的全部设置。可依次开启所需的等级，如高级会员、VIP 会员、至尊 VIP 并配置相应的信息。

3. VIP 设置

可设置会员卡名称、等级层级、各等级层级规则等相关信息。

4. 会员制注意事项及原则

（1）最多支持 4 个等级层级，且普通会员等级开启后不支持关闭。

（2）普通会员等级所对应的规则为非会员的入会门槛，即只有满足普通会员等级规则的用户可主动入会。

（3）官方版等级只支持升级且无等级有效期。

（4）等级升级规则支持以累积的交易金额或交易次数进行配置，且设置的交易金额或次数不得为 0。

（5）新会员入会时会按照设置的规则判断并赋予会员正确的等级；老会员将在交易成功后，系统按照等级规则判断是否升级，如满足升级门槛则自动升级。

（6）当修改 VIP 等级规则后，原有会员的 VIP 等级保持不变，下一次下单并成功交易后，系统才会根据最新的 VIP 等级规则进行判定，并给予自动升级。

（7）完成等级配置和保存后，页面刷新将自动呈现对应的入会规则和条款。

实践任务

以小组为单位，根据小组兴趣选取互联网上某一类产品（如零食、洗护、美妆等），在班级同学中开展客户信息收集。

1. 根据所选择产品，设计一份有针对性的客户信息登记表。
2. 根据所选产品，设计一份会员登记表。

素质拓展

高效顾客信息收集助力中国移动发展

中国移动的反馈途径有很多种，常用的两种是电话反馈和 Internet 反馈。

电话反馈：当顾客在使用移动的通信网络时遇到任何问题和有任何意见，都可以拨打 10086 进行人工服务，客服会登记你的问题和建议，然后会在 24 小时之内提交和解决你的反馈并给你回复。

Internet 反馈：中国移动建立了自己的官方网站，客户登录该网站不仅可以使用它的网上营业厅，同时也有客户意见反馈的登录界面，当你有任何意见和建议时都可以发送 E-mail，或者使用在线答疑！在线答疑的承诺时间也是 24 小时之内，而 E-mail 的反馈时间是 48 小时之内。

无论什么途径，中国移动都会认真地改进客户所提出的建议和意见，"沟通从心开始"，一切为客户着想。

任务四　掌握用户画像收集方法

学习目标

【知识目标】明确用户画像及其构成；了解用户画像的意义及应用场景。
【技能目标】学会为客户进行画像并贴上标签。

情景导入

网络游戏近几年风靡整个互联网世界。尤其近几年大热的英雄联盟、王者荣耀等几个爆款游戏，全民参与度很高。腾讯游戏也成了网络游戏的王牌。之所以腾讯游戏能很好地贴合玩家，得益于它精准的客户画像分析，能把每一个玩家的娱乐需求精准加以区分对待，最大限度地满足了每一个玩家的需求。如腾讯旗下的英雄联盟，新玩家进入游戏后，会根据新用户的类别划分不同的游戏水平，匹配相应等级的游戏指引。

像英雄联盟这样对玩家进行内容精准匹配的模式在时下互联网世界中越来越常见。商家对客户进行精准画像分析，更有利于进行精准推广活动，从而实现更好的营销效果。

知识平台

用户画像最初是在电子商务领域得到应用。在大数据时代背景下，用户信息充斥在网络中，充分利用大数据平台可将用户的每个具体信息抽象成标签，利用这些标签将用户形象具体化、多维化、立体化，使商家为用户提供更具有针对性的营销服务。

一、用户画像

用户画像又称用户角色，它作为一种勾画目标客户、联系用户诉求与设计方向的有效工具在各领域得到了广泛的应用。用户画像在商业领域又被称为"客户画像"。简而言之，用户画像就是将典型用户信息标签化，如图4-4-1所示。

微课：用户画像

我们在实际操作的过程中往往会以较为浅显和贴近生活的话语将用户的属性、行为与期待的数据转化链接起来。作为实际用户的虚拟代表，用户画像所形成的用户角色并不是脱离产品和市场之外所构建出来的，它是基于商家的产品特征或服务属性而建立起来的立体化的标签形式。形成的用户角色需要有代表性，能够代表产品的主要特征或服务属性。

二、用户画像组成要素

用户画像通常有PERSONAL八大组成要素：
P代表基本性（Primary），指该用户角色是基于对真实用户的情景访谈。
E代表同理性（Empathy），指用户角色中包含姓名、照片和产品相关的描述。
R代表真实性（Realistic），指用户角色看起来像真实存在的人物。

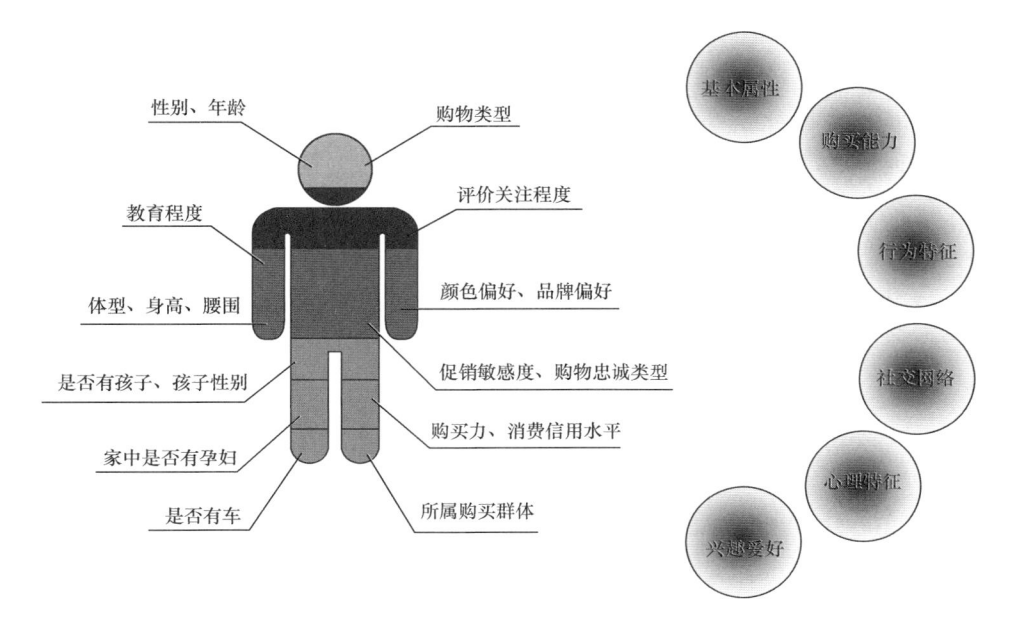

图 4-4-1 用户画像

S 代表独特性(Singular),指每个用户是独特的,彼此很少有相似性。

O 代表目标性(Objectives),指该用户角色包含与产品相关的高层次目标,包含关键词来描述该目标。

N 代表数量性(Number),指用户角色的数量是否足够少,以便设计团队能记住每个用户角色的姓名,尤其其中的一个主要用户角色。

A 代表应用性(Applicable),指设计团队是否能使用户角色作为一种实用工具进行设计决策。

L 代表长久性(Long),指用户标签是否能长久性使用。

这八大要素不是孤立存在于用户特征中的,而是以一个闭环的结构存在于每一个特殊的用户群体中。商家进行的个性化推荐、广告系统、活动营销、内容推荐、兴趣偏好都是基于用户画像而应用。当商家想要选择某部分用户群体做精细化运营时,可以利用用户画像筛选出特定的目标群体。用户画像是一个复杂的系统,随着产品逐渐成熟,会根据不同的业务场景设计出不同的标签。

作为商家,我们寄希望于看到这样一种现象:做一个产品,期望目标用户能涵盖所有人,男人女人、老人小孩……但现实是这样的产品最终会走向消亡,因为每一个产品或服务都是为特定目标群的共同标准而服务的,当目标群的基数越大,这个标准就越低。换言之,如果这个产品或服务是适合每一个人的,那么其实它是为最低的标准服务,这样的产品或服务要么毫无特色,要么过于简陋,迟早会被消费者抛弃,被残酷的市场竞争淘汰出局。

三、用户画像体系构建

商家在做用户研究前必须掌握用户画像的构建方法,即了解用户画像架构。

(一)收集数据

收集数据是用户画像中十分重要的一环。用户数据来源于网络,而如何有效提取数据,这些都是商家需要思考的问题。比如打通平台产品信息、引流渠道用户信息、收集用户实时数据等。

网络客户服务

对于一般公司而言,更多是根据系统自身的需求和用户的需要收集相关的数据。

用户画像主要由静态数据和动态数据两部分组成,如图4-4-2所示。其中静态数据(也称为基础数据,如图4-4-3所示)以一些固定不变的基础数据为主,主要有基础信息、社交信息、商业信息和其他信息;动态数据主要是部分易变数据,包括行为信息、决策信息、关联信息等。

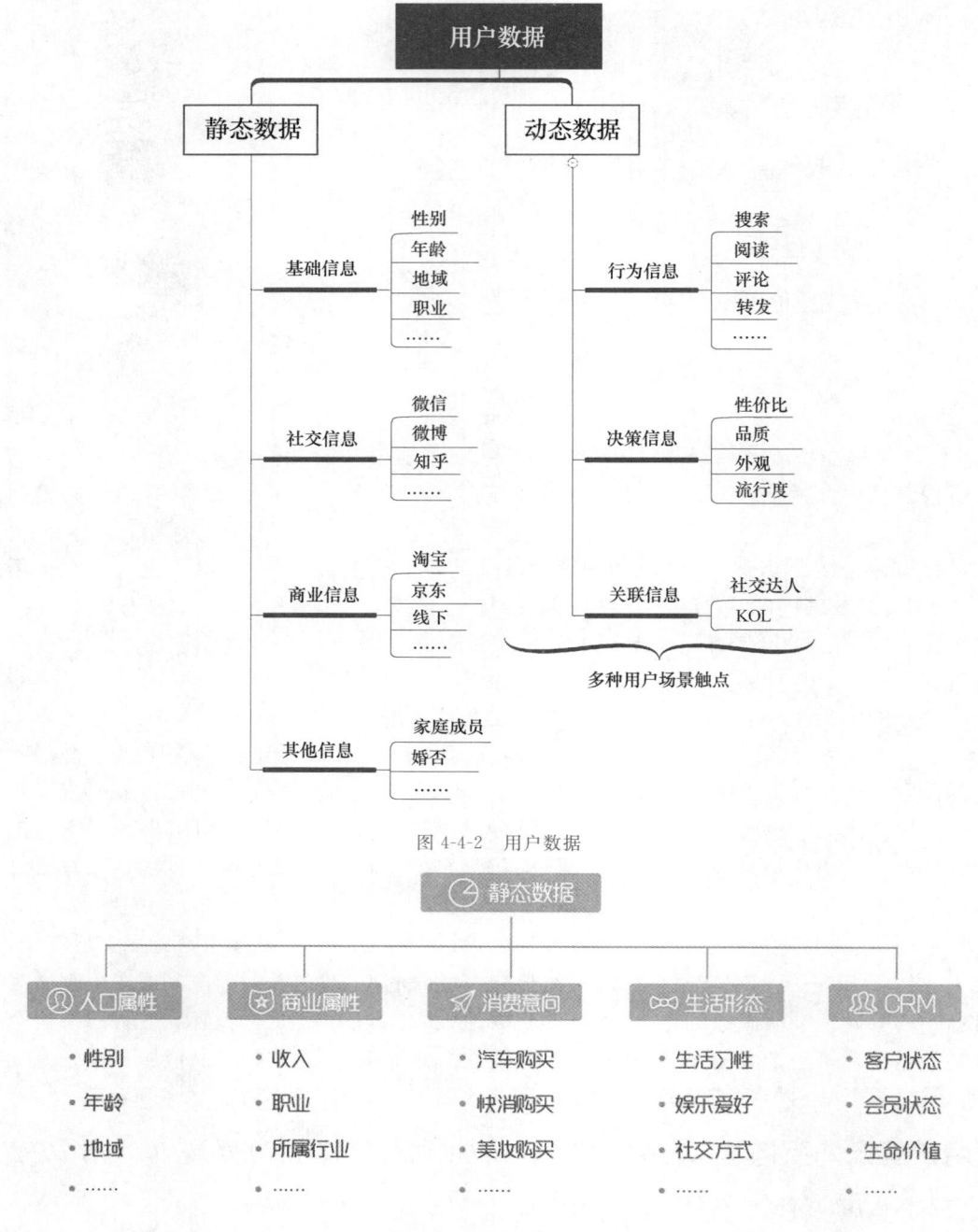

```
用户数据
├─ 静态数据
│   ├─ 基础信息:性别、年龄、地域、职业……
│   ├─ 社交信息:微信、微博、知乎……
│   ├─ 商业信息:淘宝、京东、线下……
│   └─ 其他信息:家庭成员、婚否……
└─ 动态数据(多种用户场景触点)
    ├─ 行为信息:搜索、阅读、评论、转发……
    ├─ 决策信息:性价比、品质、外观、流行度
    └─ 关联信息:社交达人、KOL
```

图 4-4-2 用户数据

```
静态数据
├─ 人口属性:性别、年龄、地域……
├─ 商业属性:收入、职业、所属行业……
├─ 消费意向:汽车购买、快消购买、美妆购买……
├─ 生活形态:生活习性、娱乐爱好、社交方式……
└─ CRM:客户状态、会员状态、生命价值……
```

图 4-4-3 静态数据

以某跨境电商平台为例收集用户行为数据:比如活跃人数、页面浏览量、访问时长、浏览路径等;用户偏好数据:比如登录方式、浏览内容、评论内容、互动内容、品牌偏好等;用户交易数

据：比如客单价、回头率、流失率、转化率等，如图 4-4-4 所示。收集这些指标性的数据，以方便对用户制订有针对性、目的性的营销方案。

收集用户数据

用户行为数据
- 活跃人数
- 访问/启动次数
- 页面浏览量
- 访问时长
- 页面停留时间
- 直接跳出访问数
- 浏览路径

用户偏好数据
- 使用APP/登录网站
- 时间/频次
- 浏览/收藏内容
- 评论内容
- 互动内容
- 生活形态偏好
- 品牌偏好

用户交易数据
- 贡献率
- 客单价
- 连带率
- 回头率
- 流失率
- 转化率
- 唤醒率

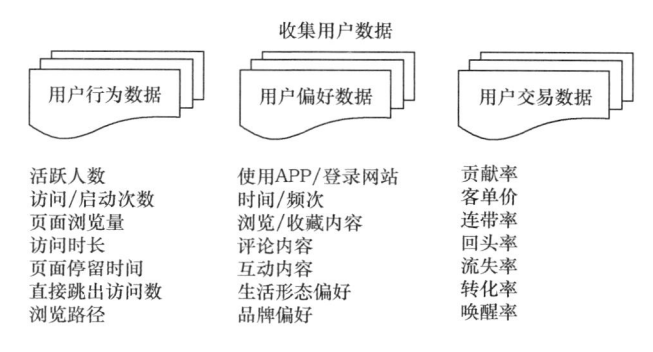

图 4-4-4　某跨境电商平台用户数据收集

我们可对收集的数据进行分析，让用户信息标签化。比如搭建用户账户体系，通过建立数据仓库，打通用户数据，实现平台数据共享。

（二）行为建模

行为建模就是根据用户行为数据进行模型建立。通过对用户行为数据进行分析和计算，为用户打上标签，可得到用户画像的标签模型，即搭建用户画像标签体系，如图 4-4-5 所示。

在数据支持下标签建模主要是基于原始数据进行统计、分析和预测，从而得到事实标签、模型标签与预测标签。

标签建模的方法来源于阿里巴巴用户画像体系，广泛应用于搜索引擎、推荐引擎、广告投放和智能营销等各种领域。以今日头条的文章推荐机制为例，通过机器分析提取客户的关键词，按关键词贴标签，给文章打标签，给受众群体打标签。接着内容投递启动，通过智能算法推荐，将内容标签跟观众标签相匹配，把文章推送给对应的人，实现内容的精准分发。这也就是为什么读者在浏览文章时总能看到感兴趣的文章，且文章类别基本相似，诱发读者不断地浏览下去，从而实现对阅读访客的锁定。这增强了产品与客户之间的黏性，从而达到访客量的激增，实现产品的价值。

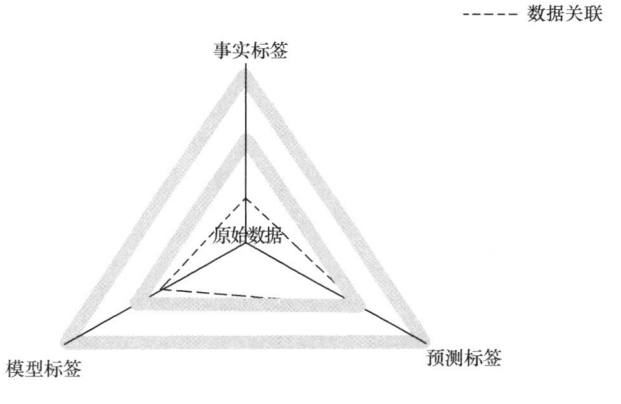

图 4-4-5　行为模型

（三）构建画像

用户画像包含的内容并不完全固定，不同企业对于用户画像有着不同的理解和需求。根据行业和产品的不同，企业所关注的特征也各有不同，但主要还是体现在基本特征、社会特征、偏好特征、行为特征等方面，如图 4-4-6 所示。

用户画像的核心是为用户打标签，即将用户的每个具体信息抽象成标签，利用这些标签将用户形象具体化、立体化，从而为用户提供有针对性的服务和营销方案。

以某电商平台青年客户画像为例，刻画出的标签如图 4-4-7 所示。

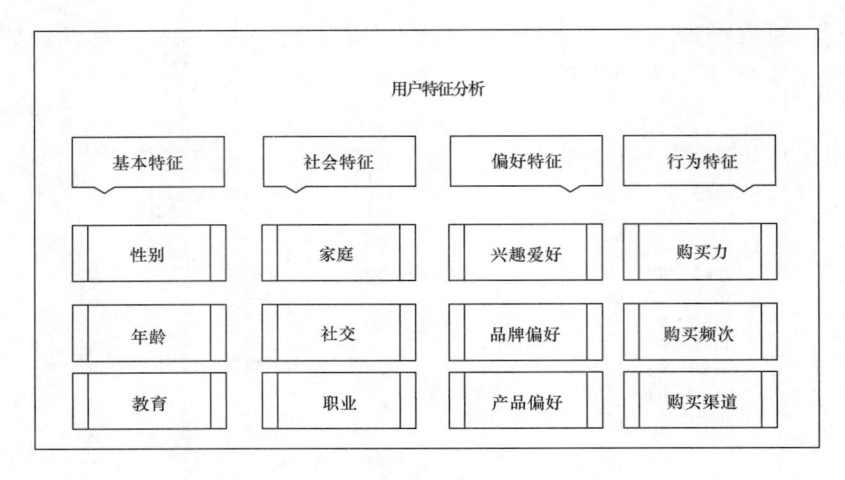

图 4-4-6　用户特征分析

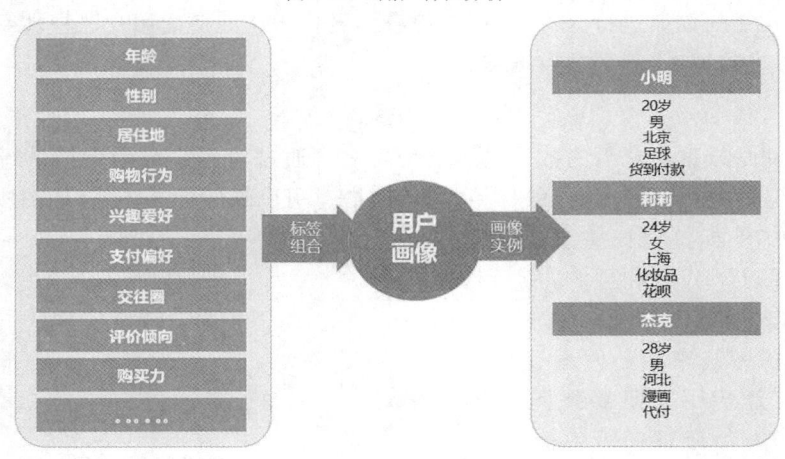

图 4-4-7　某电商平台青年客户画像

利用数据分析得到数据标签,来满足业务需求,从而构建用户画像形成一个闭环。用户画像经常被应用在精准营销、用户分析、数据挖掘、数据分析等领域。

总而言之,用户画像的根本目的就是寻找目标客户,优化产品设计,指导运营策略,分析业务场景和完善业务形态。

(四)用户画像的意义

互联网高速发展的时代,用户画像对于商家的意义至关重要,甚至可以上升到企业战略部署的高度,包括商家进行业务经营分析、收入分析、竞争对手分析和用户维护。此外,还可以完善产品运营与提升用户体验,改进对外服务质量与提升盈利。具体如下:

首先,这些都是基于用户画像的精准性、多元性和立体性描述,从而使产品的服务对象更加聚焦,更加专注,同时也能更好地指导企业调整经营战略和发展方向。

很多成功的产品案例,它们服务的目标用户通常都非常清晰,特征明显,在产品上专注、极致,能解决核心问题。比如豆瓣,专注文艺事业十多载,只为文艺青年服务,用户黏性非常高,文艺青年在这里能找到知音,找到归宿。所以,给特定群体提供专注的服务,远比给广泛人群提供低标准的服务能更接近成功。

其次,用户画像可以在一定程度上规避产品设计人员草率地代表用户。代替用户发声是产品设计中常出现的现象,产品设计人员经常越俎代庖地认为用户的期望值跟他们是一致的,并且还总打着"为用户服务"的旗号。这样的后果往往是:我们精心设计的服务,用户并不买账,甚至觉得很糟糕。

最后,用户画像还可以提高决策效率。例如,在产品设计流程中,各个环节的参与者非常多,分歧总是不可避免,决策效率无疑影响着项目的进度。而用户画像是来自对目标用户的研究,当所有参与产品的人都基于一致的用户进行讨论和决策,就很容易约束各方保持在同一个大方向上,从而提高决策的效率。

(五)用户画像错误处置方法

(1)重复工作。避免出现同一标签从不同口径设计、出发,同一标签不同的人在做。要加强管理相关岗位职责的划分,强调专属工作。

(2)模型准确率的问题。不是每一种模型都可以测出准确率,模型分为有监督模型和无监督模型,前者可以通过测试集中进行测验,而后者要基于聚类。另外,也要平衡模型的准确率与覆盖率,在准确率不低于80%的情况下,尽量提高覆盖率。

(3)要对用户标签进行整合和优化。标签是变化的,需要阶段性地整合用户标签资源,合理优化客户的标签。对用户标签要实行动态化管理。

(4)模型可以通过交易额的提高测试出来,但用户标签的价值很难测试出来,一个模型要用到很多用户标签,具体哪一个标签起到了多大作用就很难检测了。

(5)开发出来的新标签要通过分享、解释、推销的方式让别人使用;基于各自对业务的理解,以业务导向为目标互相学习;几百个标签中,经常用到的不到20%,要以业务为导向对标签进行优化,形成监控体系;团队不应以开发标签数量为导向,应以提高业务为导向;进行适当的重复开发,通过成果验证,进行优中选优。

(六)用户画像的发展方向

1. 场景化

通过地图进行定位、利用天气数据、用户点击商品再结合手机推断场景进行推送。例如:雾霾天在京东上看了空气净化器,结合场景弹出净化器优惠券。

2. 精细化

细化到不同的地区、人群、品牌、品类、店铺,做出不同的用户画像。根据不同用户画像进行精准营销,设计精细化、目的化、高度准确化的营销活动,提高成交效率,降低营销成本。

3. 知识化

通过用户画像形成充分客户大数据,把客户大数据产品化、知识化,对业务形成体系和补充,提升商家产品或服务的影响力,再结合场景应用,打通商家运营、行业分析、公关传播等各个相关环节。

4. 运营持续化

通过对用户画像标签的分享、归类,企业内部任何人都能申请使用,如产品经理等。通过内部分享实现客户数据的正负向双反馈、双循环,打通内部客户信息流。

实践任务

以小组为单位,以互联网上某一类产品(如零食、洗护、美妆等)为例,小组成员彼此间进行用户画像分析。

素质拓展

1. 腾讯视频用户画像（图 4-4-8）

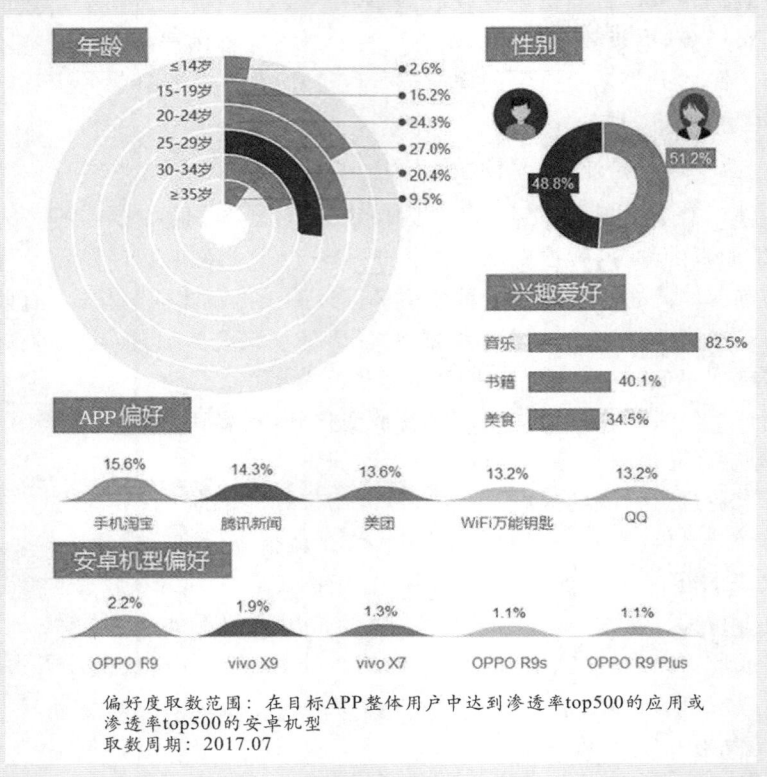

图 4-4-8 腾讯视频用户画像

2. 抖音短视频平台用户画像（图 4-4-9）

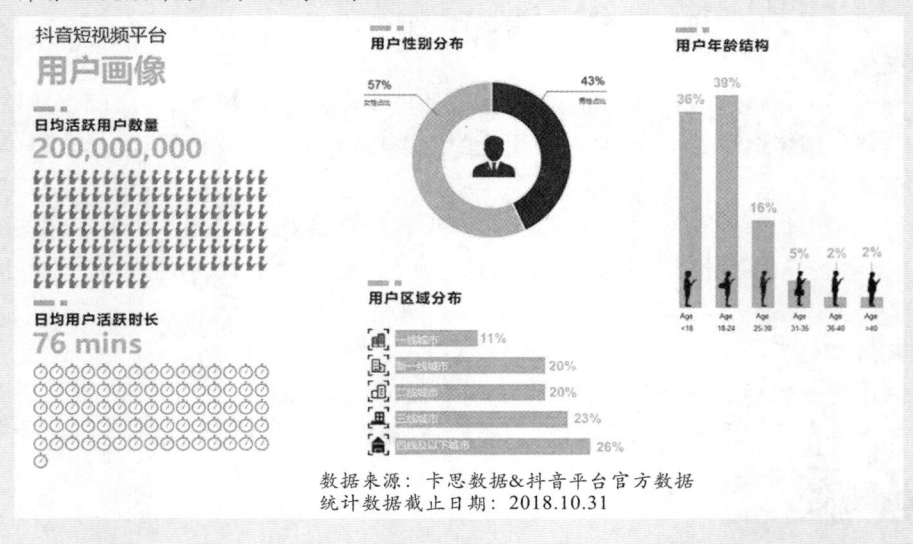

图 4-4-9 抖音短视频平台用户画像

3. 某社交APP用户画像（图4-4-10）

图 4-4-10　某社交APP用户画像

4. 小米用户画像（图4-4-11）

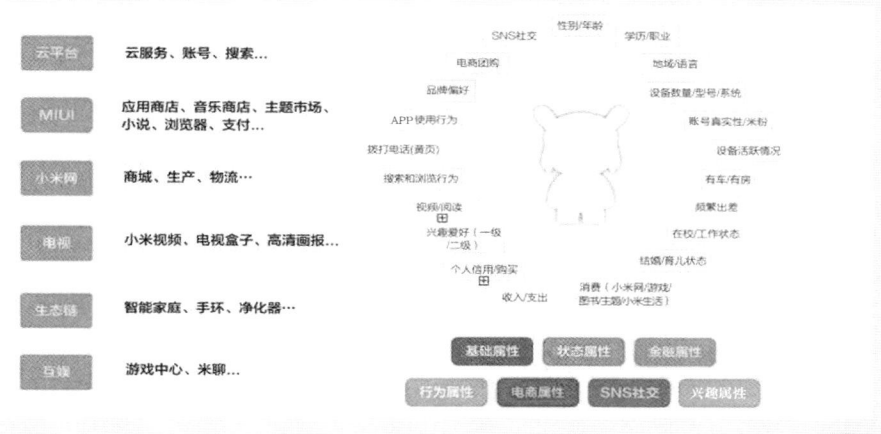

图 4-4-11　小米用户画像

> **项目综述**
>
> 　　本项目主要通过相应的任务实施和知识平台帮助大家熟悉和掌握网络客户服务相关的基础知识和基本技能。
> 　　一、认识网络客户，能根据地理、人口、心理、行为等因素划分网络客户，能够针对网络用户的特点进行客户划分。
> 　　二、从网络客户购买需求出发，研究影响网络客户做出购买行为的内外影响因素。
> 　　三、通过对网络客户购买行为的过程分析，明确客户的购买行为经历的5个阶段。
> 　　四、学会收集网络客户信息并能够为企业建立客户档案。
> 　　五、学会对网络客户进行精准的画像分析。通过了解画像八要素掌握客户画像的方法，并了解客户画像在现实领域中的应用。

项目五

掌握网络客服沟通技巧

项目描述

语言沟通是一门艺术,在互联网高速发展的今天我们可以隔着屏幕与全世界的客户进行交流。尽管现在面对面交流的机会减少了,但是在我们接待网络客户时,语言的沟通交流技巧体现了客服人员的工作技能。客服可通过各种在线聊天工具进行客户的售前、售中、售后服务。提高客服人员交流话术有助于提高服务的满意度。

项目目标

通过本项目的学习,客服人员需要掌握售前、售中、售后服务沟通技巧,掌握电子商务客服特有的语言工具,能够熟练掌握不同销售阶段话术的使用,提升网络客服人员沟通技能。

帮助学生明确团结协作、顾全大局是处理职业团体内部人与人之间,以及协作单位之间关系的一条道德规范。客服岗位的蓬勃发展,是众多职业劳动者协同努力的结果,了解职业劳动者之间互相支持、互相帮助,在共同利益、共同目标下进行相互促进的活动,让学生在客服岗位中的每一个沟通环节树立彼此相互支持、相互信任与相互帮助的意识,形成职业团体、行业团体中良好的道德氛围。激励和提高劳动者的劳动热情,充分发挥他们的创业潜能,创造更好的经营业绩,同时实现更好地为社会服务的目的。

项目五 掌握网络客服沟通技巧

任务一　掌握咨询应答服务技巧

学习目标

【知识目标】 学会正确接待网络客户；熟练掌握话术技巧。
【技能目标】 能够有效地与网络客户沟通，熟练运用在线接待技巧。

情景导入

余虹是和张强一起到某网上化妆品公司实习的电子商务专业的学生。经过短暂的培训，余虹被安排到售前的彩妆组进行实习，负责彩妆系列的售前咨询服务。刚进小组第一天她就看见售前咨询服务组的同事们忙着和不同的顾客打招呼，回答不同顾客的提问，帮助顾客认清自己适合的彩妆颜色，给顾客推荐适合的彩妆品，完成下单并快速地帮助顾客核实信息，最后还亲切地与每一位顾客告别。虽然很繁忙，但同事们都处理得井井有条，游刃有余。余虹看后羡慕得不得了，迫切地想要加入售前咨询服务组正式接待顾客，组长告诉她需要学会接待顾客的常用话术，学会处理售前咨询中出现的棘手问题，才能开始接待顾客。余虹听后，暗下决心：一定要好好学习，争取早日加入客户接待工作中。

知识平台

在线沟通讲究快、准、勤。快就是不能让客户在屏幕那端等待的时间太久，客户的等待时间是有限的，客服人员面对众多客户的咨询提问应该给予迅速反应；准就是言简意赅，短短几个字就能命中客户的要害。勤就是客服人员要勤快，能够同时兼顾多个即时通信工具，做到聊天工具间的勤切换、不间断切换。在线沟通与我们的电话沟通、面谈不一样，打字既累又耗时间，往往等你打了一大堆的文字出来，还没发送出去，客户就已经离线了。所以说良好的网络沟通技巧，是获取客户的必备技能。尽管目前售前客服的一部分工作被部分智能客服取代，但是智能客服不能完全取代人工客服，对人工客服依然有着很高的需求。

一、掌握标准的网络客服用语

（一）打招呼的技巧——热情大方、回复快速

当买家询问"在吗"的时候，我们可以这样回复：在的，正等您呢！很高兴为您服务！要在买家咨询的第一时间，快速回复买家，因为买家买东西都会货比三家，可能同时和好几位卖家联系，这时候谁第一时间回复，谁就占了先机。

(二)询问的技巧——细致缜密

当买家询问店里的商品是否有货时,如果有的话,就跟客户介绍这个商品的优点、好处等。如果询问的商品已经没有货了,可以这样回答:真是不好意思,这款已经卖完了,有刚到的其他新款,给您看一下吧。不要直接回复没有,这个时候要做到,即使没有也要让客户还想看看店里其他的商品。

(三)推荐的技巧——体现专业、精确推荐

让您久等了,这两款风格简洁、时尚,很受年轻人喜欢,这是链接地址……这样专业、准确地告诉买家,你是用心地为他挑选了合适的商品,而不是单纯为了商业利益。

(四)议价的技巧——以退为进、促成交易

议价是客服经常要处理的问题之一。如果客户持续议价,可以通过其他方式,比如送小礼品,让客户觉得就算没有讲下价来,也有成就感。注意,当话语很长的时候,不要一次性打很多字,因为卖家等久了,可能就没有耐心了。可以一行为一段,打完马上发出去,然后再继续打,这样不会让买家等太久。这个时候买家说贵的话,要顺着买家的意思,承认他们说的,要告诉买家需要综合考虑,不只要看商品,还要看包装、品质、价格、品牌、售后等,委婉地告诉客户,让客户知道物有所值、一分价钱一分货的道理。这样的话,大部分买家都会比较满意。

人人消费都有议价的想法,如果给了议价的可能,那也要留出议价空间,不要一开始给价就给得太低,以满足客户议价的心理。

(五)核实技巧

买家付款后,要在买家下线前,把订单中的买家信息发给他们确认,避免出错,这样会减少快递不到等问题的出现,也留给客户我们认真负责的良好印象。

(六)道别的技巧

成交的情况下:谢谢您的惠顾,您就等着收货吧,合作愉快,就不打扰您了。

(七)跟进的技巧——视为成交

及时沟通宝贝被拍下但是还没有付款的情况,客服人员可以根据旺旺或订单信息主动联系买家。同时也给买家"略施压力",如我们已经做好为其打包出库的准备了,只要拍下付款,这边立即发货,这时候一般情况下都会交易成功。在此要注意联络方式,轻易不要选择给客户打电话催促,这极有可能被拒接。所以可以先用聊天工具发信息确认。不要直接问买还是不买,这时候客户只有两个选择,一般的回答都会是"哦,那算了",就不买了。没有成交的情况下,要表示宽容、大度,不要表示惊讶。

除以上这些沟通语言外,很多网络商家还会收集制作符合商家需要的常见问题应答模板,这不仅会提高客服人员的回复速度,而且不容易回答错误,以免导致顾客对商家的专业性表示质疑。同时这个应答模板也可作为商家培训新员工岗前工作的范本。常见问题模板可以通过平时客服工作进行收集和整理,也可以通过互联网进行收集,或者去相关论坛寻找。如商家可以制作一份常见问题500问手册,分门别类地整理出关于产品咨询类的常见问答、关于价格的常见问答、关于支付及运输问题的常见问答、关于售后服务及维修保障的常见问答等。一旦遇到某个领域的问题,就可以在最短时间内寻找到答案。

二、了解常用客服术语范版

语言是一把"双刃剑",它既能动人心弦,又能伤人于无形。客服人员的语言是否礼貌、热情、准确、得体,直接影响到客户服务的质量,并影响到客户对企业的印象。电商客服工作的时候绝大部分是使用即时通信工具进行沟通,因此掌握标准的网络客服术语可以起到事半功倍的效果。下面列举部分电商企业设定的客服标准用语:

(一)欢迎语

当客户发出沟通信号的时候,客服人员要在10秒内给出有问候的反馈。及时的回复,将得到客户良好的印象,过于简单生硬的用语将影响服务体验。一般开场白如下:

您好,我是×号客服。很高兴为您服务,请问有什么可以帮到您?

您好,我是×号客服。很高兴为您服务,您刚才说的商品有货。现在全场满99元包邮(除新疆、西藏、香港、澳门、台湾),满200元有其他优惠活动。

您好,欢迎光临＊＊旗舰店,我是客服＊＊,很高兴为您服务。

您好,我是×号客服。很高兴为您服务,我需要为您看下库存单,麻烦您稍等。

(二)交流用语

与客户进行交流的时候,常用到下面几句话:

您说的我的确无法办到,希望我下次能帮到您。

如果您相信我个人的意见,我推荐几款……

如果没有什么疑问,就可以拍下宝贝。我们将在您付款后第一时间为您发货,并提供七天无理由退换货服务。本次大促销的价格真的非常实惠,赠品也多,千万不要错过。

您选中的商品正在参加活动,购买的前200名还可以参加免单抽奖活动,如需购买请尽快下单。

(三)议价的对话

议价是最普通也是最常见的对话内容之一,标准的回答降低了很多的沟通成本,减少了商家的不必要损失。

您好,我最大的折扣权利就是满299元打九折,要不我给您打个九折吧,谢谢您的理解!

这真的让我很为难,我请示下老板,看能不能给您多一些折扣,不过估计有点儿难,您稍等……

您说的情况我需要请示我们经理,您稍等下。

非常抱歉,您说的折扣真的很难申请到,要不您看××元可以吗?我可以再问下,否则我真的不好办。

这是我进公司以来见到的最低折扣。感谢您购买我们的商品。

好的,领导已经同意了。您真是我们的幸运客户,我还从来没见过这么低的折扣呢!希望您能常来我们店铺看看。

(四)关联营销

客服人员可以在适当时机向顾客进行关联营销,如互补品、替代品的推销,不仅可以提高客单价,还可以促成交易。

您看好的这款吊坠是不包括项链的,我们打版图中模特佩戴的是18K金项链,搭在一起更漂亮。同款项链有售,可以配套购买,一起下单购买再减5元。

您看到的这款上衣搭配短裤特别好看,我们店铺特别推荐两款短裤搭配,如搭配购买会有优惠价。

(五)支付的对话

客户付款以后迅速回答,能够给客户专业的信赖感。

您好,已经为您修改好了价格,一共是××元,您方便时付款就可以,感谢您购买我们的商品。

您好,现在全场满99元包邮(除新疆、西藏、香港、澳门、台湾),不满99元还需要支付快递费。

很高兴看到您购买我们的商品,邮费已为您修改完毕,您可以在方便时支付,如需取消交易或有其他需要,请随时招呼我们,我是××号客服,感谢您的惠顾。

您好,已经看到您支付成功了。我们会及时为您发货的,感谢您购买我们的商品,有需要请随时招呼我,我是××号客服。

不客气,期待能再次为您服务。

(六)物流的对话

大多数客户购买商品的时候关心快递时间,统一回答就可以解决客户的重复提问。

我们公司包邮费的范围是××快递(一般城市12元可以到达),如果是江浙沪的××快递费用只要8元,感谢您的理解和支持。

您好,正常情况下,××快递2~4天到达,江浙沪地区基本是隔天就到。这个是快递公司的效率,我们不能控制的,希望您理解。

您好,××的收费标准是全国范围20元,超重也无须加钱。到达时间为2~5天。

您好,物流公司的发送效率我们没有办法控制,感谢您的理解。

您好,××快递不能到达的地区,我们一般改为＊＊快递,但是需要您补一下邮费。

(七)咨询售后的对话

您好,是有什么问题让您不满意了吗?如果是我们或者快递公司的原因给您造成不便,我们很抱歉给您添麻烦了。我们公司现在实行无条件退换商品,请您放心,我们一定会给您一个满意的答复。

(八)评价的对话

亲爱的买家,我是××号客服代表。感谢您购买我们的商品。我已为您办理发货并为这次愉快的合作做了好评。如您收到商品后不喜欢或不满意,我们会无条件为您退换商品。如有其他售后服务问题,请您在评价前与我们联系,您可以通过淘宝旺旺或拨打免费电话×××××××,我会立刻为您解决。再次感谢您的惠顾,期待能成为您的朋友,祝您万事如意。

客服人员每天与买家的对话是有规律可循的,甚至大部分都是重复的。所以,可将自己常用客服用语标准化,并且将这些用语制作成快捷按钮,本来要输入十几秒的长句,只要花不到一秒钟的时间输入快捷符就能完成,这样可以极大地提高客服工作效率。一个成熟客服通常能同时完成在线30人以上的对话,甚至更多。尤其在网络大促节点时要做好客服的充分准备,否则会导致旺旺被挤爆而客服人员措手不及,这样超过40%的交易都会因为无人答复而白白流失掉。有了标准的客服应答范本,面对即将增加的咨询人数,客服人员能够将大部分咨询转化为购买指引,商家的销量自然会极大提升。

三、了解服务禁忌用语

为客户服务的过程中还要杜绝使用一些语言,即服务禁忌用语。禁忌用语不仅会伤害客户的感情,还会影响交易的达成和服务的实现。

(一)蔑视语

蔑视语体现了对客户的不尊重。这种语言是必须杜绝的,因为它对顾客具有很大的杀伤力。常见的蔑视语有:

"我们的商品对你来说太贵了。"

"买不起就别浪费我的时间。"

"没见过像你这样讨价还价的。"

(二)烦躁语

烦躁语体现了对客户缺乏耐心。常见的烦躁语有:

"不是告诉过你了吗,怎么还不明白,真是麻烦。"

(三)否定语

否定语体现了客户服务人员的狂妄自大。常见的否定语有:

"不是这样的。"

"你说的不对。"

"你这个样子我们就没法儿谈了。"

(四)斗气语

斗气语体现了客户服务人员对客户的刁难。常见的斗气语有:

"您到底想怎么样!"

"我就这态度。"

(五)辩驳语

淘宝客服在与客户沟通时,时刻不要忘记自己的职业、身份,不要刻意地去和客户发生激烈的争论。常见的辩驳语有:

"您到底懂不懂啊?这个产品的材质就是……"

"是您是专业的,还是我是专业的啊?"

(六)炫耀语

与客户沟通要实事求是,切不可忘乎所以、得意忘形。常见的炫耀语有:

"一看您就没有体验过我们这样的高档货。"

(七)批评语

与客户沟通时,少说批评语,要掌握赞美的尺度和批评的分寸,要巧妙批评,旁敲侧击。常见的批评语有:

"您那是错误的操作,不对的!"

"您怎么那么笨,说明书都看不懂!"

(八)错字连篇,玩文字游戏

淘宝客服不能为了完成订单而跟客户玩文字游戏,错别字连篇,甚至故意玩文字语义差异游戏,混淆事实。例如:

"店铺活动,预付定金,不满意全额退款……"

四、掌握在线接待操作技巧

网络客服人员为了更好地为客户提供服务，还要借助一些辅助工具。

我们以淘宝的阿里旺旺为例，学习更多操作功能，这非常有利于我们在日常沟通中提高接待效率。

（一）阿里旺旺名片巧应用

在阿里旺旺的名片中，可以帮助客服人员查询比较详细的会员信息，除了能看到该会员作为卖家获得的评价数量和好评率以外，还能看到他作为买家获得的评价数和好评率。可以从"信用"里查到该会员较为全面的信用情况，从"活跃度"里查看该会员最近什么时候登录过淘宝网和阿里旺旺。有时候顾客没能及时确认收货及评价是因为近期因故没有上网，而并非有意拖延，适时了解他们的活跃情况，可以有效地避免误会。

（二）学会利用个性签名

可从阿里旺旺的"主菜单"进入"系统设置"，再进入"基本设置"，到"签名、回复和短语"中进行个性签名设置，或者从个性签名下面的快捷入口进去设置。个性签名可以选择固定展示一条，也可以设置多条签名，每隔5~20分钟滚动更换一次，这样展示的信息更多。系统最多只允许设置5条个性签名来进行滚动展示。

（三）充分利用快捷短语

客服可以依据旺旺系统设置功能，把一些常见问答设置成快捷短语，这样在客服人员相对繁忙的时候能够游刃有余地接待更多的客户，节约宝贵的时间，大大提高客服人员的工作效率。例如，一些高频问题咨询的人比较多，且很多问题带有相似性，那么就可以把这个高频问题的答案设置成快捷短语，有人询问该问题的时候轻轻一点就可以直接把应答发送出去，这样既省时省力，体现出专业的工作能力和认真的工作态度，又在一定程度上体现了商家的规范化和专业化的操作手段。

（四）发掘联系人信息

沟通交流的效果很大程度上取决于对交流对象的熟悉程度，进入有效沟通的铺垫越短，越容易切中对方的沟通目的。但人的记忆力是有限的，因此，可以借助阿里旺旺的便捷关系人消息功能，为交流对象做一些简单的备注。同时，这种处理方式不仅有利于养成良好的工作习惯，还能提高我们的工作效率，进而合理地区分买家，为买家进行分组，方便快速查找客户。

（五）充分利用聊天窗口

学会充分利用聊天窗口直接发送即时消息，就能立刻得到对方回答，了解买卖交易细节。如果再适当添加一些旺旺表情包，会使回复内容更加生动、活泼，避免陷于程序化。

（六）善用群发消息

组群是一种比较特殊的带有社交性质的群体，是我们扩大交际圈的一种有效方式。客服可以通过创建客户群来增加店铺的凝聚力，利用群公告及时推广新品和优惠促销信息；也可以通过加入兴趣群或朋友群强化互动，联络感情。这种带有社区性质的组群在年轻人群体中比较普遍，大家在群里有共同话题、爱好、购物喜好，可以通过购物分享、晒图等方式，了解更多店铺产品信息，还可以通过一些商业信息互换淘到更多物美价廉的宝贝。

（七）善用即时小工具

在阿里旺旺聊天界面中，对话框模板还有一些常用功能。客服人员熟练地使用这些常用功能或是小工具，将大大提高客服人员的工作效率，让沟通变得畅通无阻。

（八）利用表情包

即时通信工具中都有表情包这个既好玩又好看的小工具。有时候我们沟通会因为环境所限不能打文字、传输语音，容易造成曲解，这时候我们就可以利用阿里旺旺的表情包来代替我们的思想和情绪。有时候无法用语言和文字表达的情绪都可以用表情包来代替。表情包是客服进行沟通的另一个有趣法宝。

五、学会提问的语言技巧

进行客服工作一定要用最快的速度了解客户的需求，如果客户本身思维很清晰，我们不需要通过其他技巧就能够很快地了解客户的需求，但是如果客户思维混乱，服务人员就必须通过一定的技巧迅速地把客户的需求找出来。由于大部分情况下客服人员时间有限，所以客服人员必须学会根据具体情况有效提问。比如一些很犹豫的客户，买东西的时候自己没有主意，喜欢这个，又觉得那个也不错，你就需要不停地给他介绍，而后面又有很多客户在等待被服务，这个时候就要运用提问的技巧。一般而言，客服主动提的问题有两种类型：一个是封闭式问题，另一个是开放式问题，见表5-1-1。

表 5-1-1　　　　　　　　　问题的类型

封闭式问题	开放式问题
给您购买的衬衫配领带吗？	您还想要买什么吗？
给您可拆卸款式好吗？	您对款式有什么要求吗？
给您发××快递好吗？	您希望发哪家快递呢？

针对客户的购买行为分析，我们就可以看出哪种提问方式更好了。

六、掌握电话沟通技巧

即时通信工具是电子商务客服中常见的沟通方式，但是这种沟通方式也有局限性，如要求参与沟通的双方必须同时在线，满足不了这个条件时，客户可能会选择其他方式与我们交流，如电话沟通。客服电话的接听与拨打与我们日常生活中接打电话不一样，需要掌握一定的技巧才能让电话另一端的客户仅仅通过声音就能感受到尊重与重视。

（一）养成电话机旁配备记事本和笔的好习惯

科学证明，人记忆的时间是有限的，再用心去记忆，经过9小时，遗忘率也会高达70%，日常琐事遗忘得更快。客服人员需要采取做记录的办法予以弥补。如在电话机旁放置记事本、笔，当有人打来电话时，就可立刻记录主要事项。如果没有预先备妥记事本、笔，到时候就会措手不及、耽误时间。

（二）做到三思而后行

客服人员选择给客户打电话前应事先把想讲的事逐条、逐项地整理记录下来，然后再拨电话，边讲边看记录，随时检查是否有遗漏。另外，通话时间要尽可能控制在3~5分钟。时间太长会引起客户反感，显得条理不清晰、思维混乱。

（三）态度友好

客服通话时必须态度友好。如果道歉时不低下头，歉意便不能伴随言语传达给对方。同理，表情亦包含在声音中，打电话表情麻木，其声音也会冷冰冰，因此打电话时也应微笑着讲话。不满情绪不要通过语言传递出去。

（四）注意自己的语速和语调

性格比较急的客户听到客服讲话慢，会觉得断断续续、有气无力，颇为难受；相反，慢吞吞的客户听到语速很快的话，就会感到焦躁不安；年龄大的长者听快言快语，难以充分理解其意。因此，应视对方情况灵活掌握语速，随机应变。打电话时，适当地提高声调显得富有朝气、明快清脆。人们在看不到对方的情况下，大多凭第一听觉形成初步印象。

（五）不要使用简略语、专业术语

客服若使用简略语会造成沟通的障碍，很难把信息准确传达给对方。专业术语也仅限于行业内使用，普通客户不一定知道。乱用简称、专业术语，会给对方留下不友善的印象，这不但毫无意义，有时甚至会引发误会。

（六）养成复述习惯

关键信息一定要当场复述，避免听错电话内容而造成曲解。特别是同音不同义的词语及日期、时间、电话号码等关键信息，务必养成听后立刻复述、予以确认的良好习惯。因此对容易混淆、难以分辨的词语要加倍注意，放慢速度，逐字清晰地发音。尽量使用普通话进行交流，避免方音、方言产生歧义。

七、熟知 E-mail 沟通技巧

电子邮件也是电子商务中必不可少的沟通工具之一。尤其在跨境电商中，电子邮件因不受空间、时间、地域、时差的限制，有特殊的优势。电子邮件与电话交流及面对面交流不同，当收件人阅读邮件时，我们无法猜测他的反应。单击"发送"按钮之后，就无法调整发送者的意见了。因此需要保证发送的信息正确，否则可能会造成客户流失或业务损失。下面为发电子邮件时应注意的基本事项：

（1）使用正式语言。当与您不认识或不熟悉的人通信时，使用正式的语言，包括尽可能使用适当的称呼和敬语。

（2）使用简单易懂的主题，以准确传达电子邮件的要点。

（3）内容简明扼要，逻辑清晰。

（4）使用方便分辨的字体、字号。

（5）电子邮件签名或电子名片尽量使用能够完整显示联系人信息（如电话号码和公司名称）的形式。

为了避免网络病毒的传播风险，通常电子邮件为文本文件，并且事先未经许可，重要内容尽量不要以附件形式发送。

八、了解其他即时通信工具沟通技巧

电子商务时代，即时通信的种类也在逐渐增多。每一种沟通软件和工具，客服人员都应该熟知一二，方便各种渠道都能够随时随地与客户保持畅通无阻的沟通，如微信（企业微信）、QQ、TIM、钉钉、腾讯会议等。客服人员可以根据企业客户群体画像及其购物行为选择目标客户群主流使用的即时通信工具。

实践任务

客户在购买时犹豫不决，客服要抓住机会主动介绍产品，让客户愿意下单购买。不同的情况下要运用不同的沟通技巧介绍产品。现要求同学们根据以下的情景对话，分析该客服在介绍产品时抓住了哪些关键点，还有哪些不足的地方。

客户：你好，我想了解一下你们家的空调机。

客服：您好，我们家的空调机都是节能明星产品，很多客户都是冲着我们家节能专利技术来购买的。我们的空调机功能非常多，自家用或是给父母买都是很好的选择！

客户：我看成交数量是挺多的。

客服：您真的是很有眼光呢。我们这款宝贝人气排名非常高，您只要搜索，就能在首页前十位发现我们的宝贝。

客户：那我选的型号比其他型号好用吗？

客服：您选的这款空调机机芯使用我们专利静音技术，保证您在使用产品时达到睡眠静音效果。此外，还有净化空气负离子功能。总之质量很好的，我们有检验证书的保证，好评如潮。您可以考虑一下。

素质拓展

线上品牌只靠客服成功的惊人例子

A网站，一家线上卖鞋的电商，就是一个以良好客户服务取得巨大成功的例子。卖鞋，这件你可以在很多地方都可以看到的事情，被A网站打破了模式。

A网站高管表示，网上退货所花费的快递费成为客户不愿意在网上购买鞋子的首要原因。考虑到这一点，A网站围绕着自己的品牌，建立起了非凡的客户服务，他们承诺，如果觉得买的鞋不合适，提供365天的免费退货政策，与此同时，也提供免费送货的服务。"鞋合适就穿，不合适就换"。这一举措并非是A网站首创，但是它做得最为彻底。除此之外，A网站对自己的员工进行了培训，要求员工加倍努力，按照客户的要求去帮助他们。员工被教导，要尽一切可能地确保客户满意。据报道，甚至有一次，一个客服居然花了8个小时去帮助客户！A网站惊人的客户服务在社交媒体上口口相传，通过这样的营销手段，跨越发展，成就了自己的业绩和品牌，成为市场上的第一大公司。

A网站的口号是"服务的力量"。A网站的高层也曾经说过，"我们所做的一切都是想客户之所想"。事实上，他们的呼叫中心是一个整体的团队，称之为质量保障团队，其重点就是确保为客户提供能做到的最好服务。

客户服务的本质就是关心他人。这是因为社交媒体给了客户一个前所未有的平台。几乎没有哪家不知名的公司可以真正不在乎客户想什么，也没有哪家公司可以躲避社交媒体的威力。一个客户或者一个潜在的客户可以通过社交媒体影响超过三万的追随者。所以，哪家公司好评如潮，哪家公司服务粗鲁、反应迟钝，他们的客户全都知道。A网站的成功就是最好的例子。

任务二　掌握网络客服售中沟通技巧

学习目标

【知识目标】熟悉客服在整个售中环节的沟通技巧,包括跟踪订单,物流信息,处理退换货。

【技能目标】学会售中环节问题的处理技巧。

情景导入

经过前阶段的学习,张强已经对网店客服工作有了一定的了解,对基本的沟通语言也掌握了许多。为了能够更好地迎接即将到来的电商"双十一"大促,张强被安排到跟单的岗位中。他将会面临更严苛的挑战。

知识平台

售中服务是指在产品销售过程中为客户提供的服务。售中服务与客户的实际购买行动相伴随,是促进商品成交的核心环节。

售中服务的目标是为客户提供性价比最优的解决方案,是围绕着销售机会的产生、控制和跟踪、合同签订、价值交付等一个完整销售周期而展开的,是既能满足客户购买欲望,又能满足客户心理需要的服务行为。同时,一笔订单从起始到结束的过程往往会遇到诸如物流、发货疑问、支付障碍等问题。

一、掌握跟单的处理流程

微课:跟单的处理流程

(一)促成交易

促成交易阶段非常重要,往往优秀的客服就是在这个阶段很好地把握住了客户心理,让客户有了坚定购买的信心,尽可能使咨询的客户下订单,从而提高了转化率。

1. 适时提醒客户

例如,新客户到店购买手机,从产品描述中已经锁定产品,且价格相对理想,但还是犹豫不决,生怕做错了决定。这是新客户的基本网购心理。面对这样的心理特点,新客户往往需要别人的一点儿鼓励才会决定是否购买,那么客服就要充当这样的角色,适时引导客户。

2. 推荐关联商品

客服人员需要尽快根据客户的需求推荐相应的产品。一般包括推荐类似商品、推荐配套商品、推荐优惠商品。

(1)推荐类似商品:当客户主动询问是否有类似商品时,客服就可以根据客户的要求向其推荐类似商品。如果客户没有主动询问,一般客服不推荐类似商品,以免造成冲突,使客户产生不信任的心理。比如购买手机,可以适当推荐其他型号供选择。

(2)推荐配套商品:在销售有配套商品的产品时,客服一定要向客户推荐配套商品。一方面可以增加销售量,另一方面可以避免客户因为没有配套商品而产生不愉快的购物体验,最终导致差评。比如购买手机可以推荐手机壳、充电宝、耳机等配套商品。

(3)推荐优惠商品:对于没有必要配套商品的产品,客服可以选择性地向客户推荐优惠商品。在愉快的聊天气氛中,客服可以给客户提供促销信息,挖掘客户的潜在需求。如客户购买手机,可以适时推荐店铺优惠商品,如手机膜、数据线等。

金牌客服之所以客单量高,部分原因是他们会向客户推荐关联商品,根据商品的不同或者客户的要求不同,选择推荐适合的商品类型。

3. 编辑催付信息

有时客户虽然下了订单,但过了很久,后台仍然没有看到客户的付款信息。客服人员要及时跟进,态度温婉、语气温柔地催付订单,找出阻碍付款的原因,尽快协助解决,尽可能地完成交易。

(二)后台信息处理

在订单处理阶段,一般会遇到几个问题:第一,客户下单后对货物提出了包装、颜色、尺码等可以接受的要求,客服为了发货时能按照客户要求做好个性化服务,需要在订单中添加备注。第二,客户常常询问是否能包邮,或者多个商品一起下订单后,运费能否合并支付或是超过实际包邮的标准,这时候客服需要重新核算并为客户修改运费。第三,如果客户连续下了两三个订单,其收货地址一致,客服可以考虑合并订单。以上都是订单处理阶段需要客服在接待客户的同时进行的后台处理活动。

(三)确认订单并道别

和客户确认最终订单,并与客户进行礼貌道别。确认订单以及礼貌道别都能有效提高客户满意度,减少不必要的纠纷。

(四)打包发货

商品在完成网上支付后就完成了前期、中期的过程,接下来就需要卖家把商品交付到客户手中,完成货物的传递。电子商务企业一般通过快递企业把商品寄送到客户手中。在一些特殊节点上,如大促、店庆、"双十一"等交易高峰,一些商家会让客服人员参与打包发货的工作流程,诸如分拣商品、打印订单、贴快递单号、等待快递公司揽件等。客服人员参与分拣打包是为了能够更好地了解如运费计算、合理包装、物流公司选择等常见问题,进而给客户提供更周到细致的服务。

二、掌握快递物流的处理流程

进入到发货阶段,选择物流公司或者快递公司很重要。如果所在公司使用第三方物流进行发货,还需要了解常见的物流公司或者快递公司的规模与经营范围,以及它们的发货规定。然后根据订单的发货要求确定物流公司。最后完成网店后台的物流选择操作。

目前,快递物流企业主要分为两种。一种是自营物流公司,如京东商城、凡客诚品、苏宁、国美、亚马逊、当当、德邦物流、美的、慧聪网、海尔、联邦物流、新邦物流,这些都有自己的物流配送体系。另一种是第三方物流公司,如顺丰、申通、圆通、韵达、中通、宅急送、EMS、天天等。

(一)自营物流

自营物流是指企业自行建立和经营物流系统,完成企业产品的仓储、配送、运输、流通加工、分拣、包装、搬卸装运等物流活动的运作方式。自营物流有着明显的优势,能够结合企业的销售系统,使企业在生产、销售、配送等环节沟通顺畅,拥有绝对物流服务的控制权,从而提高企业竞争力。由于自营物流存在成本高、专业化程度低等问题,因此不是所有企业都有能力发展自营物流,企业要根据自身的实际情况来决定。

(二)第三方物流

第三方物流是指由除了"收货人"和"发货人"之外的物流企业提供专业物流服务的运作方式。第三方物流相对自营物流来说具有专业化程度高、成本低的优势。规模较小的电子商务企业一般都采用第三方物流。

一般电子商务企业常用的第三方物流有中国邮政、快递、物流托运三种方式,见表 5-2-1。

表 5-2-1　第三方物流

方式	定义	特点
中国邮政	由中国邮政集团公司提供的物流服务,业务包括平邮、EMS、E邮宝、国际小包等	网点多,全国任何地方可达,丢件情况少,但速度较慢,如平邮虽便宜但不提供门到门服务,客户体验感不佳
快递	快递公司对客户的货物进行门到门的快速投递	速度快,价格实惠,网店常用。但服务质量参差不齐,行业监管缺失,投诉较多
物流托运	投递大件商品,一般委托第三方物流企业通过汽车、铁路、轮船等交通工具运输,送达该物流企业离客户最近的经营网点,通知客户自提	适合大宗商品的运送,费用相对快递便宜,多数不提供门到门服务,需要客户自提或付费送货

(三)自营物流与第三方物流优劣势对比

自营物流与第三方物流优劣势对比见表 5-2-2。

表 5-2-2　自营物流与第三方物流优劣势对比

物流模式	优势	劣势
自营物流	(1)牢牢控制物流活动各个环节 (2)保守商业秘密 (3)直接接触客户,把握客户需求和市场动向 (4)销售和物流一体化,沟通渠道畅通	(1)成本较高,硬件资源投入大 (2)不够专业化,服务质量有可能降低 (3)不能形成规模效应,浪费资源
第三方物流	(1)专业化程度高,服务质量高 (2)成本降低,可以充分利用资源	(1)可能涉及商业秘密 (2)信息沟通不畅,可能增加成本

三、熟悉客服处理售中问题——退换货

在销售中期,客服的工作开始进入比较烦琐的阶段。在这个过程中,客服人员需要对不同客户进行订单的追踪,客服人员面临的问题也越发复杂。

(一)退换货的处理流程

当客户购买了商品出现后悔现象或是收到货物后不满意,都会提出退换货要求。退换货过程是买家与卖家进行沟通,并提出退换货申请,然后卖家了解情况之后与买家讲清楚退换货的操作方法和注意事项,并给予及时的处理和实时关注。

现在网店基本都有七天无理由退换货服务。七天之内,如果是产品的质量问题需要退换

货,运费由卖家承担。如果是非质量问题,那么退换货的来回运费一般是由买家自己承担。退换货流程如图 5-2-1 所示。

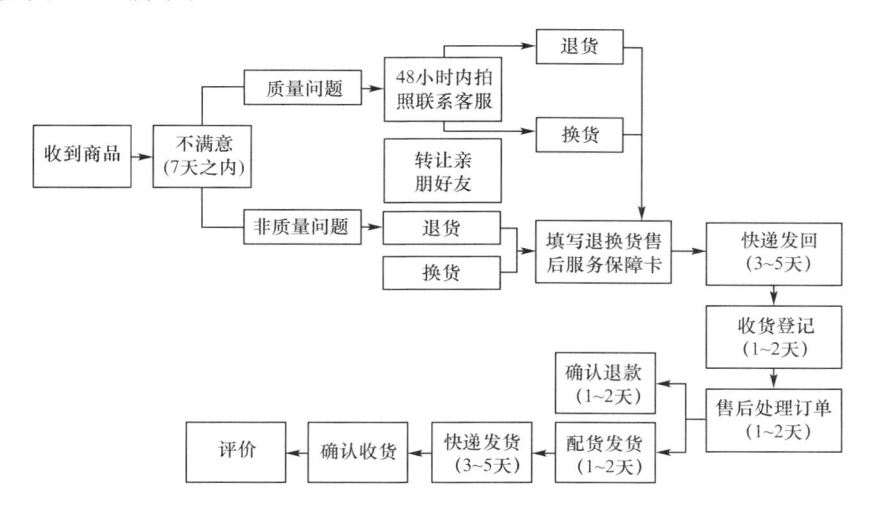

图 5-2-1 退换货流程

现在很多卖家都会给买家赠送运费险,这样可以让买家对购买商品没有后顾之忧,购物更放心。如果买家购买的商品赠送运费险,那么不管商品是否有质量问题,退换货所需的运费都不需要买家自己承担,由第三方保险公司负责赔付。当然如果卖家没有赠送运费险这一项服务,买家在购买商品的时候也可以选择购买运费险。

(二)退换货沟通处理示例

1. 产品原因

随着网购越来越普及,客户在收到商品后,可能会因为材质、色差、尺寸、使用效果而对产品不满意,这个时候就会选择退换货。具体情况需要具体处理,主要有以下几个方面:

(1)延迟发货退款——受平台规则制约,一旦超过承诺期限未发货,平台会根据规则处罚商家,所以商家轻易不会超期发货。如果出现了延迟发货问题,商家就要及时了解延迟发货的原因,并及时解决客户的问题。通常商家会在超期发货前主动联系买家申请退款。

(2)商家方面原因——如果确实是因为商家的原因延迟发货,那么买卖双方协商一致后可退款。这种情况下卖家一般都会同意退款,买家直接申请退款就可以了。

买家:在吗?已拍并付款为什么还不给我发货?

卖家:在,不好意思,给您造成不便,敬请谅解。我马上查看一下是什么原因,立即回复您。

卖家:在吗? 实在抱歉,因疫情反弹,工厂被迫停工延误了出货时间。您看这样可以吗?如果您不想等可以申请退款。为表歉意,这边给您赔付 20 元店铺券作为补偿。您可以看看我们家其他在售款商品。

(3)双方协商约定——买家与卖家经过协商约定发货时间,则需要卖家在订单中备注约定的发货时间,并保留好聊天记录截图。

买家:在吗? 昨天拍下的订单,先不发货好吗? 最近出门,不方便收货。请 7 天后再发货好吗?

卖家:好的。这边会给您备注好七天后再发货。

买家:谢谢了。

卖家:不客气! 很高兴为您服务。

2. 物流原因

如果是第三方物流原因使得货物没有物流跟踪信息导致客户退款，卖家需要提供物流官方证明。卖家拿到证明可以跟买家进行解释，尽量得到买家的谅解，邀请买家重新拍下商品，更换物流(快递)。

买家：为什么我看不到商品的物流信息更新？

卖家：给您造成的不便深表歉意。我去帮您跟进一下物流信息，马上回复您。

卖家：发货地区近日连续突降暴雨，延误了货物运输的进程，请您谅解。货物已经发出，为确保安全，请您再稍等几天，我这边也会帮您及时跟进物流信息的。

3. 七天无理由

现在很多商家都加入了七天无理由退换货服务。七天无理由退换货的情况主要有：尺码不合适、效果不好、材质/面料与商品描述不符、尺寸与描述不符、颜色/款式/图案与描述不符、卖家发错货、假冒品牌、少件或破损、质量问题。

第一种情形：

买家：在吗？我要申请退货。连衣裙的颜色我不喜欢。

卖家：我们的店铺是七天无理由退换货的。我们店铺还有其他颜色供您选择。

买家：不用了，申请退货吧！

卖家：好的。请您保留好商品吊牌，在不影响二次销售的情况下我们可以提供七天无理由退换货服务，并且我们还有运费险服务。退换货流程请参考我们的退换货链接，稍后发给您。

买家：好的。

卖家：此次没能给您带来好的购物体验，邀请您加入我们的粉丝群，将来有上新会及时通知您。欢迎您下次再来。

第二种情形：

买家：我要申请退货。

卖家：我们店铺支持七天无理由退换货。可是我看您收到货物已经超过七天了，寄回的物品需要您自行支付运费。您看您还要退货吗？

4. 质量问题

如果客户在收到货物之后，因商品质量问题提出退换货，客服需要第一时间和客户进行沟通，让客户通过拍照、录视频等方式提供证明。如果真的是产品本身出现了问题，就要及时和客户道歉，并给客户提供解决方案，如补发或换货等。如果客户坚持退货、退款，也要主动积极地指导客户办理退货、退款，并告知客户运费由商家承担。

5. 使用店铺红包的售后退款

如果买家在支付时使用了店铺红包，无论是仅退款（没收到货物），还是退货、退款，商家都只是退还客户实付现金。在售后的退款中，平台只会在保证金中扣除实付现金，不会扣除店铺红包。

卖家：您在我店购买商品时使用了店铺红包，退款是不退店铺红包的，所以退给您的金额就是您实付的金额，即 99－5＝94 元，原路退回到您支付账户。

6. 产品优惠券退款

如果买家在支付时使用了产品优惠券，那么产品优惠券和店铺红包一样，在退款时也不需要退还给客户。由于客户在购买产品时的支付金额直接减掉了优惠券金额，商家可以直接看到客户实付价格是多少,因此在处理交易退款时,按照平时的退款流程处理就可以。

卖家:您在我店购买商品时使用了产品优惠券,退款是不退券的,所以退给您的金额就是您实付的金额,即99－10＝89元,原路退回到您支付账户。

7. 支付宝红包退款

支付宝红包退款比较特殊,因为支付宝红包是官方发放的现金红包,所以退款与店铺红包是不同的。在售后退款过程中,除了客户选择"未收到货物"售后退款,并且同意商家退还支付宝红包外加实付现金的情况外,其他任何方式的售后退款类型,商家都需要以现金的形式退还客户支付宝红包以及实付金额。

买家:您好,请问之前我付款时使用了支付宝红包2元,这个钱会退给我吗?

卖家:请放心,这个会退回到您支付宝账户的。

买家:退回的金额都是到支付宝账户吗?

卖家:不一定,这要看您使用的支付方式了。如果支付的时候,除了支付宝红包外的金额是银行卡支付的,那退回的钱也是到您的银行卡上。这样的话,您的部分金额是退回到银行卡,支付宝红包部分是退回到支付宝红包里的。

8. 免单商品退款

如果买家是通过平台的免单活动购买的商品,这种付款方式的实质是平台出钱为客户买单,等于给了客户一个产品等金额的支付宝现金红包。因此,客户后续申请退货、退款后,退款会以现金的形式退还到客户的支付宝账户里,并不会从商家那里扣除额外的钱。

买家:请问我前几天在淘宝上获得了一份免单的机会,是你们家的数据线,但是和我的手机型号不匹配,想申请退货处理。

卖家:可以的。

买家:钱会退给我吗?

卖家:您可以按照正常的退货、退款流程申请,淘宝会直接把退款退回到您支付宝账户里面。

四、了解其他纠纷处理示例

除了前面提到的退换货纠纷处理,客户还会有以下几种纠纷类型,其处理方法如下:

(一)产品纠纷

这是买家对于产品的品质、真伪、使用方法、使用效果、容量、尺码、体积等相关因素产生怀疑而导致的纠纷。

处理方法:

(1)如果买家认为产品质量不过关,则请买家提供图片或相关证明,确认是质量问题,可以进行退货、退款处理。

(2)如果买家对产品有所误解,卖家需要耐心向买家解释产品的特性。

(3)买家使用方法不当,卖家可引导买家了解正确的使用方法。

(二)物流纠纷

通常买家对物流产生的纠纷主要集中在物流方式、物流费用、物流时效、物流公司服务态度等方面。

处理方法:

(1)针对时效性问题,积极帮助买家查件跟单,及时回复买家。

(2)不争论是谁的责任,主动承担责任,积极帮助买家处理对物流公司的投诉。

(3)充分了解各物流公司的派送范围和时效。

(三)服务态度纠纷

这是买家对客服在店铺售前、售中以及售后的各项服务中产生怀疑而导致的纠纷。

处理方法:

(1)巧妙应用沟通技巧,善用表情包、标点符号,注意语气措辞。

(2)建立客服管理机制,对客服人员的态度和买家投诉进行有效管理。

实践任务

以小组为单位,模拟网店客服人员,利用卖家版阿里旺旺的功能设置,进行跟单处理。

素质拓展

京东集团自2007年开始自建物流,2012年正式注册物流公司,2017年4月25日正式成立京东物流集团。京东物流以技术驱动,引领全球高效流通和可持续发展为使命,致力于将过去十余年积累的基础设施、管理经验、专业技术向社会全面开放,成为全球值得信赖的供应链基础设施服务商。京东物流拥有中小件、大件、冷链、B2B、跨境和众包(达达)六大物流网络,凭借这六张大网以及大数据、云计算、智能设备的应用,京东物流打造了一个从产品销量分析预测,到入库、出库,再到运输、配送各个环节无所不包、综合效率较优、算法科学的智能供应链服务系统。截至2020年9月30日,京东物流在全国运营超过800个仓库,包含云仓面积在内,京东物流运营管理的仓储总面积约2 000万平方米。京东物流已投入运营30座"亚洲一号"智能物流园区以及超过70座不同层级的无人仓。京东物流大件和中小件网络已实现全国行政区县几乎全覆盖,90%区县可以实现24小时达,自营配送服务覆盖了全国99%的人口,超90%自营订单可以在24小时内送达。

任务三 掌握售后客服沟通技巧

学习目标

【知识目标】 掌握评价处理沟通方法;熟悉客服处理投诉沟通方法。

【技能目标】 学会处理中差评沟通方法;学会处理投诉沟通技巧。

情景导入

张强所在的电商企业在"双十一"大促过程中很多商品纷纷卖爆单,成交量惊人。"双十一"过后就是忙碌的发货过程。张强接待的一个客户因为超长的发货期而对商家产生了不满情绪。该客户在经历了漫长等待后投诉了店铺,并给了店铺差评。张强面对这样的客户不知该如何处理。

知识平台

店铺在运营的过程中,往往会发生客户对店铺的商品或者服务不满意,从而提出异议、抗议和要求解决问题的行为。此时客服人员要安抚客户情绪,提出解决方案。

一、了解投诉的种类

通常客户投诉的问题主要集中在产品货不对板、发错货甚至不发货、产品质量出现问题及快递物流等情况,而客服人员在面对客户投诉时往往容易出现沟通不到位反而加剧客户不满情绪的情况。

(一)产品方面

1. 描述不符

这主要是指标题、副标题、主图、详情页、产品属性等信息和产品不一致。例如:纯棉,要求产品含棉量在96%以上,才可以在标题、副标题、主图、详情页等使用此类词。另外,麻、丝织品等也有相关的成分含量要求,详情可参考淘宝规则。

2. 所描述的成分含量与实际含量严重不符

例如,羽绒制品,详情页描述含绒80%,但实际检测只有50%～60%。这种情况,不能通过肉眼直观地发现问题,需要通过专业机构鉴定出具检测报告,才能确定是否有描述不符的情况。

3. 品牌描述不符

例如,A品牌的鞋子在标题或详情页描述中写B品牌等。这属于典型的产品品牌描述不符。有些商家为了抢占关键词,在标题中使用其他品牌词。违规优化建议去掉标题、副标题、主图、详情页说明等存在其他品牌名称的关键词,这类关键词对搜索引流没有任何帮助,反而会因为叠堆品牌词而降权,从而导致展现排名靠后,减少了产品展现机会,甚至会被屏蔽掉失去展现。

微课:售后投诉种类

4. Logo或产品装饰侵权

如未经授权使用品牌Logo或者经典卡通人物形象等。这类违规行为主要表现在主图详情页中。比如,服饰、鞋包等可能会在产品上面印有品牌Logo,在品牌方未授权的情况下,也属于侵权行为。

（二）违背承诺

违背承诺主要包括两方面：

1. 店铺页面的承诺

店铺页面的承诺包括首页、活动页、详情页或与详情页等有同等效力的其他页面信息。常见的违规有：承诺的赠品未赠送，承诺的促销活动未履行，在承诺时间内未发货等行为。除未按约定时间发货的违背承诺情况，可以先与买家协商解决，包括补寄赠品、退差价等，如果可以，要与买家电话沟通，实事求是说明问题，切忌推诿扯皮。如果是未按约定时间发货，天猫店铺影响会相对大一些，除了会降权重外，还会扣除订单30％的金额，作为买家的赔偿金。因此在店铺出现缺货、断货的情况时，尽量提前联系买家说明情况，建议买家退款或者更换类似产品，这样可以避免罚款情况出现。

2. 客服承诺

这是指客服通过阿里旺旺聊天时给买家做出的承诺。常见的有：答应赠送的赠品没有给，承诺确认收货以后退差价没有退等。因此要在客服入职前做好相应培训，相应权限尽量全面地讲解给客服工作人员，尽可能地避免这种情况出现。还有一种情况是竞争买家的恶意竞拍，故意诱导客服做出一些承诺，这就需要客服有一定的处理经验，以应对这些非善意的交易。

（三）销售假货

如果店铺被投诉销售假货，后果是十分严重的，轻则删除商品，重则会被封店，因此在处理这类违规的时候，一定要谨慎。店铺被投诉后，第一时间要联系买家，协商取消投诉。同时，要准备好相关的佐证材料以证明产品本身没有问题，包括品牌方的授权书、产品质检报告等，以备随时申诉。如果不是发生在淘宝平台，而是被投诉到当地市场监督管理部门或是12315热线，申诉流程基本一致。

（四）乱用极限词

此类违规主要出现在店铺首页、活动页面、详情描述、标题、副标题等文字描述部分。为了避免此类违规问题，可以在编写文案、设置标题时，多留心注意，多掌握平台规则，使用平台规范用语，避免产生词汇歧义。在数据方面，如果确实是行业领先品牌或者店铺，则需要注明具体的数据出处。

除了以上这些具体的投诉种类，还有一种维权投诉。这里的维权投诉主要指网站投诉。各个大型购物网站都有自己的客服部门，专门用来处理各种纠纷。因此各个平台都有自己的维权投诉通道。

如果客户已经开启维权投诉，客服人员应该有针对维权投诉的敏感度。例如，每天关注一下"投诉/举报提醒"区域。通常情况下"收到投诉"的数量应该是每天减少的，如果数量增加了，就应该马上去查看并及时处理。最重要的是第一时间回复此投诉，以代表我们的态度。

二、妥善处理投诉的沟通技巧

客服的主要工作就是和客户进行沟通，帮助客户解决实际问题，提升客户的满意度。在沟通交流过程中，要想成功地处理客户投诉，要先找到合适的方式与客户进行交流。

（一）第一时间联系客户

对客户的投诉淘宝商家必须要重视，投诉处理得好坏会直接影响到店铺的信誉及销售情况。当发现客户投诉后，客服应当立即放下手头工作，第一时间主动联系客户，使客户有被重视的感觉,有可能客户就会放下心中的偏见,愿意给商家一个解释的机会。如果收到客户投诉后,过了几天才联系客户进行处理,无论沟通结果如何客户都不会满意的,而且处理投诉的时间拖得越久,处理的成本就越高。

(二)找出客户投诉的真正原因

无论是因为质量问题投诉还是与期望值有落差而产生了不满,抑或是对网店客服的服务态度有所抱怨,只有找对了客户投诉的真正原因,才能对症下药,这也是圆满解决客户投诉的关键所。

(三)耐心倾听客户抱怨

对客服来说,如果能耐心倾听客户的抱怨,就能发现自身存在的问题。而且一个客户的抱怨之声可以感染一个客户群体,这样会严重影响商家的声誉和产品形象,使开拓市场和销售工作难以进行。耐心倾听客户抱怨有以下小妙招:

(1)认真聆听客户的抱怨并认真做好记录。
(2)沟通时尽量采用缓慢的语速和缓和的语调。
(3)尽量认同对方的看法。

顾客对产品的特性或使用方法不熟悉,又或者对客服态度不满意而产生的简单纠纷,通过耐心聆听了解纠纷原因、安抚顾客情绪、及时跟进是可以直接处理好的。但对于产品质量存在问题、售后服务不周到等复杂的纠纷问题,特别是涉及投诉、赔偿的,就需要深挖顾客心理需求,共同研讨解决方案。

(四)分析挖掘顾客心理需求

除了对纠纷原因进行深入分析外,还可根据马斯洛需求层次理论分析挖掘顾客的心理诉求。顾客常见的心理诉求包括求发泄、求尊重、求补偿等。当然有些顾客既求发泄又需被尊重,同时还要求有补偿。

(五)灵活配合使用封闭问题和开放问题,提出双赢的解决方案

在充分了解顾客的心理特征后,客服可根据顾客的性格特点,灵活配合使用封闭问题和开放问题,引导顾客说出其心目中理想的解决纠纷的方案。有时可能还要帮助顾客说出解决方案,同时获得顾客首肯。纠纷解决方案的提出一定要以顾客满意为最终目的,以店铺利益最大化为首要原则。

对求发泄和求尊重的顾客,客服应以满负荷的情感付出去面对,多用道歉语言,善用夸赞。一般情况下此类问题不难解决。而对求补偿的顾客,配合使用封闭问题和开放问题提供纠纷解决方案时,注意应尊重顾客的选择权,客服只能提供参考方案,必要时要准备多种方案供其选择。无论采用哪种方案,最终决定权还是在顾客手中。但是客服人员也需要警惕,防止被勒索敲诈。

(六)制作纠纷案例备忘手册

作为客服人员,想要处理好纠纷问题,需要多思考,善于总结,积累经验,这样有助于新晋人员快速融入与成长。企业内部可以制作一份纠纷案例备忘手册,按照以下6种纠纷类型归纳总结应对技巧:一是产品使用问题;二是客服问题;三是物流问题;四是产品质量问题;五是退换货问题;六是其他问题。

三、妥善处理中差评的沟通技巧

店铺在运营过程中，免不了会发生客户对店铺商品不满意或是服务不满意，从而对商品或店铺给出中差评的情况。遇到这种情况，客服人员应该妥善地处理好客户提出的问题，并给出解决方案，尽量避免出现大量的负面评价。这种负面评价对商家的信誉和信用等级都十分不利。

（一）中差评处理技巧

卖家比较头疼的一个问题就是应对买家的中差评。特别是一些不好的文字评价，无论对商家的整体信誉还是店铺的宝贝销量都有非常大的负面影响。中差评其实可以看成是一般的投诉问题，解决问题先要认清问题。例如，中差评常出现这几种情况：新手买家（说东西不错，还好，但给个中评）；快递问题（快递慢，配送态度不好，破损）；服务问题（客服人员态度不好，缺货，发货慢）；质量问题（不适合，不好用，没以前买的好，假货）。因此客服人员要分析买家给予中差评是基于哪种情况。除了新手买家不懂得操作给予中差评外，其他都是出现交易纠纷情况下的负面评价。所以对于中差评的处理要做到：

（1）要真正认识到自身存在的问题，每一次客户的不满和由此产生的一些负面评价实际上都是在提醒我们要在以后工作中尽量避免。

（2）学习心态——有则改之，无则加勉。

（3）要学会积极沟通、真诚道歉，并且提出一些补偿性的解决方案，最佳结果是能够取得对方谅解。

（4）积极争取请客户修改原有的评价。希望通过改善评价帮助买卖双方消除误会、减少纠纷，最终解决网络购物中出现的问题。

充分沟通、消除误会、解决问题，最终实现买卖双方之间的双赢，这才是解决中差评的最终目的。

（二）处理中差评实操示例

网店运营过程中，商家非常看重客户的评价。客户在购物过程中，基于对商品质量、物流速度和客服态度等方面的不满意，会给商家中差评。作为售后客服人员，要积极响应客户的中差评，找到客户不满的具体原因，然后有针对性地使用不同的方式、方法尽最大可能让客户修改中差评。

1. 认为是假货

当客服人员主动与客户沟通后，发现客户认为所购买的商品是假货，表示不修改差评，客服应该怎么办？

步骤一：和客户进行充分沟通，了解具体情况，表示我们是真诚希望解决问题。

卖家：我在后台看到您给我们的宝贝的评价是差评，请问您是对宝贝哪里不满意呢？

卖家：您看能否把差评改一下，我们这边一定会全力帮助您解决问题的。

步骤二：当客户说出问题后，就需要把情况跟客户分析清楚。经过仔细沟通，大部分客户都会修改中差评或是删除评价。

卖家：我可以肯定我们店铺所销售的产品全部为正品。我们的产品都来自同一个厂家，如果产品是假货，就不会有这么多客户购买，不仅如此，众多客户都会到平台上去投诉我们，我们的店铺一定会被平台封掉。您如果坚持认为产品为假货，可以打12315举报，我们将会受到处罚。您拿到的产品是更换了新包装,可能相比之前存在一些改变,所以让您误解以为是假货,这个还请您谅解一下。我们的店铺已经运营十年了,如果卖假货怎么能开这么久,您说是吧?如果您实在不满意,可以退还给我们,运费我们出。

2. 对产品不满但不愿意承担退货运费

如果客户因为不满意产品,但又不想承担运费,所以直接给差评,那么客服就需要说服客户退款、退货。但有些客户的想法是,还要自己承担运费,索性就不退了,也不修改或删除中差评。遇到这种情况客服应该怎么做呢?

步骤一:说服客户退货时,首先应该让客户承担运费。

卖家:我们店铺加入七天无理由退换货服务,如果您觉得是质量问题,我们可以承担来回运费给您退换货;但您单纯对产品不满意要我们承担运费给您退货,小店亏不起啊!我们还是希望您选择退货,毕竟比起产品全部损失,10元运费是一个小数字,您说呢?

步骤二:如果客户拒绝了退货承担运费的提议,那么可以退让一点儿去和客户沟通。

步骤三:如果客户执意不肯承担运费,商家可以让一步,承担全部运费,前提是让客户删除差评。

步骤四:如果客户要求先付邮费,可以让客户发给我们操作截图,然后快速安排。

3. 担心拿不到退款

在客服工作中,如果遇到客户担心拿不到退款而拒绝删除差评,客服应该怎么做呢?

步骤一:把实际情况和客户沟通清楚,消除客户顾虑并告诉客户如果违背承诺会怎么样。

买家:删除差评可以,但要先把货款退给我。不然我怎么知道删除后你们会不会反悔啊!

卖家:我非常理解您的担心。但是我们都是按照平台规则执行,一旦违规,店铺信用就会降级甚至受到平台处罚。您要是实在有顾虑,我们可以在这里做个承诺,假如收到退货后没有退款给您,您可以使用维权武器去平台维权。我们不至于为了几十块钱而关闭店铺吧,您说是不是?

步骤二:指导客户具体怎么做对他有利,让客户彻底卸下防备。

卖家:您把产品退还给我们的时候,快递人员会给您一张快递单,您可以根据快递单号在网上查询物流信息,我们这边什么时候签收,您一目了然。收到货物检查无误我们就会立即退款给您。否则您可以到平台维权中心告我们。

4. 嫌补偿金少

有些客户嫌赔付的补偿金少,想要得到进一步的补偿。如果遇到这种情况,客服需要马上在阿里旺旺上面或者用电话和客户取得联系,进行沟通协商并解决问题。

步骤一:先道歉,并把我们的诚意和难处说给客户听。

卖家:我在后台看到您给了我们一个差评,写着邮寄商品有破损,对于给您带来的麻烦深表歉意。我们小本生意,不容易,您看看我们给您5元作为补偿,您将差评删除可以吗?

买家:5元?太少了吧!

步骤二:如果客户表示补偿金额太少,不肯修改评价,那么客服就需要再次和客户说清楚我们的难处,尽量把真诚表示出来。

卖家:真的非常抱歉,因为产品本身利润就低,小本生意,如果给您补偿10元,我们会亏钱,我也没有那个权限。这样我们各退一步,给您退7元,您看可以吗?这是我最大的权限了。我可以给您赠送我们店铺上新时的优惠券,等上新时您就可以使用了。

买家:那好吧。请转我支付宝吧。账号是*******。

卖家:好的!您删除后请把截图发送给我,我这边让财务给您支付宝转钱。谢谢!

5. 对操作步骤不熟悉

如果客户在电话里已经答应删除中差评,但表示不会操作,客服应该怎么办呢?

步骤一:感谢客户的支持和配合。

步骤二:把删除评价的操作方法发给客户。

卖家:我马上把删除评价的操作方法和步骤发给您,您按照提示操作就好了。删除评价的步骤:进入淘宝首页——点击我的淘宝——已买到的宝贝——左边头像下面有个评价管理——点击给他们的评价——找到您给我们的评价,删除就好了。

买家:好的,已删除。

卖家:十分感谢!

步骤三:实时跟进客户进度,表示"随时为您服务"。

卖家:好的,谢谢您。如果今后遇到什么问题,可以随时叫我。我是客服××。

买家:好的。

实践任务

以小组为单位互相练习处理异议的沟通技巧。

素质拓展

广州互联网法院成立一年,受理纠纷多

2019年9月28日上午,广州互联网法院召开成立一周年新闻发布会,会上发布了一份《广州互联网法院白皮书(2019年)》。白皮书总结梳理成立一年来取得的成果及经验。同时还发布了一份在线审案规程,对在线受理立案、电子证据、电子送达、在线庭审、在线执行等几乎全部网上诉讼流程环节制定出一套系统化的规则和程序,以充分保障在线审理活动的规范、公正、高效。"做到一册在手,心中有数。"据介绍,上述在线审案规程是广州互联网法院经过对该院一年来开展"网上案件网上审理"司法实践经验进行总结,对遇到的问题进行研究,并结合最高法司法解释,吸收其他省市区法院经验做法的基础上,反复打磨提炼形成的一套系统化的在线审案规则和程序,内容共计111条。

"没有规矩不成方圆。这份规程凝聚了全体广互人一年来的智慧和心血,全面、严谨、可操作性强。"规程的出台将对维护涉网案件当事人合法权益、规范在线审理程序、保障在线审理秩序发挥重要的规范指引作用,并保障互联网法院全新的在线审案模式得以规范、高效、安全地运行。

白皮书主要围绕该院成立一年以来在化解涉网纠纷、创新便民服务举措、探索互联网司法新模式等各方面的工作展开,重点介绍了广州互联网法院打造的"一中心六体系",即一站式诉讼服务中心,以及司法科技体系、多元解纷体系、审判方式体系、裁判规则体系、典型案例体系、网络治理体系。依托信息化软硬件技术、大数据、人工智能、区块链技术等,在司法+科技创新方面取得的建设成果,建成了包含"一键立案""一键审理"等在内的智慧审理平台、"网通法链"智慧信用生态系统、在线纠纷多元化解平台、类案披露智审系统、E链智执系统、智能化诉讼服务便民终端"E法庭"等,打造出具有标杆水平的智能诉讼服务体系。

白皮书公布了该院审理的十大互联网典型案例,涉及网络游戏著作权侵权、网络用户侵害明星人格权、网络差评引发的互联网名誉权纠纷,以及人工刷量、网络传销等各类互联网新业态下的新型典型纠纷。十大案例明确了互联网法院的裁判理念,为多种网络空间行为划定了边界,极具规则导向意义。

据白皮书介绍,成立一年以来,广州互联网法院智慧审理平台访问量达986.6万,接受网上咨询10.1万人次,在线立案率99.98%,在线交费适用率100%,电子送达覆盖率99.97%,电子送达成功率98%。该院案件一审服判率、息诉率98.98%,案件自动履行率69.55%,庭审平均时长25分钟,案件审理周期36天,分别比传统审理模式节约时间约3/5和2/3。依托智慧审理平台立案37 688件,审结27 956件,法官人均结案数居全国第一。在受理的各类涉网案件中,互联网知识产权及互联网金融纠纷数量较多,分别占全部收案数的56.87%、39.85%。案件整体呈数量增长迅猛、类型相对集中、争议标的额小、案件事实同质化、地域跨度大、规则社会影响大等特点。

接下来,广州互联网法院将继续从扎实推进依法治网,服务保障互联网经济高质量发展,切实维护群众合法权益等方面出发,开启新征程,努力建设成为国内一流的互联网法院,为推动网络空间治理法治化、优化互联网营商环境提供更多可复制、可推广的创新实践经验。

项目综述

本项目主要通过相应的任务实施和知识平台帮助大家掌握网络客服在面对客户售前、售中及售后出现的问题进行及时有效沟通的服务技能。

一、掌握客户在购买前咨询解答的技巧。

二、掌握客户在购买过程中面临的问题,能够及时有效地沟通解决问题的技巧。

三、掌握客服在处理客户购后与店铺产生的误解而引发的投诉、中差评等的技巧。用语言的力量来缓和紧张,消除顾客与商家之间的矛盾。学会妥善处理负面评价。

项目六

网络客户关系管理

项目描述

客户是一种资源,一种能创造价值的有效资源。在电子商务领域,客户更是商家的重要资源,做好客户关系管理有利于商家店铺的口碑传播、提高网店的复购率以及与客户有更多的交流互动。通过对客户进行分类管理,针对不同人群设置定向营销是网店客服的一项重要工作,可以保持并发展与客户的长期关系。商家与客户之间通过建立良好的关系可实现长久的共赢。

项目目标

通过本项目的学习,学生了解网络客户关系的管理流程,熟练掌握客户关系,能够对企业客户进行有效的划分并形成高效的客户资源。掌握电商平台客户关系管理工具,并能够独立完成客户关系管理工作。

帮助学生了解客服岗位作为技能型职业要有坚持刻苦学习、不断进取的钻研精神。树立起努力钻研所从事的专业,孜孜不倦,锲而不舍,不断提升客服技能的职业操守,通过提升服务质量,从而体现出良好的职业道德。伴随着现代科学技术迅猛发展,知识更新加快,学习型社会、学习型组织逐步建立,帮助学生培养起学习意识以及乐于学习、善于学习、终身学习的能力。作为新世纪的职业技能者,让学生在项目学习中感受新知识、新技术,洞察事物的发展方向,研究新方法,走出新路子,开拓新途径,在不断发展和变化的社会中找准自己的位置。

项目六　网络客户关系管理

任务一　了解客户关系管理常识

学习目标

【知识目标】　了解互联网背景下客户关系管理(CRM)及其管理流程,树立网络客户关系管理理念。

【技能目标】　运用CRM管理企业客户。

情景导入

经过一次电商大促,张强所在的企业收获了大量订单的同时,也收获了大量的客户。在一次工作例会上,王经理向张强等新人提出了要求,客服部门要尽快整理好这些客户信息,并对新客户与老客户进行区分,通过公司的客户关系管理工具整合好企业的客户资源。张强尽管照做了,但他还是不太明白客户信息有多大价值,花精力去管理企业客户是为了什么。

知识平台

一、了解网络客户关系管理

网络客户关系管理是指充分利用网络等现代信息技术手段,在企业与客户之间建立一种数字化、实时的、交互式的交流管理系统。网络客户关系管理简化了业务流程,使企业同客户之间自动化的、快捷的沟通成为可能。对于客户而言,集成化的网络客户关系管理系统可以提供便捷、快速、自动化、全天候的在线服务。对于服务提供商来讲,网络客户关系管理将前台办公系统、后台办公系统和跨部门的业务活动全部整合起来,有效地实现了企业在网络环境中的高度集成与和谐统一。

网络客户关系管理是一种新型的管理理念,它是通过计算机管理企业和客户之间的关系,以实现客户价值最大化的方法。它是一种信息技术,通过对数据挖掘、数据仓库、一对一营销、销售自动化及其他信息技术与最佳的商业实战紧密结合在一起,对企业与客户间的各种关系的全面管理,显著提升了企业的营销能力,降低营销成本,控制营销过程中可能导致客户不满的各种行为。

网络客户关系管理包括管理理念、信息技术、具体实施三个层面。其中,管理理念是网络客户关系管理成功的关键,是网络客户关系管理实施和应用的基础;信息技术是网络客户关系管理的技术支持和保障;网络客户关系管理的具体实施是检验其成功与否、效果如何的直接呈现。

(一) 客户关系管理

客户关系管理(Customer Relationship Management,CRM)是指企业为了赢取新客户、维持老客户,以不断增进企业利润为目的,通过不断地深入了解客户,达到影响客户购买行为的方法,即通过对客户详细资料的深入分析,来提高客户满意度,从而提高企业竞争力的一种手段。

CRM 的核心就是"以客户为中心",提高客户满意度,培养和维持客户忠诚。

CRM 的宗旨:满足每个客户的不同需求,同每个客户建立持久的联系,从而保持客户的忠诚,实现"提高客户满意度,降低客户流失率"的具体目标,并在此基础上进行"一对一"的个性化服务。

(二)网络营销中客户关系管理的新特点

(1)要大量收集消费者的各方面信息,包括线上信息和线下数据。

(2)提供的商品信息要尽可能地丰富,以便捷性的推送方式传递给客户。

(3)网络为买卖双方带来了更便捷的互动渠道和方式,深度体验与交互式的互动将是未来电子商务领域的新发展。

二、熟知电子商务环境下 CRM 的重要性

(一)内部环境

从企业内部环境来看,企业的最终目标是实现利润最大化。在电子商务环境下,企业面对的客户呈现出复杂性、多样性、易变性等特点,因此要分析客户背景资料和交易行为中的数据,进而确定客户需求甚至深挖其潜在需求,并制定相应的营销对策,以提供给客户满意的产品和服务,努力提高客户满意度,实现客户忠诚。与客户建立起长期、稳定和持续的发展关系,这已经成为企业管理客户的发展方向。

(二)外部环境

从企业外部环境来看,由于电子商务的深入应用和网络双向、直接、交互的特点,尽管缩短了企业和客户之间的相对距离,但却使企业面对的客户群体规模越来越大。丰富的商品让客户的选择性变大,其购买行为也向着多样化、个性化、成熟化、高标准化转变,这是对传统营销策略的巨大挑战,增加了企业了解客户、管理客户和发展客户的难度。因此对客户背景资料和交易行为等要素的分析已经成为企业管理客户的重心。

CRM 通常是市场、销售和客服三个部门联合使用,通过有效地管理客户信息,达到企业和客户之间价值链的让渡。CRM 侧重于对客户的前期获得、沟通、商务等活动,进而促成销售,然后进入销售后时期的维护,即客服的售后服务。CRM 良好的信息追踪能力、工作流程和强大的归类整理能力,可以使客服人员及时知晓待解决的问题和未解决的问题,并且可以统计出客户对服务的满意度。经调查发现,使用 CRM 系统的公司的客户忠诚度要比不使用 CRM 系统的公司高出近 40%。

三、熟悉网络客户关系管理的目标

客户关系管理能为企业获得更多的客户,留存更优质的客户,创造更大的客户价值,从而为企业带来更丰厚的利润和持续的竞争优势。其管理目标包括:

(1)改善服务水平。根据销售记录和历史服务信息提供个性化的服务,在知识库的加持下向客户提供更专业化的服务,通过在线销售更好地实现客户产品定制,这些都有利于企业提高服务水平。

(2)提高工作效率。借助客户关系管理平台,可以同时完成多项业务。同时,可提高销售

自动化程度,重复性工作(如发传真、邮件)可以交由计算机系统完成,极大地提高了企业的营销工作效率。

(3)降低营销成本。借助现代计算机和网络技术管理客户关系,可大大降低营销运作成本,更准确地寻找到目标客户,制定和实施更有针对性地营销活动,节省开发客户的成本。

(4)扩大销售。通过客户关系管理可以提高销售的成功率,增加客户的重复购买率和购买量,最终实现提高盈利的目的。

四、掌握网络客户关系管理流程

(一)客户识别

目前很多互联网公司都在开发客户识别的技术,无论什么技术手段都是基于对用户信息的筛选。常见的识别方法主要有:

1. 商业行为识别

通过分析客户的综合商业状况(如资金分布情况、流量情况、历史记录等)方面的数据进行商业行为识别,具体有:

(1)产品分布情况。分析客户在不同地区、不同时段所购买的不同类型的产品数量,方便获取当前营销系统的状态,各个地区的市场状况,以及客户的运转情况。

(2)消费者价值。通过分析详细交易数据,细分那些有价值的客户,并把这些客户归至专属目录中分发到各个分支机构,以确保这些客户能够享受到最好的服务和优惠。细分标准可以是单位时间的交易次数、交易金额、结账周期等指标。

(3)消费者损失。通过详细的交易数据可以判断客户结束交易并转投竞争对手的原因,在产生损失前做好预判与规划,提前做好应对策略。

2. 客户忠诚度识别

客户忠诚度是基于对企业的信任度、来往频率、服务效果、满意程度以及继续接受同一企业服务可能性的综合评估值,可根据具体的指标进行量化。经验证明维系老客户要比寻求新客户更加经济,通过与客户保持不间断的沟通、长期联系,维持和增强消费者的情感纽带,不会增加企业更多的营销成本,反而巩固这种客户忠诚度具有相当隐蔽性的特点,竞争者看不到明显的营销策略变化。

3. 潜在客户与目标客户识别

(1)潜在客户。潜在客户是指对某类产品(或服务)存在需求且具备购买能力的尚未开发的客户,这类客户与企业存在着合作机会。经过企业及销售人员的努力,可以将潜在客户转变为现实客户。

(2)目标客户。目标客户即商家提供产品(或服务)的对象。目标客户是企业进行商业活动的直接对象,只有确立了消费群体中的某类目标客户,才能有目的性地开展营销策略。

(二)客户细分

在电子商务环境下,企业与客户的距离被大大缩短。网络方便、快捷、实时、互动的特点,为企业收集客户详细资料提供了有效的手段。在这种情况下,采取有效方法对客户进行细分,通过对客户价值和动态行为的认知,准确识别客户,区分客户群中的不同客户类型,将客户划分为不同的重要等级或类别,提供给他们需要的产品或服务。将尽可能多的客户信息输入数据库,定期或不定期地整理客户信息,及时调整变更信息;识别"金牌"客户(一般为客户总数的5%),建立客户金字塔层级管理制度。通过销售数据整理出金字塔尖部高价值"金牌"客户、中部规模客户、底层基础客户以及拖后腿客户。加大力度维护"金牌"客户,减少对拖后腿客户的营销投入。

(三)客户持续关系

"客户忠诚之父"弗雷德里克·莱奇荷德曾经调查指出:客户保持率对公司的利润有着惊人的影响,客户保持率增加5%,企业平均利润增加25%~85%。所以要识别商业价值高的客户,与他们保持更主动的联系,为其提供产品服务和促销活动等信息。通过信息技术的应用,为客户提供多种可能的信息渠道。改善对客户抱怨的处理,对其进行整理和分析,改进关系,提升合作愉快感。

(四)客户服务升级

在电子商务环境下,客户与企业沟通渠道越来越多,接触面越来越广,企业能够更好地深入了解客户的偏好和购买行为,这有助于企业提供差别化的产品与服务,以高效地满足客户的需求及其潜在需求。这既是企业管理客户服务升级的需要,也是对客户实行差别化管理的体现。

五、建立客户关系管理系统

客户关系管理系统是现代管理思想与计算机、通信、软件等技术相结合的产物。它的基本思想是以"客户为中心",基于客户生命周期的全过程,对有关市场和客户信息进行统一管理,实现共享。CRM 系统主要包含传统 CRM 系统和在线 CRM 系统。

由于管理技术和信息技术的快速发展,目前市场上推出了一些集 CRM 思想、营销模式、电子商务、数据挖掘、数据仓库和电话呼叫中心等为一体的 CRM 系统,为网络经济时代的企业应用 CRM 提供了先进的技术手段和科学方法。基于电子商务客户关系管理模式的企业利用先进的网络技术手段,可以完整地记录每一位点击网站的客户行为,从中获得客户的购买倾向、合作意向、购买历史、购买习惯、信誉记录、诉求记录,并通过对这些信息进行整理、分析,建立客户画像、挖掘客户的潜在需求,为不同客户提供个性化的服务,满足客户对产品或服务的挑剔心理,最终通过自己独特的业务模式赢得客户青睐,实现客户忠诚,从而实现对客户资源的有效管理。

(一)客服部的组织架构

为了有效地进行客户关系管理,众多专业化的电子商务企业设置专门的 CRM 管理组,设有 CRM 主管、CRM 专员等岗位,如图 6-1-1 所示。

图 6-1-1 客服部的组织架构

CRM 管理组的工作主要包括以下四个方面的内容：

1. 分层级制度

建立合理的会员等级制度，进行分层级管理。通过统计分析客户数据，如增长率、回头率、客单价等客户数据，优化管理制度。

2. 客户分组

将客户依据一定标准正确分组，并建立相应群组，安排专员进行客户维护。

3. 客户关怀

通过有效筛选，能够识别客户基础信息，如生日、纪念日等。对客户进行生日与节假日关怀，主动与客户进行交流，给予特殊问候与关怀。

4. 精准营销

根据会员实际分组情况进行相关的精准会员营销策划。

（二）CRM 系统功能构成

CRM 系统的核心是客户数据的管理。对于电商企业的客户，需要了解他们的性别、年龄、收入状况、性格、爱好、家庭状况、购物时间、购买记录等，并进行统一的数据库管理，然后有针对性地对他们进行关怀和营销。企业可以把客户数据库看作一个大型数据库，利用它可以记录在整个市场与销售过程中和客户发生的各种活动，跟踪各类活动的状态，建立各类数据的统计模型，用于后期分析和决策。

一套 CRM 系统大都具备客户信息管理、市场营销管理、销售管理、服务管理和客户关怀、竞争对手记录与分析等功能。

CRM 主要包括以下几个模块：

（1）客户基本信息管理模块。记录客户的消费信息以及对客户的信息进行分类、整理，并根据结果开发有针对性的营销策略。

（2）市场营销管理模块。可以根据客户的现实数据进行市场分析与预测，锁定目标市场，为销售提供预测能力。

（3）销售管理模块。提供有效、快速而安全的交易方式，跟踪订单、管理合同、督导售后。

（4）服务管理和客户关怀模块。提供呼叫中心服务（Call Center Service），提供客户关怀、售后服务的自动化和优化功能，能有效地进行产品售后追踪、投诉记录和管理、服务结果的跟踪等。

（5）竞争对手分析模块。主要记录竞争对手和竞争产品情况。

一套 CRM 集成系统（图 6-1-2）的功能不是独立存在的，它作为企业管理客户的前端工具，与企业后端的供应链管理（Supply Chain Management）、ERP 系统（Enterprise Resource Planning System）紧密相关，从而保证 CRM 系统中每一笔达成业务都是在企业资源管控系统中实现的。随着电子商务的进一步发展，越来越多的 CRM 产品将建立在 Web 浏览器上，完成与 ERP 的整合，在保持传统销售管理的基础上，支持科学管理决策，提供满足客户个性化需求的途径，从而推动企业高质量发展。

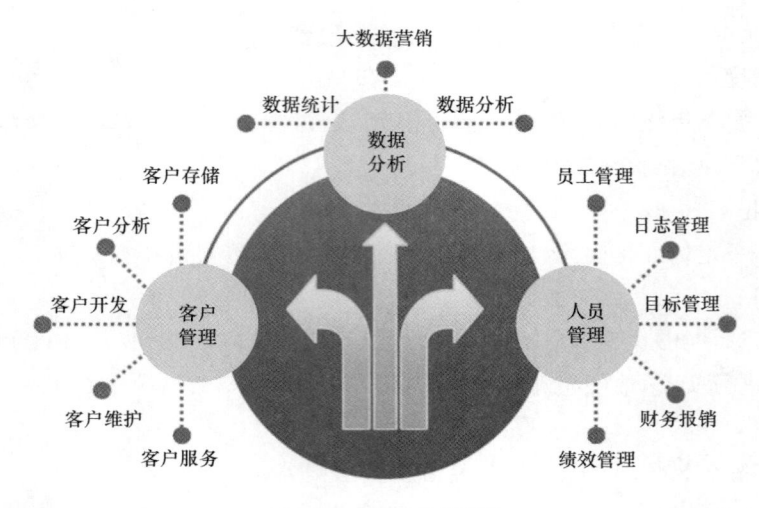

图 6-1-2　CRM 集成系统

六、建立并维护客户忠诚体系

客户忠诚是企业进行 CRM 的目标之一，是企业能够保持长久发展的法宝。随着市场竞争环境日益激烈，忠诚客户无疑是企业的无价资产，企业拥有了忠诚客户，便有了持续的竞争优势和利润增长空间。

（一）明确客户忠诚的重要性

1. 忠诚客户为企业带来盈利

20/80 定律告诉人们，企业收入的 80％来自 20％的客户。20％的客户不仅为公司创造利润，还补贴其他客户所造成的亏损。企业通过努力维系 20％的客户不仅是可行的，而且是高回报的。

2. 忠诚客户是最好的口碑传播者

经常接受企业服务而感到满意的客户会成为企业"义务"的市场广告员，提高回头率，通过良好的口碑传播为企业带来新客户，从而节约了成本，增加了收益，还会为企业带来一些潜在的、不可量化的效益。

3. 忠诚客户帮助企业获得溢价效益

如果客户注意并看重一家企业的服务，会愿意为某些服务支付额外费用。在许多行业中，忠诚客户比其他客户更愿意以较高的价格来接受企业的优质服务。

4. 忠诚客户促成更多的重复购买

忠诚客户会增加其购买量和服务项目，并不是因为企业的广告或是促销活动，而是源于对原有产品或服务的满意。这种重复性的购买就会增加企业的收入。因此，企业忠诚客户的容量在很大程度上决定了企业市场份额的大小。

5. 忠诚客户为企业降低成本

研究发现，争取一位新客户的成本是保留一位现有客户成本的 5 倍，而忠诚客户每增加 5％，所产生的利润增幅高达 25％～85％。而且，客户满意以至忠诚还可以降低交易费用、减少沟通成本和降低企业营销费用。服务客户的成本减少了，企业势必会增加盈利，这也为企业的成长奠定了基础。所以，企业只有赢得一定数量的忠诚客户，才能为企业的发展带来良性循环，给企业带来长久的收益。使用 CRM，则能更好地帮助企业实现客户忠诚目标。

（二）充分利用 CRM 实现客户忠诚

CRM 本身就是基于"客户为中心"的管理体系，充分利用 CRM 体系能够实现企业的客户忠诚。为此我们需要做到：

1. 建立完整的客户数据库

CRM 最基本的一个功能就是记录客户信息，跟踪整个销售过程的信息（需求、方案、销售进度等），这些信息可以被有效地记录，并根据企业需求进行有效的整理和汇总，形成企业完整的客户数据库。

2. 完善客户服务

CRM 系统可以有效记录客户的所有反馈，如表扬、投诉、建议等，这些信息可以真实地展现客户对于企业产品的价值认可程度以及忠诚程度，企业只需要对这类信息进行管理分析，就可以找到客户满意的原因以及不满意的地方，升级完善服务内容，从而达到客户满意，增强客户的忠诚度。

3. 优化企业产品或服务质量

CRM 作为信息系统平台，能够让管理者获得业务的进展情况；客服人员、营销人员面对客服过程中产生的问题，都可以在系统平台上得到真实的反馈；了解顾客的心声，为企业优化产品质量、提高服务水平提供宝贵的信息资源。这些信息的传递，既依赖于客户对产品或服务的再次购买信息和对使用情况的回馈，又依赖于使用系统的内部工作人员。

CRM 作为专业处理客户关系的系统，不仅仅依靠系统对于已有信息的留存，更在于通过信息进行决策的优化，CRM 已成为互联网时代企业发展的关键。

实践任务

以小组为单位结合实际讨论 CRM 对于电商企业的重要性。

素质拓展

海底捞的"星级服务"

海底捞独特的"星级服务"开创了客户服务的新天地。

这家成立于 1994 年的主营川味火锅的民营企业，正是通过对员工满意度和客户满意度的双满意度为企业管理法则，成功打造了火锅行业的"航母"。公司始终秉承着"服务至上、顾客至上"的法则，以服务创新为核心，改变过去传统的单一化服务模式，提倡新颖的个性化服务，致力于为顾客提供愉悦享乐的用餐服务。

一、与客互动花招多

海底捞首创的多样化的与客互动服务，不仅让用餐的客户满意，也让等餐的客人惊喜连连，表现在：

1. 最"常见"——等餐区有很多大量免费的水果、饮品和零食供等餐用户享用，甚至会提供棋牌、桌游等卡牌供聚餐的食客享用。而皮筋、手机袋、围裙这些全部都会送至顾客手边，饭后还会有免费口香糖。

2. 最"贴心"——海底捞会为特殊用户贴心准备应急物品，如厕纸、创可贴、消毒用具、针线等小物件。

3.最"实惠"——除了主打产品质量过硬外,海底捞的附属产品也都很实惠,甚至免费区食品只要客人想要,海底捞都可以提供免费外带服务。

4.最"好看"——海底捞有个表演绝活就是扯面。服务员精湛的表演技艺使其成为非常受欢迎的单品。

5.最"意外"——海底捞推出的生日惊喜也让很多客户愿意选择在特殊日子来吃火锅。只要是有客户当天过生日,海底捞总是要推出生日蛋糕并举行个小小派对。

二、为客户提供个性化服务

海底捞为客户定制了许多个性化的服务,让客人就餐无后顾之忧。

1.用餐前代客泊车。每家海底捞门店都会为用餐的客人提供免费泊车业务,免去了用餐客人的停车烦恼。

2.让等待成为快乐。每一家海底捞门店等餐区都很热闹,免费水果、游戏、美甲等服务让等待不再枯燥,甚至乐趣多多。

3.贴心细致的服务。比如,为客户提供发圈、防溅围裙等贴心细致的服务。

三、建立客户档案

海底捞的员工会记录自己招待客户的生日以及家庭的一些基本信息,建立会员客户档案。当客户生日临近会发出到店邀约。生日当天客户用餐会享受到意外"惊喜"。与客户保持亲密且持续的关系让海底捞赢得了大量"回头客"。

四、呼叫中心成为焦点

海底捞区别于其他同类型餐饮企业,它租用了自己专属的呼叫中心,很有特色。例如,其最早使用无人点餐机器人业务,在家就能享受到堂食同样口感。"火锅外卖"这种特色服务极大挑战了人们的想象力,一经推出就受到追捧。食客只需要拨打一个电话到海底捞的呼叫中心,将需求告之接线员,呼叫中心系统会快速地记录、存储、生成订单统一派发,菜品、炊具、餐具就会全部送到家里。整个订单派发过程还能够实时跟单,帮助海底捞轻松实现了传统餐饮向电子商务的转型。尤其疫情期间,到店堂食成了难题,这种外送服务及时地成就了食客们对美食的渴望。疫情期间堂食业务受到了限制,可是线上派送却赢得了新的市场空间。

任务二 熟知客户关系管理工具

学习目标

【知识目标】熟悉客户关系管理工具,掌握其功能。
【技能目标】学会使用客户关系管理工具,能够建立企业的客户关系管理数据资源平台。

情景导入

领导派给张强一份重要的工作,即帮助客服管理组建立企业的客户关系管理平台,为今后企业发展整合客户资源。张强领到工作任务后开始着手筹备建立客户关系管理平台。

知识平台

客户关系管理是一套先进的管理模式,在强大的技术和工具支持下能够取得巨大成功。CRM软件是实施客户关系管理必不可少的一套技术和工具集成的支持平台。CRM系统集网络、通信、计算机等信息技术于一体,能实现企业前台、后台不同职能部门的无缝连接,协助管理者更好地完成识别客户和保留有价值客户。其功能可以归纳为三个方面:对营销、销售和客户服务三部分业务流程的信息化;与客户进行沟通所需要的手段(如电话、传真、网络、E-mail、呼叫中心等)的集成和自动化处理;对前面两部分功能所积累下的信息进行加工处理,为企业的战略、战术决策提供支持。

一、了解CRM系统类型分类

随着CRM不断壮大,面对复杂多样的CRM系统,市场开始重视CRM的类型。

(一)根据服务器可分为产品型CRM和租用型CRM

(1)产品型CRM。服务器架设在企业内部,CRM系统安装在企业内部的服务器上,数据由企业自己保管。一般是一次性购买,终身使用,每年只需交少量的服务费。

(2)租用型CRM。CRM系统和服务器都由软件供应商提供,采取月付费或是年付费方式,数据保存在软件供应商处。对于短期内预算较少的企业比较好用。

(二)根据产品功能可分为操作型CRM、协作型CRM和分析型CRM

(1)操作型CRM,又称"运营型CRM"或"前台CRM"。该类CRM的主要设计目的是让营销、销售、客户服务、技术支持等部门在日常工作中共享客户资源,减少信息滞留点。同时,其具有一定的分析和处理能力,通过企业多个渠道快速、全面地获得客户的信息以及相关的联系等,使得与客户的关系是持续的,呈现给客户的信息保持一致性。

(2)协作型CRM,又称"渠道型CRM",是指将企业销售、客户服务人员同客户接触的各种渠道进行整合,通过统一的标准化对接口与后台的支撑系统、业务操作平台和业务管理平台以及其他的外部系统实现互联,在各个相关系统平台上能够展现同一个客户的同一个服务请求。构建"多渠道接入,全业务服务"的统一的客户接触门户是协作型CRM所要完成的任务。协作型CRM目前主要应用于呼叫中心、多渠道联络中心、帮助前台以及自助服务导航帮助等。

(3)分析型CRM,主要是从大量的客户数据中提取有用的信息进行分析,对未来行情趋势做出预测,协助企业制订市场营销计划和企业发展方向。分析型CRM除了具备操作型和协作型CRM的功能外,还能够提供商业智能分析,使运营商将客户信息转化为宝贵的客户价值,将企业原有的客户信息、管理系统提升到客户价值系统的高度。通过建数据仓库,运用数据挖掘、商业智能等科技手段,对大量的客户信息进行筛选和分析,可以让商家更好地了解客户的消费模式,并对客户进行分类,深度挖掘有价值的客户资源,从而能针对客户的实际需求制定相应的营销战略,开发出相应的产品或服务,更好地满足客户需求。这不仅是定制营销模式的核心思想,也是今后 CRM 发展运营的主流。

（三）根据生产厂商的技术支持可分为传统 ERP 型、数据分析型、传统呼叫中心型和前端办公型

（1）传统 ERP 型。该类产品的最大特点是采用客户智能、融会贯通的交流渠道和基于 Internet 技术的应用体系结构三个关键领域。

（2）数据分析型。数据仓库是 CRM 进行客户分析的基础,数据仓库所建立的客户数据库使企业能收集到更详细的客户信息档案,以便对现有客户提供更好的服务,也可以通过建立客户预测模型,尽可能地准确预报客户流失的概率和可能性,以便及早采取相应的措施。

（3）传统呼叫中心型。呼叫中心是传统客户关系管理的表现,Internet 呼叫中心可以将传统的呼叫中心转化为多媒体呼叫中心,从而为企业提供包括语音、文本交谈、电子邮件等多种媒体接入方式,帮助企业提供最高等级的在线客户服务,并迅速在网上完成交易。

（4）前端办公型。这是销售部门大多数使用的专用软件,主要目的是提高销售部门工作效率,适用于销售人员在 300 人以下,多部门、多业务、跨地区销售的统一管理,能帮助企业统一管理客户资源,建立畅通有效的客户交流渠道,实现销售过程全自动化、智能化。

（四）根据系统架构可分为 B/S 架构和 C/S 架构

目前国际上主流的系统架构是 B/S 架构,国内也如此。但很多特定的情况必须使用 C/S 架构。

二、明确 CRM 系统的部署

目前 CRM 软件的部署有两种方式:一种是用户自己购买 CRM 软件;另一种是使用 CRM 的 SaaS 服务商提供的 CRM 软件服务。对于第一种情况,用户选择时特别要注意软件的灵活性和可扩展性。对于第二种情况,用户选择时要注意自身的实际需求。

自淘宝推出开放平台战略之后,有越来越多的软件服务商加入店铺管理软件的开发中,其中客户关系管理系统是店铺软件的一大类。这里我们以淘宝平台客户关系管理为例进行介绍:

从商家服务平台单击店铺软件,进入客户关系管理系统,就可以看到第三方企业提供的客户关系管理软件,如图 6-2-1 所示。

当前比较有影响力的客户关系管理软件有 E 店宝 ERP 系统、淘喜欢、客户管理助手、淘管用等。这些软件有的侧重于数据库管理,有的侧重于二次推广与营销,有的侧重于客户关怀,功能各有千秋,但是更新速度都非常快。店主可以根据自身需要选择适合自己需要的客户关系管理软件。

图 6-2-1 客户关系管理系统

三、熟知客户关系管理的实施

进行客户关系管理主要有四步:数据收集、等级设置、客户分组、客户关怀。

(一)数据收集

客户关系管理的基础是客户数据,通过网店后台我们可以查看基本的客户资料,如手机号、邮箱、地址等信息,但是更多的客户资料,比如生日、兴趣、爱好、肤色等是需要网店的客服在聊天的过程中不断收集和整理的,如图 6-2-2 所示。

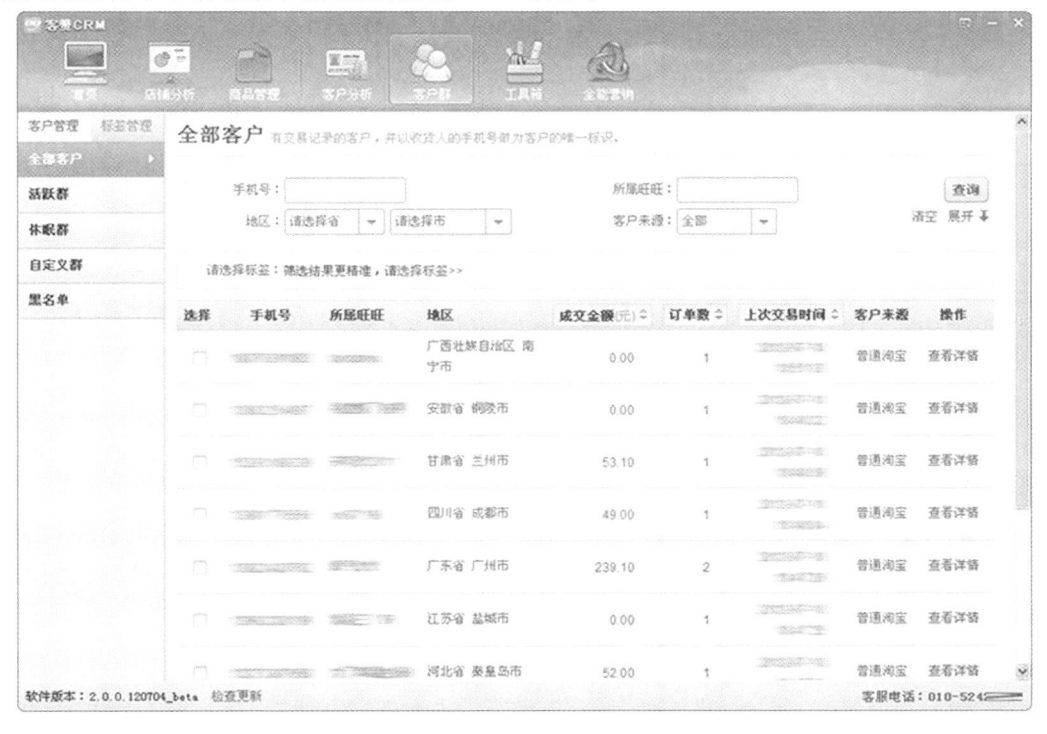

图 6-2-2 数据收集

在会员资料详情页面，卖家可以手动维护会员的等级和备注信息。

设置完成后，可将买家详细信息以及以往在该店铺的购物信息显示在旺旺名片中，方便卖家对买家进行全方位的了解，以及双方更好地沟通。如果我们使用第三方客户关系管理软件，可以添加更多的标签和字段，这些标签和字段会方便我们在会员管理中搜索和筛选。

微课：熟知客户关系管理的实施

（二）等级设置

淘宝网店后台的会员管理工具提供了会员等级设置功能，登录淘宝网店后台，从左侧栏单击进入会员关系管理，选择"VIP设置"选项卡。

淘宝网店后台的会员主要分为普通会员、高级会员、VIP会员、至尊VIP会员四个等级，是根据消费金额与消费次数进行会员等级设置的，如图6-2-3所示。

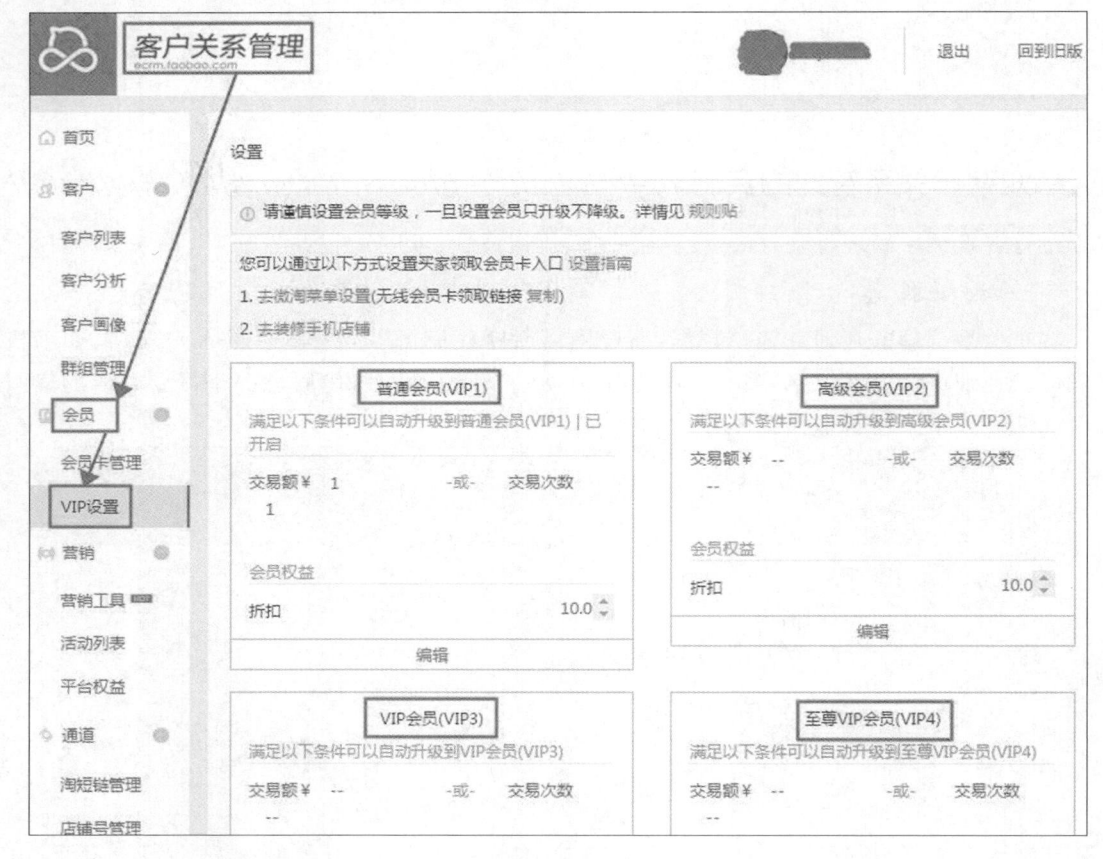

图 6-2-3　会员等级设置

（三）客户分组

通过会员等级设置，所有会员根据购物金额或交易笔数会自动成为各等级的会员，当他们的金额或交易笔数达到相应规定时，会员等级会自动升级，并有相应的优惠折扣或者特权。如普通会员9折，高级会员8折。

（四）客户关怀

互联网时代的发展要求客户关怀也要与时俱进，不断创新方式和方法，力求拉近与客户之间的关系。

1. 建群关怀

有效地向老客户传递信息,建立买家旺旺群等,目标客户、潜在客户加到群里,组织举办定期的活动,潜移默化地影响客户,最终转化为自己的固定客户。

启用商家群之后,打开商家群活动,选择"创建活动",同时设置自己的团购价、数量和上架时间。在搜索宝贝时,需要输入关键词或者宝贝 ID。买家只有通过商家群进入商品页面才能看到团购价格,将链接发送给群外的朋友只能显示原价,解决办法就是推荐朋友进入商家群。

组建商家群需要做好前期的准备工作。一个群要有自己规范的规章制度,如发言机制,举办活动的规则,即群规。这些要在群右侧公告栏定期通告。合理地建立买家群,加强与客户之间的联系,大家在群里聊天谈心、分享新品、参加团购优惠活动,群里的老客户的复购率会有明显的提升。

2. 一对一客户关怀

(1) 短信关怀

收集客户信息,如在特定的节假日、客户生日等,提前给客户发送关怀短信,力求与客户建立、保持、发展一种长期、良好的关系,增强客户对产品或服务的满意度。

客服:辞旧迎新;新的一年,身体健康,开心笑颜;烦恼不找,幸福无边;好事不断,福运连连。××店恭祝您新春快乐。

(2) 电话关怀

通过电话回访客户,与客户深入沟通,倾听客户的意见,随时关注客户的新需求,挖掘客户更深层次的需求,为客户提供更多的新功能或服务,保持长期友好、激励的氛围。

客户:您好!

客服:尊敬的××先生,您好,我是×××店的客服经理,恭喜您被升级为本店的金牌会员,现对金牌会员做一次回访,请问方便打扰您几分钟吗?

客户:谢谢,您说。

客服:请问先生,您对我们店的产品和服务满意吗?

客服:如果对我们的产品和服务有任何要求或建议都可以向我们提出,我们会听取您的宝贵意见,尽最大的努力为您提供更好的服务。

……

客户:好的。

客服:感谢您的聆听,祝您生活愉快,工作顺利。

(3) 优惠关怀

在一些特殊的节点,如店庆日、周年庆等有特殊含义的日子适时推出优惠活动。如满 99 元送店铺代金券、中秋节送福利等活动。

(4) 其他信息推送形式

如 E-mail、微信等即时通信工具。

四、了解其他客户服务工具

除了高效的 CRM 系统,互联网上还有许多便捷好用的客服工具。

(一)常见问题解答

常见问题解答(Frequently Asked Questions,简称 FAQ)网页主要为客户提供有关产品、公司问题等常见问题的现成答案,它既能引发那些随意浏览者的兴趣,又能够帮助有目的的浏览者迅速找到所需要的信息，一个设计完善的 FAQ 系统应该可以解答客户 80% 的问题。FAQ 一方面可以为客户遇到的常见性问题提供直接的解答，免去客户花费额外的时间和费用专门写信或发电子邮件咨询；另一方面也可以给企业减少大量重复性工作，从而节省人力、物力资源。

要创建 FAQ，第一步是列出常见问题。企业可以通过召集客服部门人员，让他们通过充分回想和讨论列出常见问题，尤其是一线的客服人员，通过对问题进行认真分析，给出相应的解答。若企业有详细的客服资料，则只需对资料进行认真分析就可得到答案。第二步是对问题进行组织、编排。通过精心的组织，对问题进行合理的分类，可以方便客户查找，进而有效地提高 FAQ 的资源利用率。问题可以按字母排序，也可按使用的频率排序。对问题解答的详尽及难易程度要以客户理解、够用为标准。第三步要对 FAQ 进行即时、必要的更新，进一步发挥网络优势。一定要避免 FAQ 流于形式，例如，有些网站不仅内容匮乏，甚至存在答非所问、查找不便等弊端，不仅解决不了客户的问题，而且浪费其时间和精力，在一定程度上损害了网站的形象。

（二）E-mail

E-mail（电子邮件）是电子商务领域使用较为频繁的工具。它已经成为企业进行客户沟通的有力工具。尤其在跨境电商业务往来中，E-mail 发挥着重要作用。因为它没有任何时空上的限制，是一种便捷的沟通方式。因此，E-mail 是企业实现客户满意的宝贵资源之一。电子商务企业可以利用它的优势开展跨境业务。

（三）网络论坛

网络论坛，又称 BBS，即电子公告牌或电子公告栏，是用计算机及软件建立的一种电子数据库，用户可以自由访问上传的文章，也可以阅读其他用户的文章并发表评论。随着信息社会的到来，网络论坛如今已成为网民进行信息发布的重要平台，网络论坛的包容性和随意性也促进了互联网的快速发展。与传统媒介相比，BBS 依托网络强大的技术支持，成为参与者更广泛、互动性更强、讨论更自由的新型交流空间，显示出巨大的传播力量。网络技术的自由性、交互性和开放性，使网络论坛的准入条件比较低，任何人或者群体都可以在网络论坛上自由地发布信息，自由与便捷是网络论坛的特点。网络论坛是跟各大搜索引擎链接在一起的，可以方便地找到需要的信息，所以网络论坛具有广泛性和开放性；同时它的匿名性也决定了它的不可控性和真实性。所以我们要学会鉴别信息真伪。

客户可以在论坛上提出自己的问题，网站服务人员同样可以通过论坛回答客户的问题。有时论坛其他成员（如热心的老客户）也会对问题进行解答。网络论坛社区成员之间的相互对话、帮助和解答可以有效发挥网络优势，减少公司的人力和物力，通过论坛开展客户服务也是对 FAQ 的一种有效补充，并可将论坛上的常见问题及解答补充到 FAQ 中，或通过邮件列表向所有注册用户发送。

（四）呼叫中心

CRM 的典型应用就是呼叫中心。时至今日呼叫中心依然发挥着重要作用。

1. 呼叫中心的概念

呼叫中心又称"客户服务中心"，是指综合利用先进的通信及计算机技术，对信息和物资流程进行优化处理和管理，实现集中沟通服务和生产指挥。呼叫中心的发展过程为：

第一代呼叫中心——人工热线电话系统；

第二代呼叫中心——交互式自动语言应答系统；

第三代呼叫中心——兼有自动语言与人工服务的客户系统；
第四代呼叫中心——网络多媒体客服中心。

2. 呼叫中心的类型与服务方式

呼叫中心的类型有：自营性呼叫中心，是企业自身建立的独立的呼叫中心；外包性呼叫中心，是企业把呼叫业务外包给专业的呼叫中间服务商。

其服务方式有：

(1) 呼入方式，接听顾客来电，为顾客提供一系列的服务和支持；

(2) 呼出方式，以市场营销和电话销售活动为主，是企业的语音控制中心；

(3) 呼入与呼出混合方式。

3. 呼叫中心在 CRM 系统中的作用和主要功能

呼叫中心是 CRM 系统中企业与客户联系的重要窗口，其目标是利用电话来促进营销、销售和服务。呼叫中心能够让客户感受到自己是价值的中心，能更好地维护客户忠诚度。其主要功能有：

(1) 电话管理，主要包括呼入呼出电话处理、互联网回呼、呼叫中心运营管理、图形用户界面软件电话、应用系统弹出屏幕、友好电话转移等。

(2) 开放连接服务，支持绝大多数的自动排队机。

(3) 语音集成服务，支持大部分交互式语音应答系统。

(4) 报表统计分析，提供了很多图形化分析报表，可进行呼叫时长分析、等候时长分析、呼入呼出汇总分析、座席负载率分析、呼叫漏接率分析、呼叫传送率分析、座席绩效对比分析等。

(5) 管理分析工具，进行实时的性能指数和趋势分析，将呼叫中心和座席的实际表现与设定的目标相比较，确定需要改进的区域。

(6) 代理执行服务，支持传真、打印机、电话和电子邮件等，自动将客户所需的信息和资料有目的性和选择性地发给既定客户。

(7) 自动拨号服务，管理所有的预拨电话，仅接通的电话转到座席人员那里，节省了拨号时间。

(8) 市场活动支持服务，管理电话营销、电话销售、电话服务等。

(9) 呼入呼出调度管理，根据来电的数量和座席的服务水平为座席分配不同的呼入呼出电话，提高了客户服务水平和座席人员的生产率。

4. 呼叫中心的优势

(1) 提高工作效率。呼叫中心能有效地减少通话时间，降低网络费用，提高员工、业务代表的业务量，在第一时间将来话转接到正确的分机上，通过呼叫中心发现问题并加以解决。同时，自动语音应答系统可以将企业员工从繁杂的工作中解放出来，去管理更复杂、直接与客户打交道的业务，提高工作效率和服务质量。

(2) 节约开支。呼叫中心统一完成语音与数据的传输，用户通过语音提示即可轻易地获取数据库中的数据，有效地减少每一个电话的时长，每一位座席工作人员在有限的时间内接听处理更多的电话，大大提高电话处理的效率及电话系统的利用率。

(3) 配置合适的资源。根据员工的技能、工作地点、来话者的需求和重要性，配置最好的同时也是最可接通的业务代表，实现客服代表的合理配置。

(4) 提高客户服务质量。自动语音设备可以不间断地提供礼貌而热情的服务，即使在晚上，客户也可以利用自动语音设备提取所需信息，而且电话处理速度的提高，大大减少了用户在线等候的时间。

（5）留住客户。一般的客户发展阶梯：潜在客户—新客户—满意客户—留住的客户—老客户。呼叫中心可以集中公司所有客户的信息资料，并提供客户分析、业务分析等工具，帮助商家判断最有价值客户，从而提高客户服务水平，达到留住客户的目的。

（6）带来新的商业机遇。企业要理解每一个呼叫的真正价值，提高效率，增加收益，提升客户价值，利用技术上的优势更好地了解客户，密切与客户保持关系，使产品和服务更有价值。从每一次呼叫中捕捉新的商业机遇。

5. 呼叫中心的系统组成及其应用

呼叫中心系统主要由智能网络（IN）、自动呼叫分配系统（ACD）、交互式语音应答系统（WR）、计算机电信集成系统（CTI）、来话和去话呼叫管理系统（ICM/OCM）、数据库管理系统（DBMS）、人工座席（Agent）等组成。

其应用领域很广泛，包括银行、电信、证券、保险、邮政、电力、法律、公安、交通、医疗、家电行业、汽车行业、政府、电子商务等。

（五）聊天工具群

社群是目前比较受欢迎的一种沟通工具，如 QQ 群、微信群。这些以社交为基础功能的即时工具，把具有相似兴趣和喜好的人群聚集在一起。目前很多商家也会建立客户 QQ 群、粉丝微信群等，通过这些聊天工具与客户进行沟通。随着这种聊天工具的普及，商家越来越重视这部分资源。

（六）短视频、直播社交工具

短视频社交工具是把以往文字类、图片类的信息直接变成动态的短视频形式。这种动态的画面感更能直观地吸引消费者的眼球。如抖音、快手等短视频平台发展势头都很迅猛。此外，直播如今也成了商家带货的必争之地。短视频平台的直播带货、电商平台的直播带货极大颠覆了传统的售卖形式，让消费者隔着屏幕就能参与到海量商品的交易中。目前，基于各大平台的直播带货已经屡屡创下了交易新高，已经成为时下热门的网络商务模式。作为商家也应该多多加强对该领域的探索。

实践任务

以小组为单位在互联网上选取一个 CRM 工具，并讨论其优缺点。

素质拓展

网络直播撬动大市场

目前很多网络平台纷纷加入直播行列，品类繁多，吸引着大量的用户。这种新兴的模式也让很多商家嗅到了商机。从最初以秀场、游戏直播为主的直播 1.0 时代，发展到现在以电商直播为主的直播 2.0 时代，大约用了 4 年的时间。不过纵观目前的直播市场，整个行业已经开始朝着直播 3.0 时代发展。在全新的时代，直播已经不仅仅意味着娱乐、游戏和带货，各行各业不同场景中已经衍生出了很多新形式，同时各大直播企业也逐渐以精细化运营、深耕私域流量和公私流量良性互动闭环的目标为主。

  日前,《互联网平台"直播+"赋能研究报告》正式发布。报告指出了直播平台在2020年迅速发展的新背景。在数字经济高速发展的前提下,"直播带货"也成了推动经济复苏的重要手段之一。中国消费者协会专家委员会专家表示,需要从法律的层面上对主播、直播进行界定,让直播带货等电子商务新经济在法律的轨道上健康持续发展。自新冠疫情暴发以来,外部大环境为线上直播行业的发展提供了前所未有的机遇。事实证明很多行业都受到疫情的阻碍和消极影响,而线上直播却迎来了高速发展时期,出现线上直播带货、直播云课、直播云音乐、直播云旅游、直播云游戏等层出不穷的新形式。

  直播3.0时代,也被称作"直播+"时代,中国经济体制改革研究会互联网与新经济专业委员会主任列举了"直播+"时代的四大特点,即顺应时代发展潮流促进消费、突破用户圈层、拓宽了互联网的新业态新渠道助力就业和文旅业的复兴以及整合营销传播。网络直播不仅促进了经济与产业的变革,更为社会和文化带来了深刻的影响。

  尽管我们看到了直播这一新兴行业的兴起,但我们也不能忽视它存在的问题。由于介入门槛低,缺少监管,传播速度快,不易受控等特点,让一部分直播走入偏路,一些越界的直播为这个行业带来了不好的影响。国家互联网信息办公室、公安部、商务部、文化和旅游部、国家税务总局、国家市场监督管理总局、国家广播电视总局等七部门联合发布《网络直播营销管理办法(试行)》,自2021年5月25日起施行。这是从监管层面上颁布的具有约束力的法规。同时,人社部也就网络主播职业纳入新职业目录向社会广泛征求意见。不远的将来,直播也需要持证上岗了。这些举措既保护了大家的合法权益,又保护了整个行业朝着健康方向发展。

任务三 掌握客户关系管理营销方法

学习目标

【知识目标】 了解即时通信工具的种类;掌握淘宝的客户关系管理营销方法、平台相关功能的设置。

【技能目标】 能熟练地运用淘宝客户关系管理平台的各项功能。

情景导入

  张强已经在客服部门实习了很久,对大部分的客户服务工作都有了一定了解。今天他将被独立分配一些客户信息。张强需要在电商平台上管理这些客户。

知识平台

一、即时通信工具

客服沟通需要工具,商家开拓客户资源也离不开这些使用频率较高的即时通信工具。

(一)即时通信工具的重要性

即时通信工具是利用即时通信技术来实现用户之间在线交流的软件。如腾讯的QQ、微信,百度的Hi,微软的MSN,新浪的UC等。随着网络购物的兴起,各大网购平台也应运而生,如京东、淘宝、天猫、拼多多等。这些网购平台为了便于交易双方的在线交流也都拥有自己的即时通信工具,但不管是京东的咚咚、淘宝的阿里旺旺、腾讯的微信聊天,还是其他网购平台为客户提供的免费沟通软件,都对买卖双方顺利沟通、完成交易起着不可或缺的重要作用。作为网络客服应对各大网购平台使用的通信工具有所认识。

(二)不同平台的即时通信工具

1. 京东咚咚

京东咚咚(图6-3-1)是京东为用户、商家及京东客服打造的一款即时通信工具。京东咚咚分个人版和商家版。京东咚咚个人版不仅支持单人聊天和组队聊天,用户还可以通过京东咚咚与客服进行沟通。京东咚咚商家版,除具有与客户聊天功能外,还新增客户管理功能,大大提升了客户处理效率。

图 6-3-1 京东咚咚

2. 腾讯QQ

腾讯QQ是腾讯公司开发的一款即时通信软件。它功能强大,具有聊天、视频语音通话、文件传输及远程演示等多种功能。腾讯QQ使用人群基数较大,为拍拍网的商家与客户交流提供了不可或缺的便利性,拍拍网的用户不用再安装和熟悉新的通信工具,即可轻松地实现交易双方的在线交流。

3. 淘宝阿里旺旺

淘宝阿里旺旺是阿里巴巴旗下专门为商家打造的一款即时沟通软件。与其他即时通信工具相比,阿里旺旺是根据网上购物的沟通需求进行设计,在商业运用上功能更齐全,使用更便捷。

(三)阿里旺旺的特色功能

(1)随时联系客户。每一条信息都标记着客户的在线状态,让商家随时联系客户。

(2)海量商机搜索。快速搜索阿里巴巴巨大市场商机。

(3)商机遍布。一次性批量发布、重发信息,分类管理信息,商机无处不在。

(4)丰富的系统功能。语音、视频、超大容量文件传输,文本聊天种类繁多。

(5)多方商务洽谈。最多同时在线30人的商务洽谈室,空间不再是阻隔,轻松做生意。

(6)免费商务服务。订阅商机快递、行业资讯;随时把握天气、证券信息;在线翻译、商旅助理助交易。

（四）阿里旺旺的基本设置

1. 下载阿里旺旺

阿里旺旺分卖家版和买家版，卖家版已集成到千牛工作台中。客服必须下载卖家版（千牛）。我们可以通过淘宝网首页的工具入口下载；利用搜索引擎搜索下载（如百度、谷歌）；使用安全软件或软件商店下载（如360卫士、电脑管家）等。

2. 个人资料填写

使用阿里旺旺之前，要正确填写阿里旺旺中"我的资料"，包括旺旺头像的修改及个人基本资料和联系信息的填写。

阿里旺旺"我的资料"设置有两种进入方式：第一种是从千牛的主菜单—聊天—旺旺名进入；第二种是直接单击阿里旺旺对话框的旺旺名进入。

公司一般要求客服人员将阿里旺旺的头像修改成企业的Logo，方便企业宣传品牌，提高企业知名度，也有公司要求客服将阿里旺旺的头像改为客服本人的照片，以提高顾客的信任度与亲切感。

阿里旺旺头像的修改有两种上传方式：第一种是普通上传；第二种是高级上传。

3. 系统设置

阿里旺旺的系统设置主要包括基本设置、聊天设置、消息中心、个性设置、安全设置和客服设置。为了提高工作效率，在接待客户前，要将阿里旺旺系统的一些功能进行优化设置。单击千牛右上角的主菜单"系统设置"，即可打开阿里旺旺"系统设置"窗口，如图6-3-2所示。

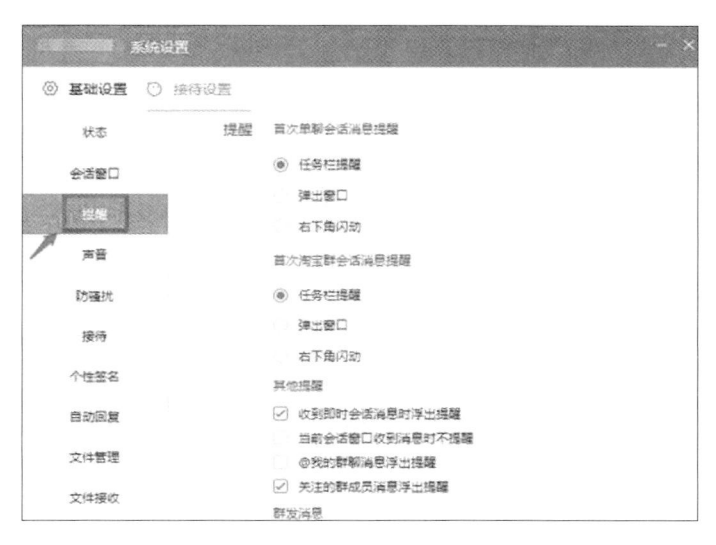

图6-3-2 系统设置

（1）个性设置

阿里旺旺个性设置包括个性签名和快捷键设置。其中，个性签名是一个非常好的对外宣传窗口，可以将店铺的口号、新品上市、促销活动、店铺特色等信息有效地展示给客户。

单击"系统设置"—"接待设置"—"个性签名"，在右侧可以进行个性签名设置。

(2)安全设置

在日常工作中,卖家旺旺经常会收到一些网络兼职等信息,可以通过"安全设置"来屏蔽这些信息。

单击"系统设置"—"接待设置"—"防骚扰",在右侧可以进行多项防骚扰设置。

(3)客服设置

如果在线咨询的顾客太多,客服不能及时回复顾客,可以通过"客服设置"来进行简单的自动回复。如我们可以将"欢迎光临!请问有什么可以帮您的?"设置在"当天第一次收到买家信息时自动回复",省去打字的麻烦,提高接待顾客的速度;在"双十一""双十二"等公司大促活动时,咨询的人流量很大,可以通过设置"当正在联系人超过30人时自动回复",在一定程度上缓解工作强度,留住顾客。

单击"系统设置"—"接待设置"—"自动回复",在右侧可以进行多项自动回复设置。

(五)阿里旺旺的聊天对话框

1. 聊天对话框上方的常用功能

聊天对话框上方的常用功能主要有:转发消息给团队成员、发送文件、视频聊天、加为我的好友等。

(1)单击"转发消息给团队成员",可以将企业通知、促销信息、注意事项、相关问题等消息转发给团队成员,便于团队成员之间的日常工作交流。

(2)单击"发送文件",不但可以给对方发送在线或离线文件,还可以直接发送文件夹,另外还可以打开自己接收的文件夹、查看历史文件传输记录等。

(3)单击"视频聊天",可以与顾客进行语音或视频交流,除非有特殊情况,一般客服工作中不接受语音视频请求。

(4)单击"加为我的好友",将已下单的顾客加为好友,不但可以更好地为顾客提供售后服务,还有利于开展二次销售。

2. 聊天对话框右侧的常用功能

聊天对话框右侧的常用功能主要包括客户、商品、订单和机器人等。

(1)单击"客户":通过查看客户信息,可以对客户的信誉、好评率、注册时间等基本信息进行初步了解。

(2)单击"商品":可以为客户提供商品推荐。如单击"猜TA喜欢",系统会自动筛选店铺里一些顾客可能喜欢的商品;单击"足迹"可以看到顾客曾经浏览过的商品;单击"热销"可以直接显示店铺的热销商品,便于推荐给顾客;单击"橱窗"可以直接查看店铺橱窗推荐商品。

(3)单击"订单":不但可以直接查看客户的全部订单,还可以将订单分为未完成、已完成、已关闭三种订单状态。当需要为顾客提供售后服务的时候,通过"订单"功能可以帮助我们方便快捷地掌握客户的订单信息。

(4)单击"机器人":通过设置机器人,可以在顾客提到一些相应的问题时系统进行自动回复。特别是夜间无人工客服在线时,机器人可以帮助回答顾客常见问题,减少顾客流失。

(六)阿里旺旺的常用小工具

阿里旺旺的常用小工具主要有:表情、字体、屏幕截图、客服评价、快捷短语设置、查看消息记录等。

（1）表情。在聊天过程中适当加入表情，可以使交流形式变得丰富有趣，避免了文字沟通的单调性。

（2）字体。一般在与顾客交流的过程中使用系统默认字体，但有时为了提醒顾客注意会使用颜色更醒目或字号很大的字体。

（3）屏幕截图。通过适当的屏幕截图，可以直接明了地解决顾客的问题，省去烦琐的语言文字表达。

（4）客服评价。接待顾客后给顾客发送客服评价链接，可以有效地收到客服的服务水平反馈。

（5）快捷短语设置。顾客咨询的问题中很多是相同的，针对一些常见问题设置快捷短语，不但可以提高回复速度，还能体现公司的规范化和专业化。

（6）查看消息记录。通过查看消息记录，可以帮助客服回顾与顾客之前的交流信息，顺利与顾客进行沟通。

二、客户关系管理营销示例——客户建设

基于目前电子商务的蓬勃发展，各家网络平台都有自己的特色，淘宝的客户管理平台相对更完善，功能更多。这里我们以淘宝的客户管理平台为例进行介绍：

客户关系处理得好坏直接影响店铺的经营发展。客户关系管理是针对店铺从已购客户到潜在客户的运营，包含客户列表管理与客户分群功能。

（一）客户列表管理

客户列表将店铺客户分为成交客户、未成交客户及询单客户3类群体。

1. 客户列表设置流程

步骤一：登录千牛卖家工作台，单击"客户运营平台"。

步骤二：单击"客户管理"模块中的"客户列表"功能，可以看到店铺客户分为3个类别：成交客户、未成交客户及询单客户。

步骤三：单击"成交客户"，通过条件筛选，挑选出符合条件的客户，进行针对营销。例如，针对客户的分组名称、昵称、会员级别、交易额及交易时间等信息进行筛选，可得到条件内客户群体的信息、会员级别及交易情况。

步骤四：经过筛选后，每页可以显示20条数据，并且可以选择勾选所有筛选出来的客户进行优惠券/支付宝红包的发放。

2. 分组管理设置

分组管理针对店铺内的客户做组别细分，便于后期商家更好地进行客户关系管理和维护。

步骤一：进入"客户运营平台"，单击"客户列表"—"分组管理"，如图6-3-3所示。

步骤二：进入该页面后，可对已创建好的分组进行管理，也可选择"新建分组"，最多可设置100个分组。

步骤三：填写分组名称，选择分组方式。

步骤四：设置好分组之后，可以针对这些人群做定点营销活动。

步骤五：同时，根据客户列表中的数据，商家可查看具体某个客户的详情。例如，了解一个客户的详情后，可为该客户选择分组，勾选该客户，单击"添加分组"，选择其中一个分组即可。

（二）客户分群功能

对店铺客户进行打标分类，进行分群，目的是给不同的客户群体推广特定的营销方法，通

图 6-3-3　分组管理

过提升店铺的综合转化率来提升营业额。系统推荐的重点运营人群分为兴趣人群、新客户人群及复购人群。除了系统推荐的人群,商家也可根据个性化标签进行人群的新建。

步骤一:进入客户分群页面,单击右上角的"新建人群"。

步骤二:自定义人群可根据人口属性、地域特征、用户关系、店铺行为、交易行为及策略人群进行标签的选定,单击"立即圈选人群",如图 6-3-4 所示。

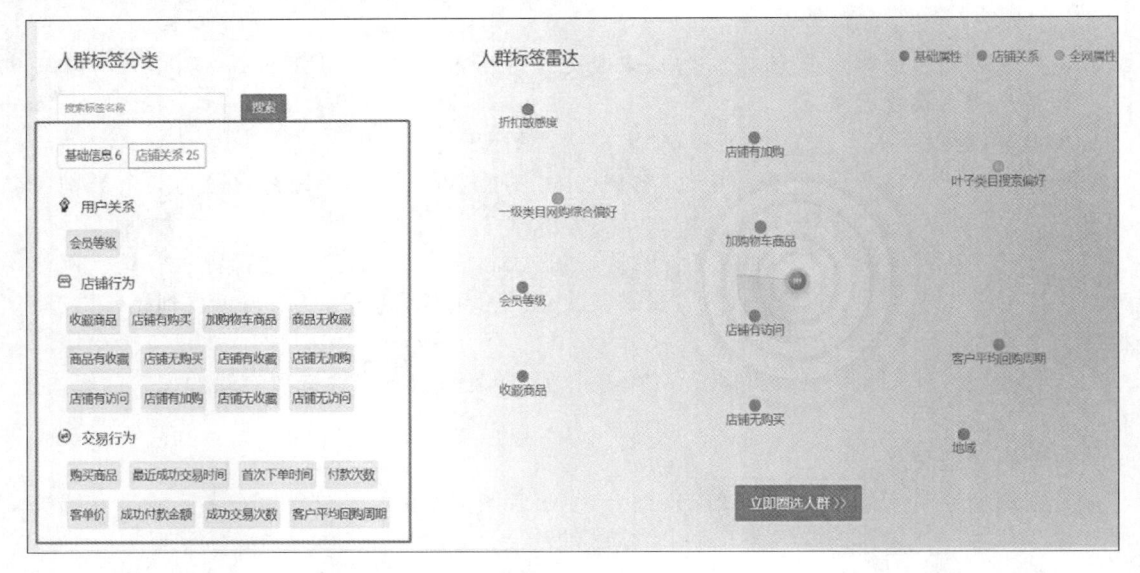

图 6-3-4　人群标签

步骤三:商家根据店铺需要,将选中的标签拖动至标签框,如图 6-3-5 所示。

步骤四:针对选定的标签还可进行个性化设置。如针对店铺无访问的标签人群可选定一定时间周期内,没有访问过本店铺的消费者,或者针对加购物车商品的客户人群,将具体某款商品的加购作为筛选条件。

步骤五:设置好的人群标签可在自定义人群标签中进行查看,还可进行编辑或删除,如图 6-3-6 所示。

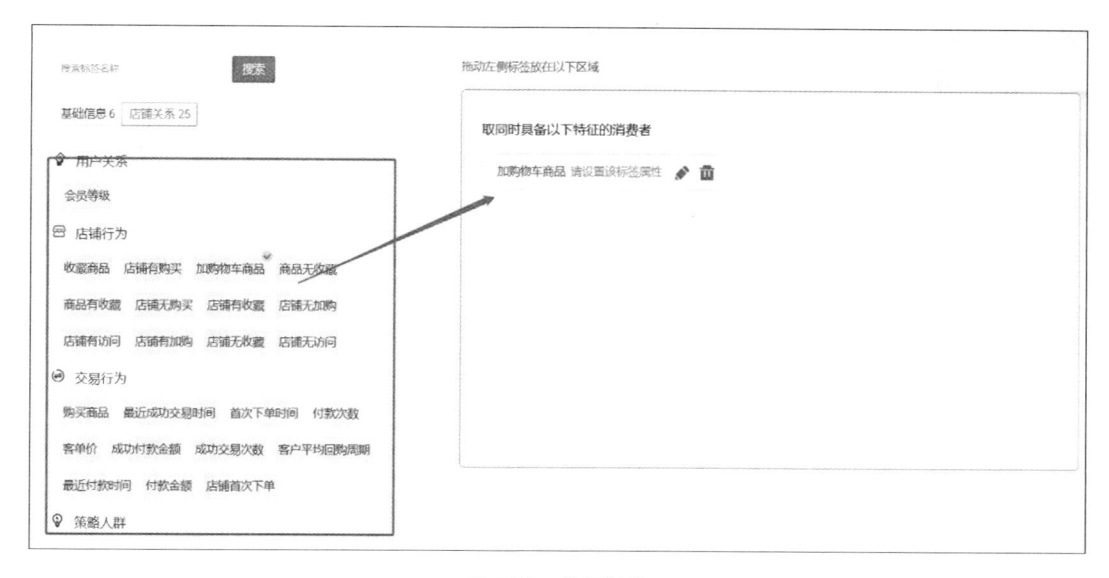

图 6-3-5 设置标签

图 6-3-6 自定义人群

三、客户关系管理营销示例——营销手段

客服运营平台除了对客户人群进行基本的管理外，还可对店铺新、老客户进行针对性营销活动，通过优惠券关怀、支付宝红包设置、上新老客提醒、自定义营销及定向海报等，可以更好地为不同客户提供精准营销，提高成交转化率和客户满意度。

（一）优惠券关怀

要使用客户运营平台"优惠券发送"功能，必须先订购淘宝优惠券。针对选定的人群，进行优惠券的推送，优惠券将直接推送到客户的卡券包中，同时有短信通知功能。具体创建步骤如下。

步骤一：登录客户运营平台，进入"智能营销"标签页，单击"优惠券关怀"功能入口的"立即创建"，如图 6-3-7 所示。

步骤二：打开创建页面后，填写运营计划名称，商家可随意命名，如图 6-3-8 所示。

步骤三：选择优惠券投放人群，如图 6-3-9 所示。

图 6-3-7　创建优惠券

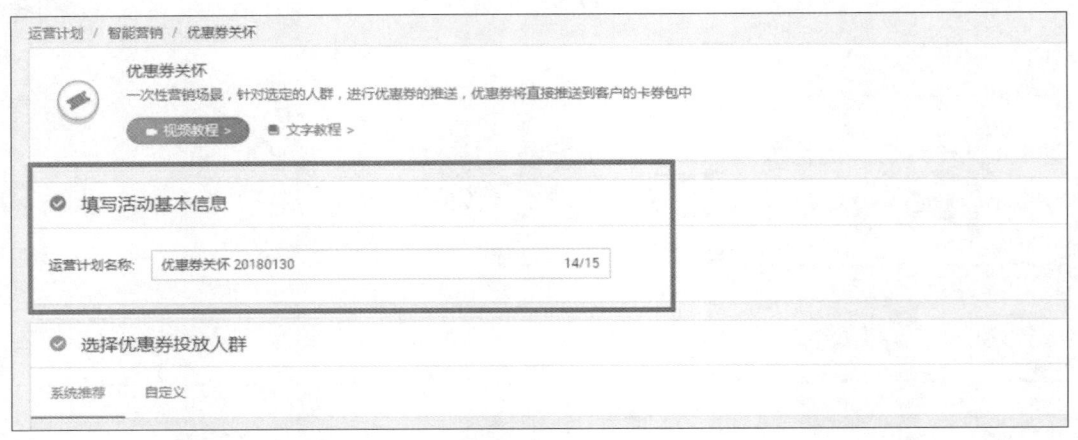

图 6-3-8　命名优惠券

图 6-3-9　选择优惠券投放人群

步骤四：选择要发送的优惠券，如果还没有设置过，可以新建优惠券，如图6-3-10所示。

图 6-3-10　新建优惠券

步骤五：选择投放人数，因为前面已经选择好人群，此处可以拖拉选择最终要投放的人数，还可以给策略命名，以便后面查看投放效果，如图6-3-11所示。

图 6-3-11　选择投放人数和填写策略名称

步骤六：可设置是否选择短信通知。由于优惠券是直达消费者卡券包，但没有任何提醒，因此，平台增加了对优惠券发送成功的消费者进行短信触达的功能，如图6-3-12所示。

图 6-3-12　设置短信通知

步骤七：单击"创建运营计划"，确认创建活动。

（二）支付宝红包设置

支付宝红包是全网通用的，但仅允许在淘宝、天猫、聚划算等平台使用，不允许购买虚拟商品。商家针对部分人群发放支付宝红包是以直接、实在的权益进行客户关怀，提升客户对店铺的认可与黏性。

网络客户服务

步骤一：登录千牛卖家工作台，单击"店铺营销工具"，选择"权益中心"。

步骤二：单击"立即签约"，首次进入的商家需要签署法务协议，法务协议的时效性为1年，1年后需要重新签署，仔细阅读支付宝红包协议，完成后勾选"我已认真阅读并同意该协议"前的复选框，然后单击"确定"，如图6-3-13所示。

图 6-3-13　签约

步骤三：签约成功后，创建支付宝红包模板，如图6-3-14所示。

图 6-3-14　创建支付宝红包模板

步骤四：仔细阅读红包使用规则，自定义红包面额；填写红包的个数等，即可创建红包模板，如图6-3-15所示。

图 6-3-15　创建红包模板

步骤五：登录支付宝，完成扣款，红包模板即创建成功。

步骤六：红包模板创建好后，可以在客户列表中圈定想发送红包的人群，向他们定向发送红包。

步骤七：选择客户，单击"送支付宝红包"即可，如图6-3-16所示。

图6-3-16　送支付宝红包

（三）上新老客提醒

上新老客提醒是客户运营平台推出的智能营销功能，可以在上新期间，针对对新品感兴趣的客户进行营销，提升新品转化，累计销量。创建步骤具体如下：

步骤一：计划创建。进入"智能营销"板块，可以看到上新老客提醒功能，如图6-3-17所示。

图6-3-17　上新老客提醒

客户运营平台利用阿里大数据能力，根据最近7天第一次上架的商品，圈选出那些对新品感兴趣、最有可能购买新品的人群。商家可以针对这部分人群进行新品营销。

若系统选定的上新提醒人群人数较多，但商家的营销预算有限，没有能力做营销，那么可以使用"投放部分人群"的功能，在上新人群中对合适的人群数量进行再次锁定，如图6-3-18所示。

图6-3-18　投放部分人群

步骤二：针对上新人群选择权益，如果希望给上新人群定向优惠，刺激转化，可以进行优惠券发送，如图6-3-19所示。

网络客户服务

图 6-3-19　定向优惠

优惠券单日发送的最大限额为 5 万张（兴趣人群和自定义营销共用），在选择优惠券的时候需要注意人群数量、优惠券有效期，并且不要在多个营销计划中重复使用同一张优惠券，以免发送失败，影响后续继续投放。

步骤三：选择转化渠道。上新人群为店铺有历史成交的客户，全部可以通过短信触达，转化渠道有两种：短信和定向海报，可以同时设置，也可以只选择其中之一，如图 6-3-20 所示。

图 6-3-20　转化渠道

步骤四：单击"立即创建"，则计划创建成功，在运营计划列表里可以查看，如图 6-3-21 所示。

步骤五：计划创建后，计划执行的第二天可以查看效果数据。

（四）自定义营销

客户运营平台的短信营销是自定义营销的常用功能，通过短信营销可灵活圈选人群，访问、收藏、加购标签的筛选，能自定义营销人群。创建步骤如下：

步骤一：登录客户运营平台，进入"智能营销"标签页，单击"短信营销"功能入口的"立即创建"，进入短信营销功能配置页面，如图 6-3-22 所示。

图 6-3-21　查看创建计划

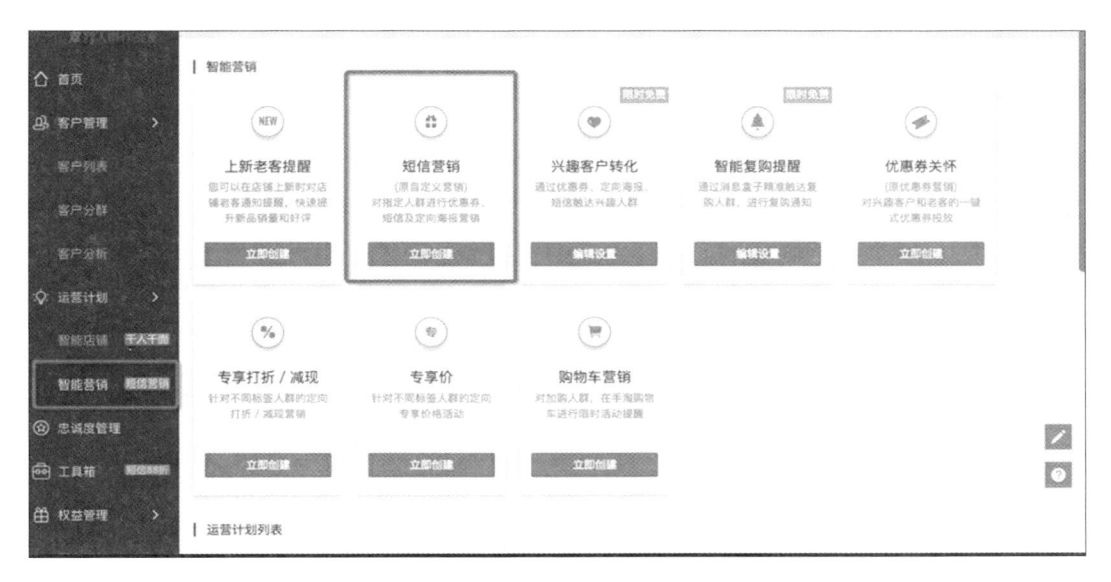

图 6-3-22　短信营销功能配置

步骤二：创建运营计划名称（图 6-3-23）并选择人群。在明确营销目的以后，选择想要营销的目标人群，单击"添加人群"按钮，可以选择一个系统默认的推荐人群，也可以自己重新创建一个人群。

图 6-3-23　创建运营计划名称

步骤三：单击"新建人群"，利用 3 个条件圈选出需要的人群：店铺历史上（720 天内）有过购买，但是最近 90 天没有购买并且最近 30 天有加购，这 3 个条件组成了我们想要的人群，给这个人群命名为"重点流失人群"，如图 6-3-24 所示。保存后，这个人群会出现在自定义人群列表里，单击"确定"，就完成了人群创建和选择的过程，如图 6-3-25 所示。人群添加好以后，会在编辑页面看到人群的人数,人群中的所有人都可以进行优惠券和定向海报营销。

图 6-3-24　新建人群

图 6-3-25　自定义人群列表

步骤四:选择转化渠道。 确定给客户的优惠权益后,选择通过何种渠道把营销信息传递给客户。目前支持两种渠道:短信及定向海报。短信会将营销信息发送至客户的手机上,只支持对人群中的成交客户发放;定向海报是在店铺首页放置一个装修模块,此模块可以对选定人群做个性化的展示,如图 6-3-26 所示。

图 6-3-26　转化渠道

步骤五：人群、权益和渠道都设置完成后，设置好策略名称，单击"创建运营计划"，整个营销计划就创建完成了。计划启动以后，不能进行编辑和删除，如果不希望计划执行，可以终止计划。计划执行的效果也在运营计划列表中查看，如图 6-3-27 所示。

图 6-3-27　查看计划执行的效果

（五）定向海报

定向海报就是通过设置不同人群策略，达到对不同人群在店铺首页展现不同的内容（如优惠券、商品图等）的效果，进而提升访客转化率。

1. 优势

千人千面，定向海报支持多条人群策略，实现对不同客户人群进行精准营销，提升转化；操作成本低，卖家设置完成后即生效，即使大促来袭，也可直接进行海报更换；应用场景丰富，支持优惠券、活动海报等模式。

2. 创建步骤

步骤一：登录客户运营平台，选择"智能店铺"标签页的"定向海报"，如图 6-3-28 所示。

图 6-3-28　创建定向海报

步骤二：选择人群。卖家可以选择系统推荐人群，也可以自定义人群，如图 6-3-29 所示。

图 6-3-29　选择人群

步骤三：设置海报内容。优惠券设置步骤：打开营销中心后台，先设置一张优惠券，推广方式为"买家领取"，领券形式为"全网买家可领"，同时单击"需要不公开的优惠券链接"。申请不公开优惠券链接后，文案会变，单击"保存"即可。完成创建后，单击复制优惠券链接。

设置海报内容，添加图片，跳转链接填写刚复制的优惠券链接，即可完成定向优惠券，如图 6-3-30 所示。

图 6-3-30　设置海报内容

3. 活动海报设置

登录无线运营中心,单击"店铺装修"标签页的"装修手机淘宝店铺",如图 6-3-31 所示,将活动海报的模块装修到旺铺中。由于该模块是针对定向人群,用于刺激转化,因此把模块放在首页 1 屏的位置,效果会更好。

单击编辑页面后进入页面编辑器,将定向模块拖至店铺首页核心位置,保存即可(定向海报在旺铺中名称为"定向模块"),如图 6-3-32 所示。

图 6-3-31 装修手机淘宝店铺

图 6-3-32 活动海报设置

实践任务

以小组为单位完成以下任务:

1. 为店铺客户人群设置分组,根据交易数据自动定标。
2. 设置好支付宝红包模板,勾选1~2个客户分组人群发送支付宝红包。
3. 熟练操作平台各项功能,使用不同的营销方法对店铺长期未成交客户进行有针对性的营销互动。

> **素质拓展**

常用客户管理小工具

1. 网店后台会员关系管理工具

网店运营最常用到的会员管理工具就是淘宝网店后台的会员关系管理工具。登录淘宝网店后台，从左侧栏单击进入会员关系管理页面，通过淘宝后台提供的会员关系管理工具，可以实现管理本网店所有的客户、制定营销活动、分析客户分布、设置会员等级等功能。淘宝网店后台的会员关系管理工具是一个功能比较简单的客户管理工具。这个管理工具最大的特点是与网店紧密结合，针对不同等级的会员在购买时享受不同的优惠政策，参加不同的促销活动。不足之处是不支持短信、旺旺等信息群发，不能进行客户关怀与营销。

2. 网店版"淘关怀"

淘宝网专门为网店进行客户关怀开发了第三方工具——"淘关怀"。此工具是专门为淘宝卖家量身定做的，帮助卖家抓住更多的回头客，给店铺带来更多的客流量，提高店铺的服务质量，让更多的买家享受到卖家的贴心关怀。

从淘宝网店后台最下方进入"网店版"，单击"交易"，再单击"淘关怀"。"淘关怀"的客户关怀与提醒功能比较强大，包括宝贝上新提醒、物流提醒、待确认收货提醒、待确认提醒等四大主要功能，但"淘关怀"的使用也有诸多限制，比如买家7天内只能收到一条提醒，只能通过短信来进行客户关怀，缺少邮件、彩信等其他方式等。

3. "掌柜说"

"掌柜说"是专为淘宝卖家量身定制的社交化营销平台，提供丰富的工具和插件，将店铺的买家和潜在买家转化成粉丝，实现近距离的互动沟通，从而与其建立长期稳定的关系，构建自己的客户关系管理体系。同时还可以利用粉丝自身的社交关系进行快速传播，用较低的成本扩大营销活动的知晓度，提升品牌或店铺的影响力。

"掌柜说"能帮卖家更高效快捷地实现和顾客之间的互动，同时为卖家建立稳定的顾客群，全方位地和朋友（顾客和潜在顾客）进行交流和沟通，同时展示自我，让更多人来了解卖家、认识卖家。其主要功能包括：

（1）发布新品，"掌柜说"马上替你通知顾客；

（2）有促销，"掌柜说"马上替你通知顾客；

（3）想与顾客沟通更及时、更公开透明，可以到"掌柜说"去谈谈心；

（4）想与顾客增进感情，可以到"掌柜说"去策划互动活动；

（5）想要更多流量、更多新顾客、更少广告费，可以到"掌柜说"去营销；

（6）想与买家的关系更稳定，可以到"掌柜说"去维护客户关系。

4. 淘帮派

淘宝社区提供自建帮派的功能，每个ID都可以自建一个帮派，这个帮派具有设置版面与栏目、发布帖子与投票、论坛管理等功能，是一个专属的会员交流平台。所谓淘帮派，实际上就是店铺自己的社区，完全由卖家支配，淘宝千千万万的淘友可以按照自己的兴趣喜好聚集在一起。

淘帮派是淘宝免费提供给用户使用的,可以发表文字、图片等,对于网店来说,如果自己的帮派人气旺,那么店铺的流量也会骤升,更重要的是可以成为店铺与客户交流的工具和平台。

卖家店铺帮派是由各淘宝商城、集市店铺卖家建立的帮派,这些帮派中的管理团队(帮主、副帮主等)是由每个店铺的卖家掌柜组成,经过认证的卖家店铺帮派将与卖家的店铺在未来做无缝的整合,帮派将成为卖家进行店铺运营、店铺推广、活动促销宣传、买家管理等的重要工具。通过淘帮派来与客户进行互动交流,不仅提升了网店的流量,更重要的是增加了客户黏度。

5. 阿里旺旺群

网店核心客户群体数量少,但是消费高,为了维护这部分客户群体,可以建立一个专属的旺旺群,店铺有上新可以提前透露消息,有抢手货时可以通过专属群进行内部预购等。通过建立不同标签的专属群能让有相似购买习惯的消费者找到共同之处,便于更好地管理与提供服务。

6. 独立社区

现在有不少网店开始自建社区网站来维护和管理客户群体。通过独立社区,一方面可以与客户进行深度互动,增加客户黏性;另一方面可以提升品牌影响力。独立社区的特点是可以自己定规则,可以自己开发各类功能,可以收集更多的客户信息,可以策划和设置各类营销活动,持续不断地保持客户的活跃度,但是独立社区的建设投入不小,运营的难度也比较大,需要运营者有较好的运营手段。

(资料来源:徐熠明.电子商务客户服务.北京:中国财政经济出版社,2021)

项目综述

通过本项目相应任务实施和知识平台的学习,学生了解网络客户关系管理系统及其管理流程;建立企业客户关系管理系统;掌握以淘宝为代表的客户管理运营平台的操作技巧;根据客户关系管理的各项功能展开设置,开展有针对性的营销活动,从而提高企业管理客户的能力以及运营好客户资源。

一、了解网络客户关系管理系统。明确客户关系管理系统在网络客户关系管理中的重要性及其管理流程,学会建立客户关系管理系统并维持客户忠诚。

二、学会使用客户关系管理工具,能够建立企业的客户关系管理数据资源平台。

三、利用CRM维系企业客户忠诚体系,从而实现对企业客户的精准维护,拉近企业与客户之间的距离。

四、掌握客户关系管理实施过程,有效运用并实施良好的营销活动。

项目七

认识淘宝网络客服工作平台

项目描述

随着网络越来越发达,电商平台也越来越发展壮大,逐渐成为受众较多的消费平台。其中淘宝自成立至今,已经拥有了大量的用户和商家,每天都有众多的淘宝店铺开张,那么如何更快捷方便地经营店铺,是每一个卖家关心的问题。本项目主要介绍千牛工作台的安装、注册和使用方法,千牛工作台的主要功能、对客服务以及手机千牛的使用,为淘宝卖家和想要经营淘宝店铺的人们提供支持和帮助。

项目目标

通过本项目的学习,学生能够安装和注册千牛工作台,能够利用千牛工作台完成店铺对客服务等各种操作。

通过对千牛工作台的讲解和介绍,带领学生从经济、科技、生活三个方面感受国家的变化。让学生增强道路自信、理论自信、制度自信、文化自信,立志肩负起民族复兴的时代重任。

任务一 安装千牛工作台

学习目标

【知识目标】 了解千牛工作台。
【技能目标】 能够安装、注册千牛工作台。

情景导入

小红：你怎么垂头丧气的,遇到什么事情了吗?
小明：我想创业开店,但是感觉特别烦琐,不知道要从何下手。
小红：你可以下载一个淘宝的千牛工作台呀,既可以查找货源,又可以上架商品、联系客户,还可以配送发货,处理售后,既有电脑版,又有手机版,一个软件能解决你所有的问题。
小明：这个软件功能这么全面吗?谢谢你！我这就去下载安装。

知识平台

一、介绍千牛工作台

千牛是阿里巴巴专门为卖家打造的工作平台,所以无论是普通淘宝卖家还是天猫商家,都可以使用千牛工作台来与买家沟通、管理商品、监控流量、分析数据、管理订单等,并且随着移动终端的普及,现在的千牛工作平台也划分为电脑版和手机版两种。

作为服务卖家的工作平台,千牛是一站式全链路工作台,实现从申请入驻到店铺运营、数据监测、售后退款等电商经营主链路的所有操作。

卖家工作台支持子账号登录,提供店铺关键信息提醒,以及商品、交易、数据等常用操作快捷入口。

消息中心包括商品消息、订单消息、退款消息、官方公告等,第一时间推送到手机。

平台支持手机和电脑同时登录,联系人、聊天记录和快捷短语与电脑无缝云同步,可添加好友,查看买家个人主页。

插件中心有商品管理、交易管理、数据统计等常用功能,均有多款插件供选择,分销商卖家可订购使用供销管理插件。

二、安装千牛工作台

想要使用千牛工作台,首先要做的就是下载和安装千牛工作台。可以在应用商店搜索"千牛",找到相应的软件进行下载,也可以登录千牛官网进行下载。

在千牛官网选择下载千牛之后,可选择下载电脑客户端或手机客户端,这里选择下载电脑客户端。

和手机存在鸿蒙、安卓、iOS等操作系统一样，电脑端也有Windows版和Mac Beta版两种版本，千牛工作台同样为不同的版本提供相应的下载链接（图7-1-1）。

图7-1-1 电脑端千牛工作台下载

我们以Windows版为例进行下载，将软件保存在习惯使用的位置。下载完成之后，在指定的下载位置找到千牛的安装程序。双击安装程序，按照提示完成安装。

需要注意的是，在选择"立即安装"之前，需要勾选"同意阿里巴巴软件协议"前面的复选框，否则无法完成安装。

另外千牛工作台默认安装的位置是C盘，如果不希望软件安装在C盘，可单击"自定义安装"选项，选择想要安装软件的位置。

设定好保存位置之后就可以选择"立即安装"，在等待几秒钟之后，即可完成安装，开始使用千牛工作台了。

另外值得一提的是，为了方便卖家使用，还会提供一个二维码，用手机支付宝或手机淘宝扫描，即可完成手机千牛工作台的安装。

安装完成后，在桌面上就会出现千牛工作台的快捷图标，我们想要打开千牛工作台时，只要双击这个图标即可。

三、注册、登录千牛工作台

在注册或登录千牛工作台之前要选择所在的平台，可选择的平台有淘宝网、淘宝特价版、1688和企业商家，如图7-1-2所示。这里我们以淘宝网为例，来为大家展示如何注册、登录千牛工作台。

如果没有淘宝账号或者不想用现有账号的话，可以选择免费注册一个新的账号。

如果选择免费注册一个新的账号，那么就会自动打开一个注册网页，按照网页提示输入手机号，获取验证码，按照淘宝账号的注册方式完成注册即可。

如果已经有了淘宝账号，那么输入账号和密码即可完成登录，当然也可以选择利用手机淘宝扫描二维码完成登录。

需要注意的是，如果使用的电脑为个人电脑或者使用环境为家中，那么可以选中"记住密码"和"自动登录"选项，这样下次登录即可自动完成，方便快捷。但是如果使用环境是公共场所或者所用电脑为公用电脑，则千万不可勾选这两个选项，以防密码丢失、资料外泄，造成经济损失。

图 7-1-2　千牛工作台登录

另外，在登录界面还可选择登录状态，分为在线、离开、忙碌、隐身、离线等几种，可以根据个人所需状态来进行设置。

登录之后我们就可以看到千牛工作台的内部结构了，刚刚登录的千牛工作台还需要进一步完善，首先可以选择开店或千牛企业版入驻。

四、千牛开店

当我们成功登录千牛工作台之后，需要创建属于自己的店铺，可以单击左侧工具栏中的"我要开店"选项，来完成开店。

单击"我要开店"之后会自动打开网页，跳转到开店的页面。通过图片我们可以看到，淘宝开店是免费的，分为个人开店和企业开店两种形式。需要注意的是，已捆绑个人支付宝账号的淘宝账号是不能选择企业开店的，需要用捆绑了企业支付宝账号的淘宝账号。

我们以个人开店为例来说明如何完成淘宝开店。个人开店只需提供个人身份证即可。我们单击"个人开店"按钮即可开始开店设置，如图 7-1-3 所示。需要注意的是，店铺名称必须在 2~20 个字符，并且需要勾选"已阅读并同意以下协议：《淘宝网卖家服务协议》《消费者保障服务协议》《支付宝支付服务协议》"和"同意钉钉获取账号名及手机号，用于激活钉钉、绑定店铺、加入淘宝官方群"这两段文字前的复选框，之后单击"0 元开店"。这就完成了开店的第一步。

图 7-1-3　个人开店

当我们单击"0元开店"之后页面跳回千牛工作台,实名认证即可完成开店。实名认证需要通过手机淘宝来完成,首先使用手机淘宝扫一扫,进入人脸识别系统,然后按照提示内容完成动作,最后等待系统完成审核。待认证完成之后,系统会提示认证通过,就可以进入开店完成页面了。

完成开店之后就可以开始发布商品了。千牛工作台提供了店铺成长任务,可以根据需要来下载使用,还有关于店铺设置的一些注意事项。需要注意的是,虽然新店没有限制发布宝贝的数量,但是开店后如果长时间在售宝贝数量为0件,店铺会被关闭。

五、千牛企业版

千牛企业版对不同类型的经营主体提供以下能力:

(1)对经营线上多店的企业(包括自营店铺类型、代运营类型等):可提升多店经营能力、多店铺账号切换;支持一个工作台同时登录多个店铺,店铺账号间可灵活快速切换多店客服接待;支持一人用一个旺旺面板同时接待多个店铺,客服无须在多个面板间来回切换更多功能;多店经营数据查看、多店员工绩效管理等。

(2)对代运营服务商,可实现店铺授权管理线上化。

(3)对经营新零售业务的企业,可实现线上线下全渠道一体化管理。

(4)对网红/达人机构,支持旗下各网红/达人轻店的统一管理,如统一选品和店铺装修等。

使用千牛企业版功能的步骤:

(1)进行企业入驻(需准备企业支付宝账号以供企业认证),开通千牛企业账号。

(2)下载最新版千牛,用企业账号登录。

(3)完成基础设置,包括员工信息导入、店铺绑定、权限设置。

建议电脑配置64位操作系统,并确保内存至少在4 GB,建议8 GB。

千牛企业版是不收费的。

千牛本身不会监控经营行为,对于担心重复开店可能引起的平台管控,以下规则说明可参考:

(1)重复开店指的是同一卖家通过同时经营多家具有相同商品的店铺,达到重复铺货的目的。这种行为属于违规行为。

(2)若在同一台电脑上同时经营两家店铺,两家店铺分别出售不同的商品,是可以的,但若两家店铺出售的商品是相同的,那么会涉嫌重复开店,淘宝是不允许的。

六、悬浮工作台

我们在日常工作中,不能保证一直打开千牛工作台,大部分时间需要将千牛工作台最小化,去完成其他的工作。为了帮助我们不错失重要的客户消息等,千牛工作台提供了一个悬浮工作台(图7-1-4)。悬浮工作台有四个按键,分别是接待中心、消息中心、工作台和搜索。这四个按键可以唤醒千牛工作台的相应区域。

图7-1-4 千牛工作台的悬浮工作台

实践任务

千牛工作台的右上角有"万象""帮助""皮肤""设置"四个选项,逐一单击,看一下它们都有哪些用途。

素质拓展

千牛新手指南

千牛工作台是在卖家版旺旺的基础上升级而来的,具有强大的功能,更能为卖家提高工作效率。千牛工作台是每个卖家必须掌握的一项技能,接下来讲讲千牛工作台插件的功能及操作,以帮助卖家更好地使用千牛,助力网上生意。

一、千牛插件介绍

千牛对店铺的经营管理是通过插件实现的,比如处理订单、管理商品、分析数据。千牛分为 PC 和无线两个版本,插件也分 PC 和无线来满足卖家不同的操作需求和习惯。

二、千牛插件分类

千牛的插件分为基础类、数据类、营销类等,20 余种插件,可满足卖家不同的使用场景需求。

(1)基础类:快速发布商品、供品管理、订单管理、诚信通。

(2)数据类:生意参谋、精准营销。

(3)营销类:网销宝、阿里推客、服务市场、店铺红包、营销+、淘工厂。

(4)客服工具:自动回复、团队知识库、任务中心。

(5)服务:商学院、生意经、成长中心、服务中心、规蜘。

三、千牛插件使用场景

插件是千牛使用最多的功能之一。

(一)户外篇

作为一个网商,每天总有几个时间段不在座位,每个月总有那么几天出差在外,每年总有那么几个时间段去参加各种展会。日常操作怎么办?无线千牛插件可以解决所有烦恼。

(1)商品上新:进入"快速发布商品"插件,轻松解决新品上新问题。

(2)重发 offer:进入"供品管理",一键重发所有信息。

(3)订单交易:进入"订单管理",改价,确认发货,查看物流信息。

(4)店铺动态:进入"生意参谋",每日必看的店铺数据一览无遗;有访客来访,"精准营销"插件消息实时提醒,让卖家不错过任何买家接待。

(二)营销篇

做电商,流量是必不可少的,所以营销推广是电商生涯中的大事情。我们可以通过"网销宝"设置关键词引流,也可以参加一些网站活动给店铺设置红包回馈老用户,刺激新用户下单。

(1)"网销宝"插件:接入了 PC 和无线两个版本,进入插件后可以直接操作关键词,查看消耗情况及相关数据。

(2)"诚信通"插件：登录后可查看诚信通到期时间及续费相关优惠，为了让卖家更好做电商，里面还会不定期更新同行成功经验及网商操作技巧。

(3)"店铺红包"插件：可以让卖家给自己的店铺设置红包，分享给自己的新、老用户，刺激首次及再次下单。

(4)"服务市场"插件：集合了第三方插件，可以在里面根据自己的需求订购日常操作的小工具，免费和付费的都有。

(三)服务篇

随着电商平台越来越丰富化，服务成为买家采购的必要条件之一。售前是否有接待，售后是否完善，都影响着买家的下单及二次回购率。

(1)"自动回复"插件：让客服做好自动回复，做好每一个买家咨询接待。

(2)"规姐"插件：1688网站的规则会实时更新在"规姐"中，了解规则能帮卖家做好电商，服务好买家。

除了以上的插件，千牛上还有很多学习类的插件，比如"商学院""生意经"。可以利用碎片时间，充实电商操作知识。

(资料来源：阿里巴巴官网)

任务二　了解千牛工作台的功能

学习目标

【知识目标】　了解千牛工作台的菜单栏和左侧导航栏。
【技能目标】　能利用千牛工作台完成店铺装修、商品销售、售后服务等活动。

情景导入

小红：你的淘宝店铺经营得怎么样了？

小明：别提了，开店太麻烦了，一会儿要在页面上编辑，一会儿要在手机上编辑，我也搞不明白呀。

小红：你可以在千牛工作台上完成所有工作呀，无论是店铺装修、商品上架，还是物流发货都可以。

小明：这么方便吗？还有什么功能呢？

小红：还有很多呀，寻找货源、发布微淘、店铺推广都可以。

小明：太感谢你了，我现在就去试一试。

知识平台

千牛工作台是一个一站式的平台,电脑端的千牛工作台其实是原来的阿里旺旺的升级版,原来的阿里旺旺只能起到沟通买家和卖家的作用,而千牛工作台则可以帮助卖家整合店铺管理工具、经营咨询信息、商业伙伴关系,借此提升卖家的经营效率,促进彼此间的合作共赢。

一、千牛工作台菜单栏

千牛工作台的菜单栏中包含了淘宝的大部分功能,通过菜单栏我们能完成商品管理、店铺管理、物流管理等工作,也可以参加淘宝的各项活动。

页头由几部分组成,最上面的一个房子的图标,是首页选项,只要单击这个图标就可以回到首页,首页之后显示的是打开的各个页面。这一点和在很多浏览器中浏览网页是相似的,千牛工作台也是可以打开多个页面,想要切换页面时,单击页面的名称就可以了,想要关闭一个页面的话,单击页面后面的"×"即可。

页面名称下面的是页面的地址栏,所以千牛工作台是和淘宝的各个页面串联在一起的。

在地址栏下面是千牛工作台的菜单栏,店铺商品的大部分设置都能在这里完成。

(一)我的应用

我的应用一栏是我们常会用的一些应用程序,在我们刚刚开店的时候,这里是空白的,我们可以根据自己的需要加入各种应用。

在页面正文的部分有一个"我的应用"选项,下面有一个"+","+"下面是"更多应用",这个"+"就是添加应用的按钮。

我们单击"+"之后,跳出的页面就是可以添加的各种应用。这些应用种类繁多,包括金融、商品、交易、店铺、内容运营、客服、客户运营、流量推广、促销、数据、仓储物流、采购、企业协同、服务、咨询、其他、应用工具等多个分类,可以根据自己的需要将相应的应用添加到"我的应用"之中。但是需要注意,可添加的应用最多只有23个。

当添加完任务之后,再回到主页,单击"我的应用"时就可以看到刚刚添加的应用了,单击想要使用的应用即可进入相应的页面,快捷地查看想要的数据。如果对应用排列的顺序不满意,可以在之前添加应用的界面里,通过拖曳来改变应用的位置。

(二)最常使用

最常使用顾名思义显示的是应用比较多的页面,可帮助我们快速地找到想要打开的页面,省去了四处翻找的麻烦。

(三)营销中心

营销中心包含的是淘宝中的一些促销方式,包括淘营销、聚划算、天天特价、淘金币、生意参谋、淘宝直通车、搜索成交排行、钻石排位、我要推广等多个项目。

我们以聚划算页面为例来说明如何使用营销中心选项。聚划算是淘宝推广中应用比较多的方式，可以快速地增加销量，扩大知名度。我们单击淘宝商家营销活动中心的"聚划算"选项，即可进入聚划算页面（图7-2-1）。

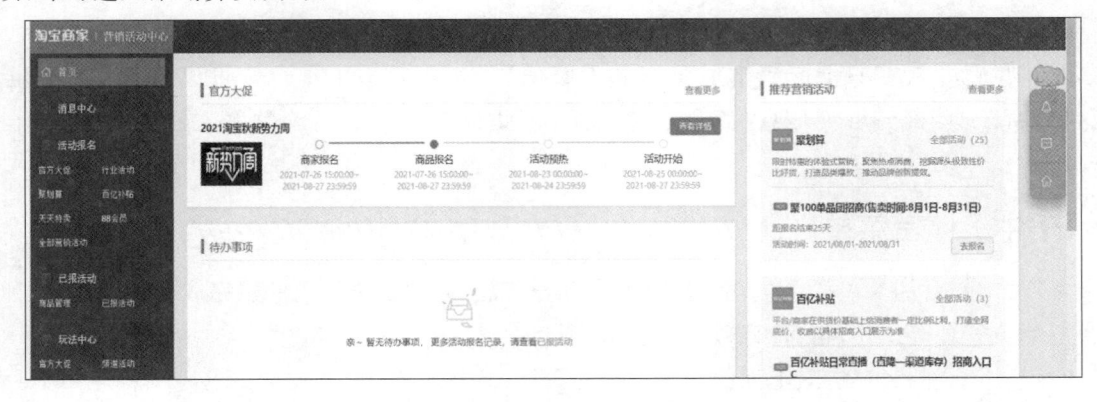

图 7-2-1 淘宝商家营销活动中心

淘宝商家营销活动中心左侧的边栏里面第一个栏目就是"活动报名"，这里汇集了可以参加的各种活动，例如，官方大促、行业活动、聚划算、百亿补贴、天天特卖、88会员等。如果觉得目录中显示的活动不够，或者不全面，可以单击最下面的"全部营销活动"，这样可以打开所有活动的列表。全部营销活动分为三类，分别是官方大促、营销活动和行业活动。

如果想要参加某一个活动，单击活动后面的"去报名"就能够进入报名页面，按照要求签署协议、填写信息、设置商品即可完成设置。

在淘宝商家营销活动中心还有很多设置，例如可以查看已报名活动，可以上传各种素材，可以查看数据，掌握资金管理，也能了解规则和对自身账户进行管理和修改。右上方是淘宝推荐的促销活动，很多都是长期有效且可以参加的，右下角也有一些活动图标，同样的只要单击图标下面的"全部活动"就可以打开活动列表，选择合适的促销活动。

（四）产品管理

在产品管理里可以发布新的商品，查看已经买到的商品、已经卖出的商品、在售的商品、仓库中的商品，还可以在体检中心了解店铺的经营情况，推荐商品橱窗位等。

1. 发布宝贝

微课：千牛工作台发布新宝贝

在千牛工作台上发布新的商品是非常容易和便利的，首先单击"发布宝贝"选项，就可以自动跳到新商品发布的页面。发布新商品的第一件事就是确定新商品要以何种方式出售。我们可以看到，在页面的左上方有一排选项，分别是：一口价、拍卖、租赁和发布相似品。需要说明的是，发布相似品类似于一个快捷设置，它会寻找到店铺近期发布的商品，发布的商品和该商品相似的话，就可以应用它的一些设置，而不需要再完成后面发布页的设置了。

我们以一口价商品的发布流程为例来介绍千牛工作台发布宝贝的方法。如我们要出售一件商品，首先要确定商品的类别。如何找到要出售商品的类别呢？有两种方式：

第一种方式是在"一口价"栏目下面的搜索栏中输入所要出售商品的种类，例如"食品"，然后选择搜索，就会在搜索栏出现一个下拉菜单，其中包含了各种食品的具体分类。我们选择其中和所售商品相似的类别，那么在下面的选项框中就会出现相应的类别，由大到小逐渐细化。

如果类别没有出现错误,则可以直接进入下一步,发布商品,也可以对类别进行适当修改和添加(图 7-2-2)。

图 7-2-2 类别选择

第二种方式则是在下面四个类别选项里逐一选择,来找到适合自己商品的类别,寻找方式可以使用每个类别上面的搜索栏,也可以通过拖曳工具条来逐一查找(图 7-2-3)。

图 7-2-3 类别查找

当我们完成类别选择,单击"下一步,发布商品"之后,即可进入商品的发布页面,在这个页面中,分为基础信息、销售信息、图文描述、物流信息、支付信息、售后服务六部分内容。想要发布商品,就需要按照这个顺序来逐一填写。

商品的基础信息就是商品基本情况的介绍,例如:是全新还是二手的;为商品取一个合适的标题,以便能够被需要的人看到和搜索到;输入商品的类目属性,如品牌、货号、售后服务、价格区间、款式等,不同商品的类目属性是不同的,如果商品的属性填写错误,可能会引起商品下架或搜索流量减少,进而影响到正常销售(图 7-2-4)。

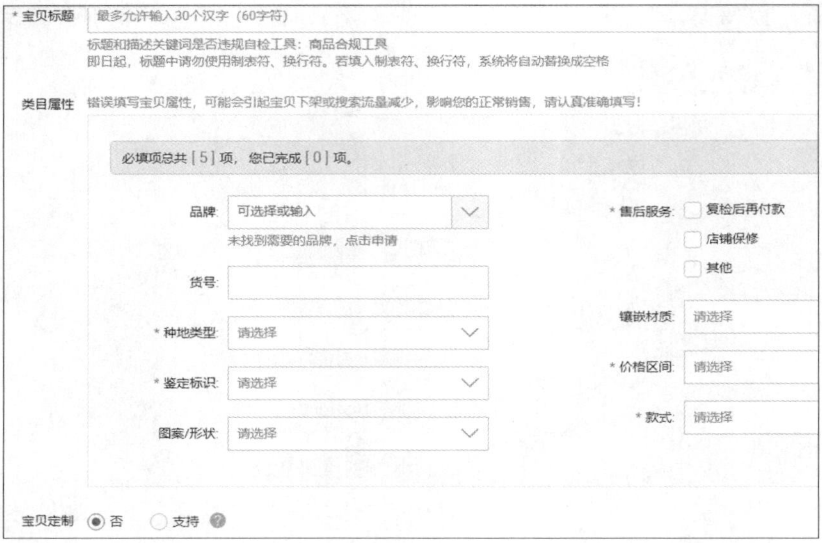

图 7-2-4 基础信息

商品的基础信息填写完成之后，就需要填写销售信息，这里比较主要的就是可以输入商品的价格和数量（图 7-2-5）。

图 7-2-5 销售信息

在完成销售信息的设定之后，就进入了最为重要的一个环节，即图文描述。我们所售的商品是否吸引人，是否能有人愿意购买，都取决于这里的描述（图 7-2-6）。在图文描述中首先要做的就是上传商品的图片，可以上传多张多角度的图片，也可以上传白底图片，以便人们更直观地了解商品的特点。这里需要注意的是,淘宝上传图片是需要上传到图片空间的,而大容量的图片空间是需要付费的。除了图片之外,也可以上传视频,视频可以更直观地展示商品。视频的画幅比例可以是1∶1或16∶9,推荐 MP4 格式,视频不能超过 60 秒,30 秒以内短视频可优先在爱逛街等推荐频道展现,大小不超过 1.5 GB,清晰度在 720 P 以上,在内容上要突出商品 1~2 个核心卖点。在上传完图片和视频之后,再加上文字描述。商品的大小、尺寸、规格、特点、特色等都需要在这里进行细致的描述,同时还可以将电脑端的描述同步到手机端。

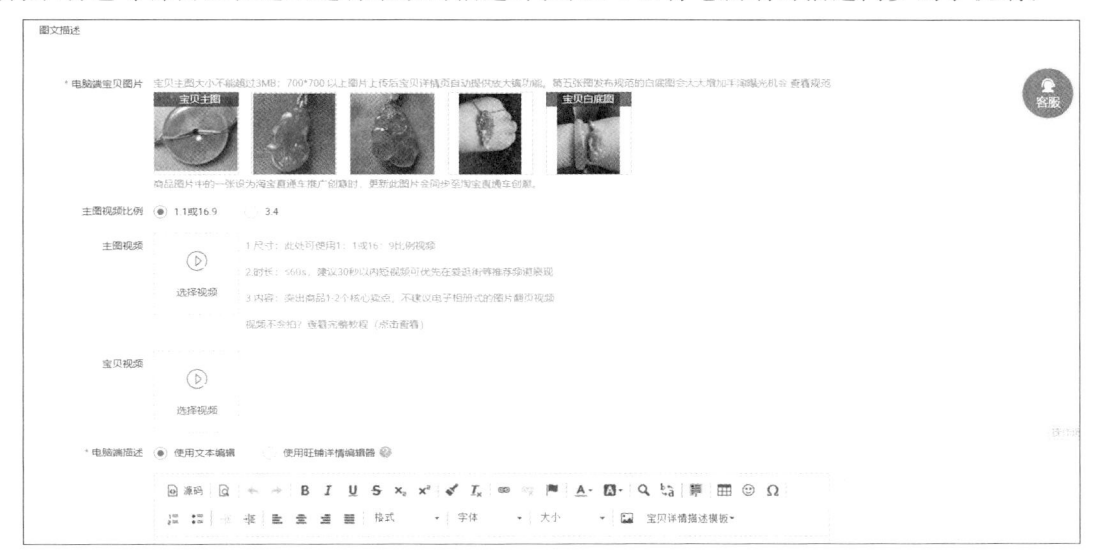

图 7-2-6　图文描述

完成了图文描述之后,还有一些其他的重要设置,如物流信息、支付信息(图 7-2-7)和售后服务。支付信息默认的是一口价和买家拍下减库存,但是也可以根据需要设定成预售模式和买家付款减库存。运费模式中为了提升消费者购物体验,淘宝要求全网商品设置运费模板。售后服务中包含提供发票、保修服务、退换货承诺、服务承诺等多个项目,在这里也可以设置商品的上架时间,默认的是立即上架,也可以根据需求选择定时上架。

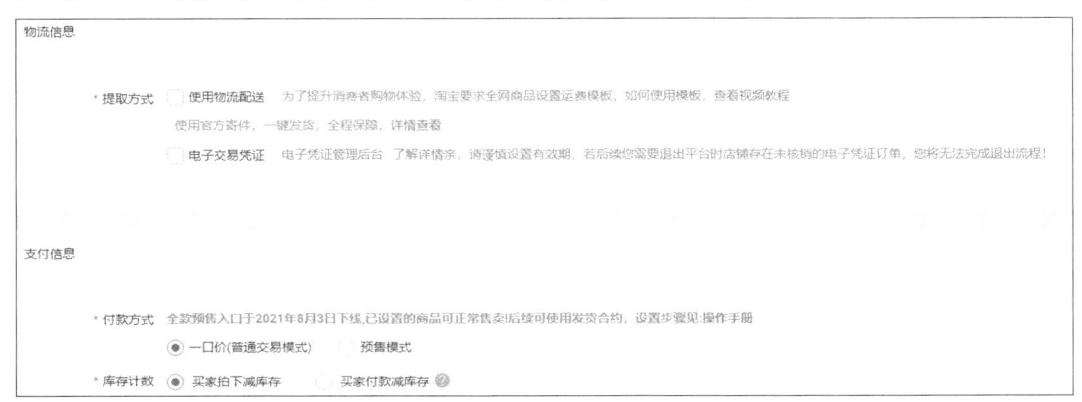

图 7-2-7　物流和支付信息

所有信息填写完成之后,就可以单击"提交宝贝信息"来完成商品的上架,这样新商品就发布完成了。

2. 已买到的宝贝

千牛工作台不但有卖家功能,也兼具买家功能,如果我们用这个账号购物过,那么在已买到的宝贝里就可以查看所有买过的商品。

3. 已卖出的宝贝

在这一页面中可以查看所有已经卖出的宝贝,可以通过多个关键字来搜索订单,例如商品ID、宝贝名称、创建时间、买家昵称、订单状态、评价状态、订单编号、物流服务、售后服务、交易类型、订单类型等。

也可以通过下方不同的分类方式来选择同类的售出商品进行管理,例如近三个月订单、等待买家付款、等待发货、已发货、退款中、需要评价、成功的订单、关闭的订单、三个月前订单,这些分类非常方便对不同状态的售出商品进行管理和操作。

4. 出售中的宝贝

在这一页面中可以看到所有已上架的商品,包括咸鱼上架的商品(图7-2-8)。如果在售商品众多,可以通过搜索方式来查找商品,例如商品标题、商品ID、商家编码、价格、一级类目、店铺分类、宝贝类型、销量、审核状态等,也可以在列表之中查找。

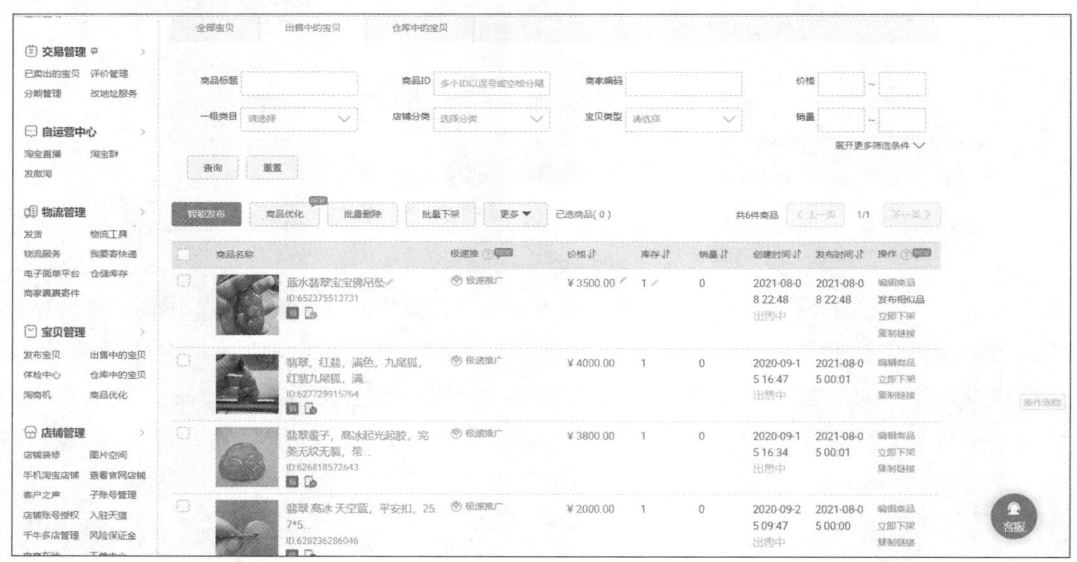

图7-2-8 出售中的宝贝

在产品列表的上方有一排比较便捷的按钮,如智能发布、商品优化、批量删除、批量下架、设置运费、设置发货时间等。

需要注意的是,在每个商品后面都有一个极速推广的按钮,它的功能是可以增加该商品的曝光量,让更多的人看到该商品,但是这个功能是付费功能。根据推广力度不同,费用也是有所不同的。在推广中,可以自行选择推广给哪些人看。

在每个商品的名称、价格、库存之后都有一个笔形状的标志,单击这个标志,即可更改商品标题、价格和库存数量,使得商品编辑快捷方便。在每个商品后面还有编辑商品、发布相似品、立即下架、复制链接几个选项。如果我们想要更改商品的详细内容,可以选择编辑商品;如果有同类商品要发布,可以选择发布相似品,省时省力;如果商品不想出售,可以选择立即下架;如果想复制商品链接给其他人,可以选择复制链接。

5. 体检中心

体检中心是一个监测账号是否安全,有无违规操作的页面。

6. 仓库中的宝贝

仓库中的宝贝和出售中的宝贝可以实现方便切换,单击"全部宝贝""出售中的宝贝""仓库中的宝贝"就可以实现切换。仓库中的宝贝和出售中的宝贝一样,可以通过设置不同条件来搜索商品,也可以通过目录逐一来查找,而且同样可更改商品标题、价格和库存数量,编辑每个商品、发布相似品和复制链接。不同的是仓库中的商品不能被顾客看到和购买,所以需要上架,可以选择立即上架,也可以选择定时上架。

7. 产品优化

产品优化功能在出售中的宝贝页面就可以打开,产品优化会说明每一个上架的商品存在的问题和改进方向。我们也可以点开详情看一下具体存在的问题和改进的方法,有利于我们提高商品的曝光率以及被消费者喜欢和购买的概率。

(五)店铺管理

当我们在淘宝上出售商品的时候,顾客在看中一件商品之后,往往会选择进入店铺看看其他商品,所以对店铺的管理就变得十分重要。我们可以通过装修店铺来达到美化和吸引顾客的目的,将店铺的特色、商品的卖点、主打商品都通过店铺展现出来。

1. 店铺装修

单击"店铺装修"按钮,就可以直接跳入店铺装修的页面,分为手机页面装修和电脑页面装修两部分。

(1)手机页面装修

我们首先完成手机页面装修(图7-2-9)。手机店铺由六部分组成,分别是店招模块、宝贝排行榜、默认模板上的热销宝贝模块、猜你喜欢、全部和底bar。每一部分都可以单独进行编辑修改。

店招就是店铺的标题,想要编辑店招,首先在店招的范围内任意位置单击一下,就可以出现店招模式的编辑页面。在这里可以更改店招背景图片、设置搜索关键字和热门推荐词,但是在设置成功2天之后才能在客户端生效。如果需要更改店招背景图片,可以单击"上传店招"打开上传页面,在这个页面中,左侧是预览页面,右侧为上传图片页面。

单击"上传图片"就可以进入图片选择模式,在这里可以上传新的图片,也可以选择事先上传到素材中心的图片。需要注意的是,图片大小不能超过3 MB。上传完成之后,手机店铺的店招背景图片就会变成刚刚选择的图片。

同样地,单击宝贝排行榜界面内的任意地方,在弹出的编辑

图7-2-9 手机页面装修

页面中,可以展示店铺前三个热销宝贝排行,可以是整店热销宝贝,也可以是某个类目的热销宝贝,快速引导消费者购买店铺爆款。系统会根据店铺商品的销量和收藏自动生成排行榜,我

们除了可以设置关键字和过滤价格之外还可以设置样式（图7-2-10），单击"智能作图"就可选择不同的模板，单击"恢复默认"则可以回到默认设置。

"热销宝贝"和"猜你喜欢"两个模块是由系统自动生成的，不需要手动编辑。在"底bar"模块里，可以更改店铺标志，选择上传Logo即可以更改。

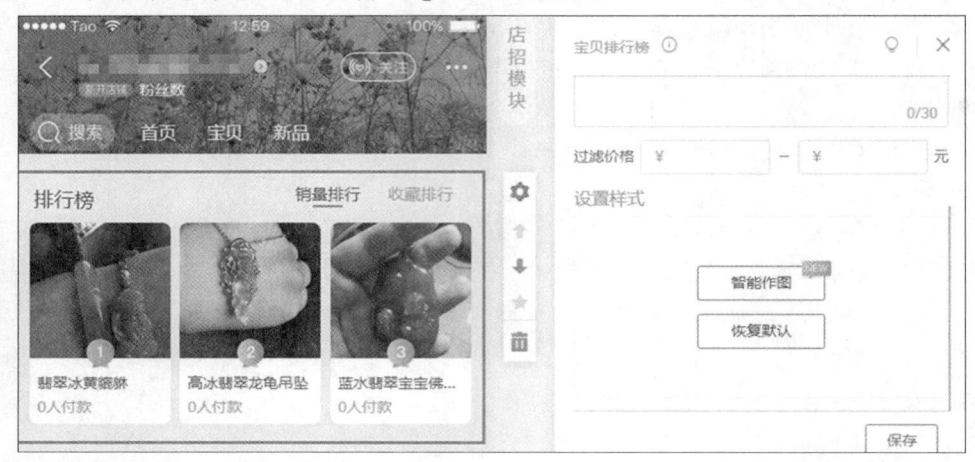

图7-2-10　设置样式

当我们将所有模块都修改完成之后，需要单击"发布"才能让店铺的装修被人们看到，发布可以选择立即发布、发布并设为默认首页和定时发布三种方式。如果担心效果不好，可以选择预览，如果没有编辑完成，也可以选择保存，或选择备份，以备不时之需。

（2）电脑页面装修

电脑页面装修可以分为左、右两个部分，左侧边栏可以设置模块、配色、页头和页面，右侧部分是店铺页面编辑和布局管理的设置（图7-2-11）。

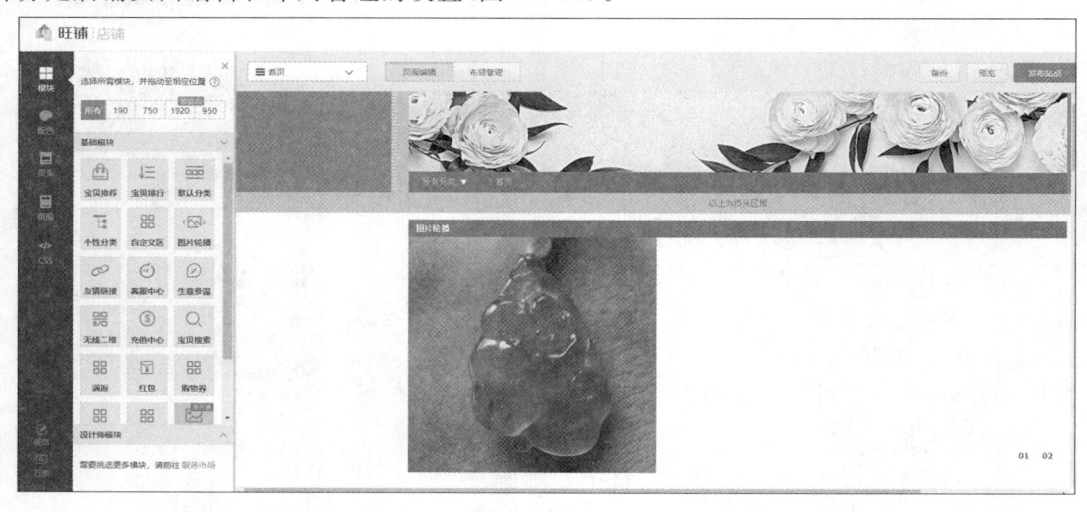

图7-2-11　电脑页面装修

左侧边栏中的模块选项分为基础模块和设计师模块两部分，如果想要在页面中增加某一个模块，可以选择所需模块，并拖动至相应位置。

配色选项则是可以更改店铺页面的颜色，单击相应的颜色就可以完成更换颜色。

页头选项中可以更改页头背景色和页头背景图。单击"页头背景色"后面的方框即可更改背景颜色,单击"页头背景图"下方的"更换图片"选项,则可以完成背景图的更换,但是要注意图片大小需在 200 KB 以内。

在页面选项当中同样可以更改页面背景色和页面背景图,更改方式和页头选项中相同。不过页面背景图的文件大小可以在 1 MB 以内,并且可以设置默认只在当前页。

在页面编辑的部分,每一个模块都可以选择编辑、删除和添加,我们以默认的布局来说明一下要如何设置。

我们首先来说一下位于最上方的页头部分,也就是带有店铺名称的这一部分,将鼠标置于招牌模块之上,就可以看到编辑选项。单击编辑选项,即可以调出编辑界面,在这里我们可以选择使用默认招牌,也可以选择自定义招牌。

自定义招牌可以按照自己的喜好来更改。如果选择默认招牌,那么在下面的店铺界面可以选择是否显示店铺名称,也可以选择修改店铺名称,还可以通过选择文件来更改招牌的背景图片(图 7-2-12)。

图 7-2-12 默认招牌

在页头下面左侧为悬浮导航栏,可以通过从基础模块中拖曳"悬浮导航"来实现导入,同样只需将鼠标放在悬浮导航栏之上,就可以看到编辑选项,单击编辑即可以进入编辑界面,在编辑界面可以调整位置,也就是设置悬浮导航坐标,也可以进行内容设置,更改图片,设置热键等。

在页头之下有一个图片轮播模块,我们将鼠标置于该区域之上,进入编辑模式,可以看见这里可以编辑内容和显示方式。

在内容设置中,可以通过单击图片地址栏后面的小图标,打开图片空间,选择想要上传的图片,也可以在链接地址栏里输入网址,并且可以通过上、下箭头来调整图片顺序,通过单击"×"来删除图片。在显示设置中可以选择是否显示标题和设置模块高度以及切换效果。

在图片轮播模块下面是特价模块,将鼠标放于特价模块之上,进入编辑选项。特价模块分为宝贝设置和显示设置两部分,宝贝设置中可以设定左侧大图显示的宝贝和右侧小图显示的宝贝,显示设置中则可以选择是否显示标题和更改标题名称。

在特价模块之下是一个搜索栏,可以输入名称搜索,也可以按价格区间搜索,搜索栏的设置中可以选择是否显示标题,也可以预设搜索关键字,开启价格筛选等。在搜索之下是一个分类模块,可以对商品分类设置。

在所有分类的下方有两个导航栏,左侧从上到下有三个模块,上面两个分别是本店搜索和宝贝分类,本店搜索和上面的搜索店内宝贝比较相似,宝贝分类则可以打开宝贝分类管理界面,新建或更改宝贝分类,而刚刚上面的宝贝分类模块只能选择宝贝分类。在这三个模块中最下面的一个是宝贝排行榜,这里是按照销售量或者收藏数显示商品的排行榜,在编辑中可以选择是否显示标题,可以选择宝贝的分类、关键字和价格区间,显示宝贝的数量可以为3~10个。

在这三个模块的右侧是宝贝推荐(图7-2-13),同样将鼠标放于该模块之上,即可以找到编辑选项,在编辑中可以进行宝贝设置和电脑端显示设置。宝贝设置中可选择是自动推荐还是手工推荐,自动推荐中可以选择多种排序方式,选择不同的宝贝分类、不同的关键字和价格范围,自动推荐的宝贝数量可以为3~16个,也可以选择自定义数量。电脑端显示设置中可以选择是否显示标题,选择一行展示几个宝贝,选择是否显示折扣价、最近30天销售数据、累计评价数和评论等。

图 7-2-13　宝贝推荐

当我们都设置完成之后,就可以选择发布站点,将设计好的店铺发布出去,也可以将装修好的店铺备份,以备不时之需。

2. 我的店铺

我们完成店铺装修之后,再单击店铺管理中的"我的店铺"选项,就能够看到刚刚我们保存好的店铺装修,买家看到的也是同样的模式,并且店铺设计的模式和风格也会延续到每一件商品的页面中。

3. 图片空间

图片空间(图7-2-14)也就是素材中心。在店铺设计和商品上架中都需要很多的图片,这些图片就保存在素材中心。保存素材需要购买图片容量,图片中心的容量不同,价格也是有所不同的,不需要的图片可以选择删除以节省空间。如果误删了,可以在回收站找回。已删除的图片,回收站可以保存7天。

4. 售后退款管理

售后退款管理(图7-2-15)分为4个部分,分别是退款管理、售后工作台、价保管理和退差管理。

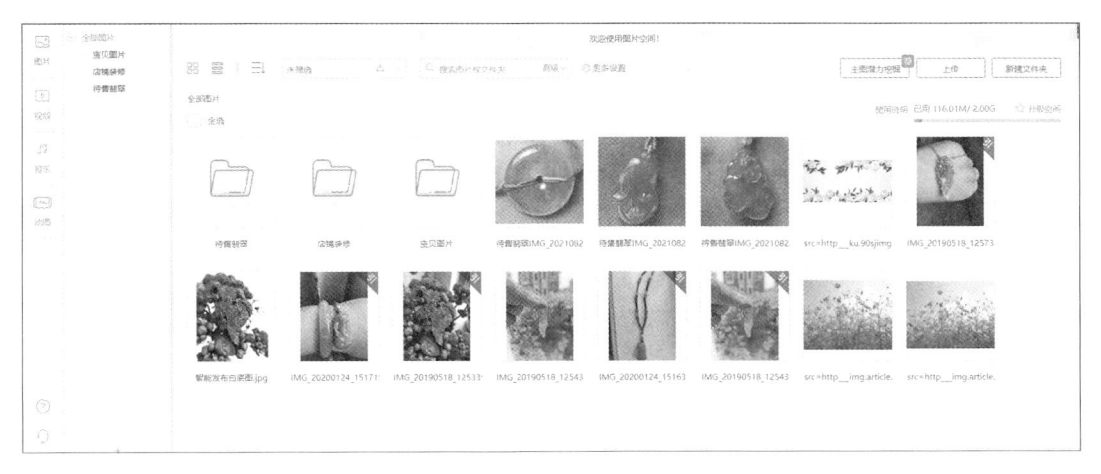

图 7-2-14　图片空间

图 7-2-15　售后退款管理页面

（1）退款管理

在退款管理中可以查看近三个月的未完结订单。可以通过搜索来查询订单，按照买家昵称、订单编号、退款编号、退款时间、申请时间、最近修改时间、运单号、退款金额等多个项目来进行搜索。可以通过全部订单、仅退款（未发货）、仅退款（已发货）、退货（已发货）、维修、换货和补寄几个选项快速地查看订单。

(2)售后工作台

售后工作台主要有3部分,分别是订单错误挽留、自动同意退货申请和已收到货仅退款0秒退。

订单错误挽留是帮助商家针对消费者特定退款原因,如订单信息错误、未能发货等问题,进行退款挽留,降低消费者退款量,实现店铺成交挽回。

自动同意退货申请是消费者申请退货退款且满足商家设置条件时,系统自动同意并提供退货地址,状态变更为"待买家退货",降低人工操作成本(可配置退款金额、退款原因、生效时间等)。

已收到货仅退款0秒退是消费者已收到货申请仅退款且满足商家设置条件时,系统自动同意退款申请并退款给消费者,无须人工审批(可配置退款金额、退款原因、生效时间等)。

(3)价保管理

价保管理是可以对商品进行价保,在这里可以通过搜索查看订单,也可以选择查看全部价保订单、进行中的订单、价保成功的订单和价保关闭的订单。

(4)退差管理

退差管理可以查看退差价订单情况,同样可以搜索订单,可以查看全部退差价的订单、进行中的订单、退差成功的订单和退差关闭的订单。

(六)货源中心

货源中心为我们提供了3个货源平台,分别是供销平台、1688淘工厂和1688采购批发。

(七)客户运营

客户运营分为客户运营平台和淘宝群聊两部分。

1. 客户运营平台

客户对于店铺的经营是十分重要的,及时掌握客户的数据有利于店铺的经营、商品的销售和选择。了解哪些是新用户,哪些是老用户,同时开设会员,吸引更多的客户成为会员,有利于店铺的发展。客户运营平台可以看到客户的情况和数据,进行会员管理,实现客户分群,为客户发送短信等。

2. 淘宝群聊

在这个界面中可以看到更为详细的客户信息(图7-2-16),首先这里可以看到客户运营核心数据,了解店铺人群运营关系增长和成交变化,可以看到新客数量的增加,老客数量的变化,粉丝数量和会员数量的变化。可以查看新增新客变化浮动和新客成交金额浮动,可以看到新客支付率、老客支付率、粉丝进店率、会员进店率等,这些有助于对店铺消费者人群的把握,以此判断店铺是否处于良性发展的局面,同时可以帮助店铺制定不同人员的营销策略。

左侧边栏里的项目就是一些可以运用的具体策略,可以对人群进行管理,也可以对不同人群制定不同的策略,例如新客触达,可以设置多项店铺优惠;老客复购可以通过发放优惠券或者短信和海报传递信息;在粉丝运营中,通过店铺动态、海报等吸引更多的人成为店铺粉丝;在会员转化中为会员提供特定的优惠,争取让更多的顾客成为会员;也可以通过自定义的运营方式,使目标人群了解店铺成为顾客。

还可以通过在这里建立淘宝群、设定专属客服等形式为顾客提供交流的空间和个性化的服务。另外,微淘和淘宝直播也是和顾客沟通的好方法,不过需要注意的是,淘宝直播需要通过手机端下载淘宝主播APP来完成。

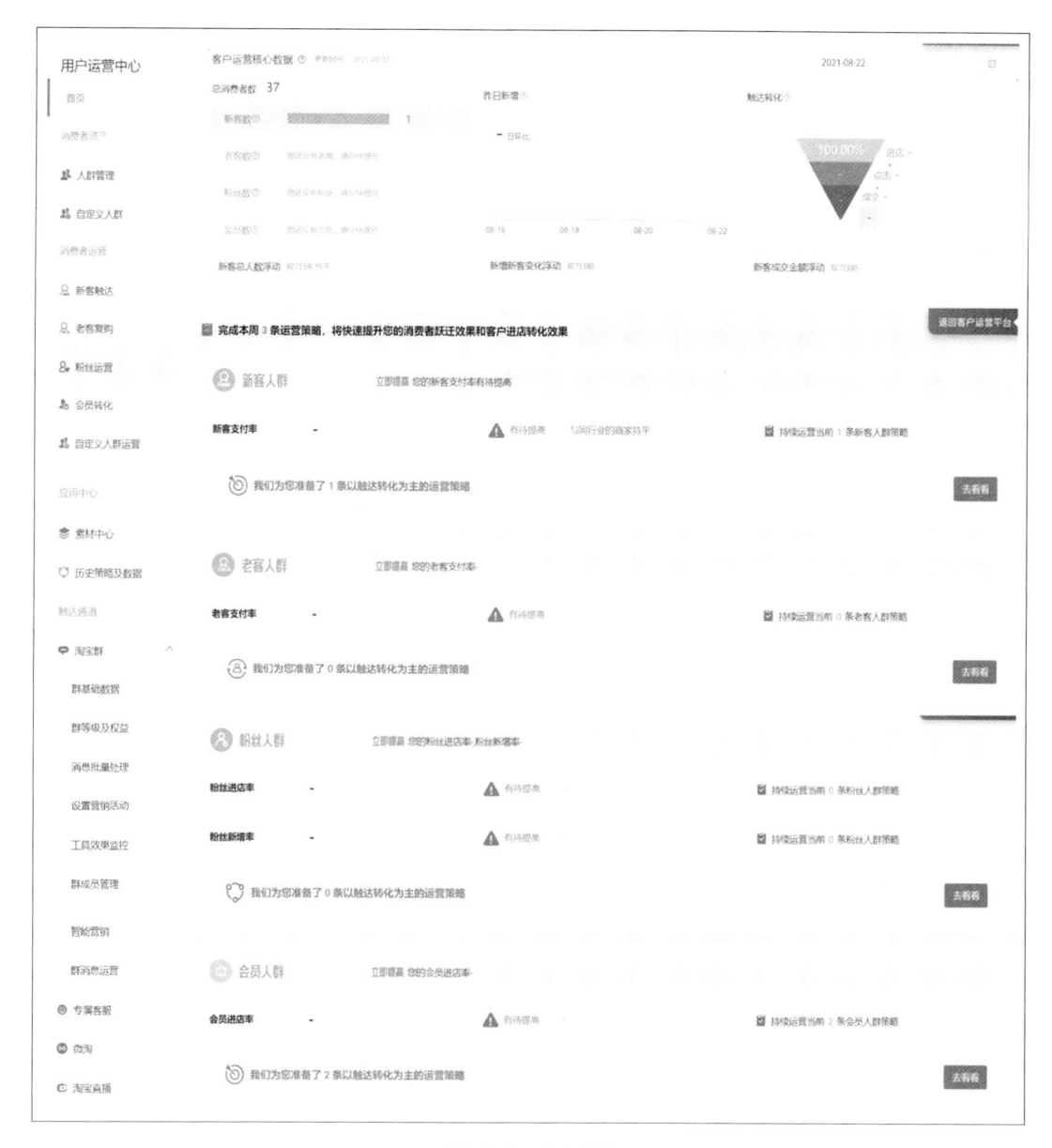

图 7-2-16 客户信息

(八)资金管理

资金管理主要是在支付宝上完成,了解支付宝的功能,能够使用支付宝即可。

(九)物流管理

物流管理主要针对的是商品的物流情况,主要有电子面单平台、发货、物流工具和物流服务四个部分。

1. 电子面单平台

菜鸟的电子面单可以和多家快递公司申请合作,是使用不干胶热敏纸打印客户收派件信息的面单,所以也被称为热敏纸快递标签、经济型面单、二维码面单等。商家通过菜鸟网络向快递公司提出申请,快递公司总部审核通过后向商家预发物流单号,在快递公司预发的物流单号范围内授权商家开通此项服务，并通过热敏纸打印输出纸质物流面单。这种打印的面单如果地址或电话输入错误，也不会影响到单号，更改后还可以使用这个单号，非常方便，既可以缩短操作时间，又优化了配送流程。

2. 发货

在发货界面可以看到等待发货的订单、发货中的订单和已发货的订单。如果想要发货可以选择其中某一个订单，也可以勾选批量发货。

想要给某一个订单发货可以单击发货按钮，如果不能发货或者顾客申请退款也可以选择关闭订单。在发货的物流选择上有三种模式，可以选择在线下单，其中有很多快递公司可以选择，也可以选择自己联系物流，和自己熟悉的快递公司合作，还可以选择菜鸟裹裹，不过有些地区未开通裹裹寄件服务，这种情况就只能用前两种物流形式了。

3. 物流工具

物流工具（图7-2-17）里提供了各种方便物流的设置，包括：服务商设置，可以选择各个快递公司；可以设计运费模板；可以查看物流跟踪信息；可以编辑地址库；可以进行裹裹商家寄件设置；可以进行打单设置。

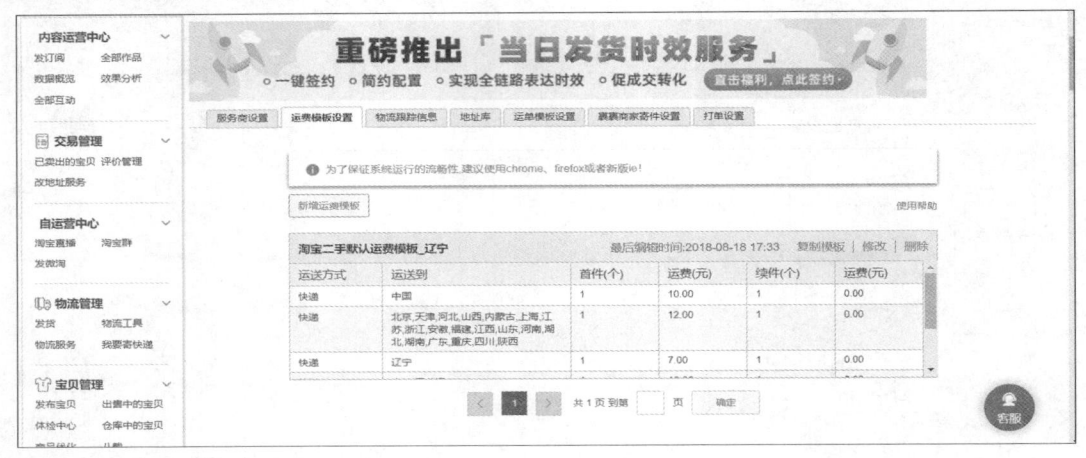

图 7-2-17　物流工具

4. 物流服务

物流服务中包括三个部分：电子面单、指定快递和生鲜配送（图7-2-18）。

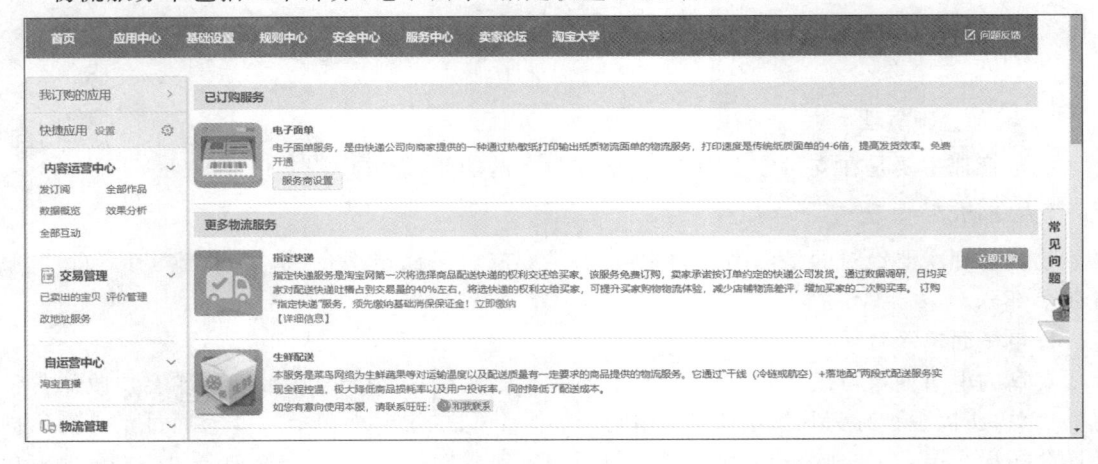

图 7-2-18　物流服务

电子面单服务，就是我们之前说的，是由快递公司向商家提供的一种通过热敏纸打印输出纸质物流面单的物流服务，是免费开通的。

指定快递服务是将选择商品配送快递的权利交还给买家，也是免费订购，卖家承诺按订单约定的快递公司发货。但是订购"指定快递"服务，需要缴纳基础消保保证金。

随着生鲜水果越来越多地在网上销售，生鲜配送也成为一个非常重要的物流形式，菜鸟网络为生鲜蔬果等对运输温度以及配送质量有一定要求的商品提供物流服务，通过"干线（冷链或航空）+落地配"两段式配送服务实现全程控温。开通生鲜配送服务需要和指定的旺旺联系。

二、千牛工作台左侧导航栏

左侧导航栏中的大都是在店铺运营中比较实用的工具。其中包括：最常使用、内容运营中心、交易管理、自运营中心、物流管理、宝贝管理、店铺管理、店铺服务、营销中心、数据中心、金融服务、货源中心、淘宝服务、客户服务几大类，每一类下面都有很多小项目，可以根据自身的需要来选择将哪些小项目显示在目录上。

（一）最常使用

最常使用中放置的项目都是我们使用频率较高的应用，例如：已卖出的宝贝、评价管理、发布宝贝、出售中的宝贝等。

1. 已卖出的宝贝

在已卖出的宝贝界面中，可以查看各种状态的订单，如等待买家付款、等待发货、已发货、退款中、需要评价、成功的订单、关闭的订单、三个月前订单等，方便我们对不同的订单进行管理（图7-2-19）。

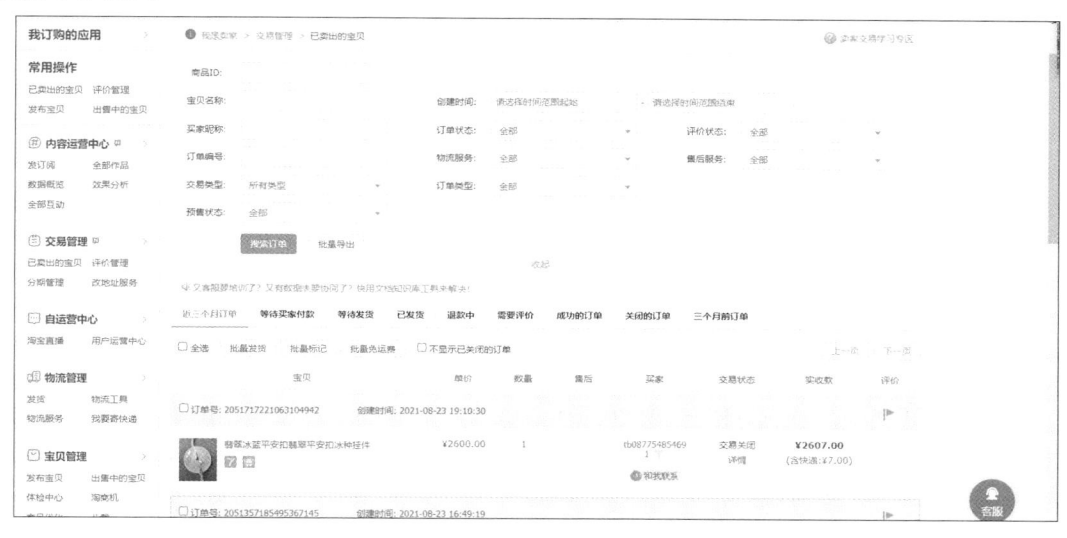

图 7-2-19　已卖出的宝贝

2. 评价管理

评价对店铺来说是非常重要的数据，可以在评价中心查看买家给出的评价，并进行回评、解释以及处理异常评价。在数据概览中可以看到评价的统计数据，了解店铺近期得到的好评、中评和差评的数量，也可以看到店铺的等级（图7-2-20）。评价中心可以切换成买家版，查看我们作为买家做出和收到的评价。

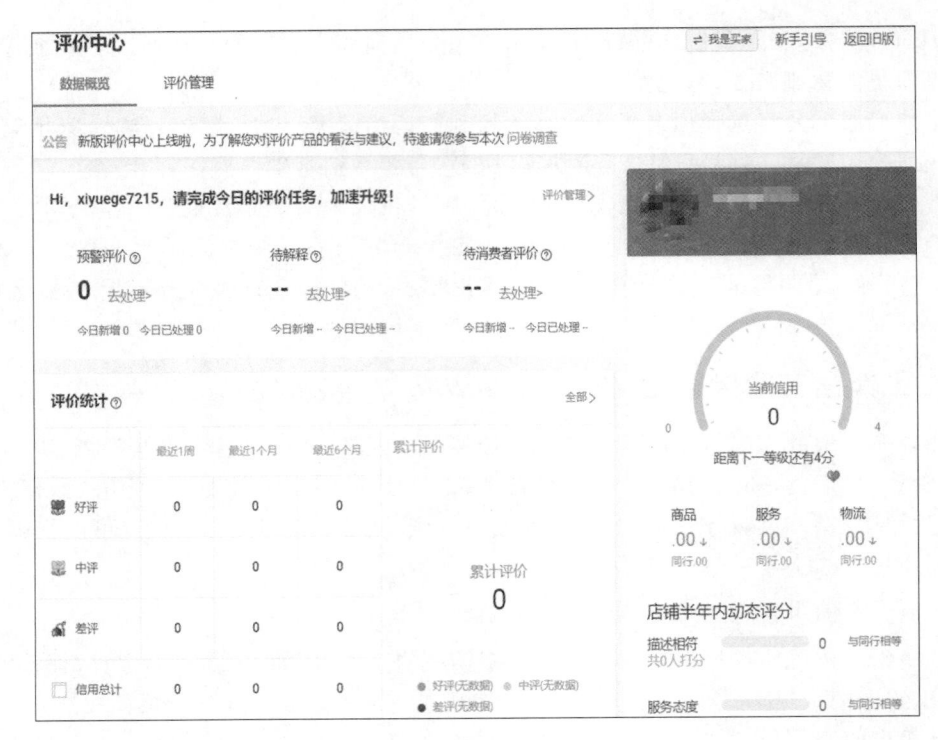

图 7-2-20　评价管理

在评价中心中还有评价管理功能,可以查看买家已评价、已处置评价、疑似评价处理、历史评价、待卖家评价等各种评论。我们可以看到买家的评论,查看评论的内容,查看已生效的中差评和对评论做出解释。

3. 发布宝贝

发布宝贝页面和之前介绍的上架宝贝是相同的,需要注意的是,如果选择智能发布,那么发布宝贝会更加方便快捷一些。

4. 出售中的宝贝

这里的"出售中的宝贝"和工具栏中产品管理中的"出售宝贝"是同一个页面,需要注意的是,若宝贝 90 天内无编辑、流量或出售的行为,系统会将宝贝作为滞销商品下架。

(二)内容运营中心

内容运营中心可以发布一些订阅、直播预告等信息,也可以看到互动信息,了解运行的效果。

在发订阅中可以发布很多信息,既可以宣传店铺、预告商品,又可以和顾客互动,或者介绍各种搭配方法和图文测评,也可以发布清单,也就是同类主题的宝贝集合,让粉丝更集中地获取商品相关信息以及促销折扣相关信息,帮助提升关联货品推荐效率。也可以通过店铺派样来进行小样的发放,以达到聚集人气和活跃粉丝的作用。在内容运营中心,可以看到数据的概况、订阅的效果分析和全部互动的情况。

(三)自运营中心

自运营中心有很多非常重要的功能,对于商品的宣传和销售都有很重要的作用。

1. 淘宝群

淘宝群(图 7-2-21)和 QQ 群、微信群一样都是供人们交流沟通的,而电脑端的淘宝群聊只能在千牛 PC 版客户端操作。需要注意的是,建群需要 30 天内支付宝交易 90 笔以上。在群中还可以创建各种活动,以吸引顾客增加互动。

2. 发微淘

微淘归属于阿里创作平台,是一些微信息的发布平台,可以是一些新品预告和主题清单等,也可以展示一些买家秀,是一个宣传店铺、和买家互动、加强店铺在买家心中地位和好感的重要工具。

3. 商家短视频

商家短视频(图 7-2-22)是十分重要的功能,它能够更加立体直观地展示商品,让顾客更全面地了解商品。当然除了应用在商品页面中,商家短视频还可以应用在很多地方,这就需要我们自己慢慢探索。

4. 洋葱买家秀

买家秀是给购买过商品的顾客一个展示商品的空间,同样也是给还没有购买商品的顾客一个了解商品真实样貌的机会。在千牛 PC 版当中就可征集洋葱买家秀。

图 7-2-21　淘宝群

图 7-2-22　商家短视频

在买家秀的页面中有创建征集选项,单击之后即可进入征集创建页面。在创建页面内,需要确定活动名称、活动时间、活动说明、背景图、活动宝贝范围、征集内容类型、开奖模式和奖品设置等多项内容,在页面右侧还有样本可以参照(图 7-2-23)。另外,在买家秀应用界面还可以进行内容管理和买家秀管理。

(四)客户服务

如果在店铺经营过程中遇到了问题,可以在客户服务界面进行解决。

1. 退款管理

在店铺经营过程中难免会遇到各种退款活动,这个时候就需要在退款管理界面对各种情况的退款申请进行处置。有些商品是还没有发货即申请了退款,这种情况可以选择同意;有些

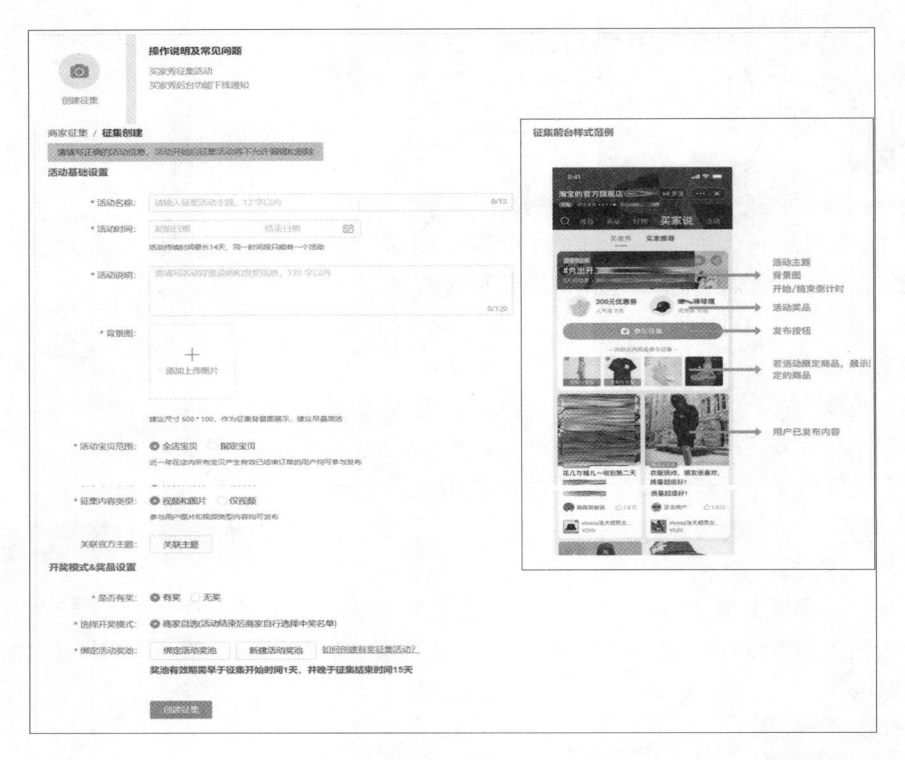

图 7-2-23　洋葱买家秀

商品已经发货,这种情况就需要物流拦截或者买家拒收之后再将款项退还给顾客;有些情况是维修、换货和补寄。顾客可以因为多拍、拍错、不想要了、未按约定时间发货、缺货和其他因素要求退货,也可以选择 7 天无理由退货或者协商一致退货,当然有些情况下,卖家也可以拒绝买家退货、退款的要求。

2. 投诉管理

投诉管理中可以看到所有申请赔付的订单,我们可以看到一个订单中被要求赔付的总金额、申请赔付的时间、投诉的原因和投诉的状态。对于赔付可以根据实际情况选择同意或者拒绝。

3. 申诉中心

当遇到处罚或者赔款的情况可以通过申诉来解决。

除了以上介绍的功能之外,左侧导航栏还有很多其他的项目,例如物流管理、宝贝管理、店铺管理等,还有很多营销的项目可以购买,例如店铺服务、营销中心、数据中心等。

实践任务

千牛卖家工作台还有很多功能,请你找出它们,并指出如何应用。

素质拓展

天猫多久不发货可以要求赔偿?怎么投诉?

一、天猫多久不发货可以要求赔偿?

72 小时内如果没有物流揽收信息,只是写的已发货,但没有××物流已经扫描揽件,就可以申请赔付,申请缺货或者未按约定发货,一般是赔30%的积分,最多不超过500元的积分。

二、怎么投诉?

(1)天猫买家可以去已经买到的天猫商品处申请售后,然后其中的退款项不要勾选,直接把购买的商品传上去,注明迟到了,虽然开始卖家可能会拒绝退款,但是不要担心,等三天就可以请天猫客服介入。

(2)打开所买商品的网页,在商品图片下面有举报两个字,可以举报,比如说商品与描述不符。

不过关于卖家发货的具体时间,可以到相应快递公司查询。至于快递公司什么时候发货,这个就得看快递公司的系统记录了,一般可以查到,就在订单详情里。还有一种情况是,有的卖家会加入小时发货,如果在这个范围内没有发货的话,可以进行投诉。

任务三 了解千牛工作台客户服务

学习目标

【知识目标】 熟悉千牛工作台接待中心。

【技能目标】 掌握接待中心的各项功能,利用接待中心完成对客服务。

情景导入

小红:小明,我昨天去看了你的店铺,你的店铺经营得真不错呀!

小明:我正想问你呢,我现在店铺逐渐完善了,但是每天来咨询和购买的顾客多了,我经常应付不过来,有时候让顾客久等,会导致顾客放弃购买了,还有时候因为记错了顾客的ID而把老顾客和新顾客弄混了,惹他们不高兴了,我该怎么办呀?

小红:你用千牛工作台的接待中心呀,它能够和顾客沟通,给顾客打标和分级,能建群、自动回复,还有智能机器人和快捷回复,非常方便。

小明:原来有这么多的功能呀!谢谢你告诉我,我去研究一下。

知识平台

在淘宝店铺经营中客户服务是非常重要的,千牛工作台综合了阿里旺旺的功能,可以实现和客户方便快捷的沟通,同时能够良好地解决各种服务中出现的问题。

一、认识接待中心

想要调出和客户沟通的接待中心有两种方式。第一种是打开千牛工作台页面,在右上角有个蓝色的头像图标(图 7-3-1),单击这个头像就可以打开接待中心页面。第二种是通过悬浮窗找到这个蓝色的图标,单击图标同样可以打开接待中心。其实当有顾客发消息和我们联系时,电脑右下角会弹出通知,告诉我们有客户发来消息,打开工具栏中的接待中心,就可以看到和顾客的聊天界面,实现实时的沟通交流。

图 7-3-1 接待中心图标

接待中心(图 7-3-2)大致可以分为三个板块,左侧的板块是联系人、群、聊天记录,中间的板块又分为上下两部分,是和顾客沟通交流的部分,和我们用微信或 QQ 和其他人聊天的界面很相似。右侧是智能客服和机器人界面,智能客服中可以看到卖家的信息和买家浏览的商品,也可以看到千牛工单和质检培训。在标题栏中还可以看到今日接待的客户人数、未下单的人数、未付款的人数和已付款的人数,想要寻找这些客人,单击这些人或者单击左侧最近联系图标都可以。

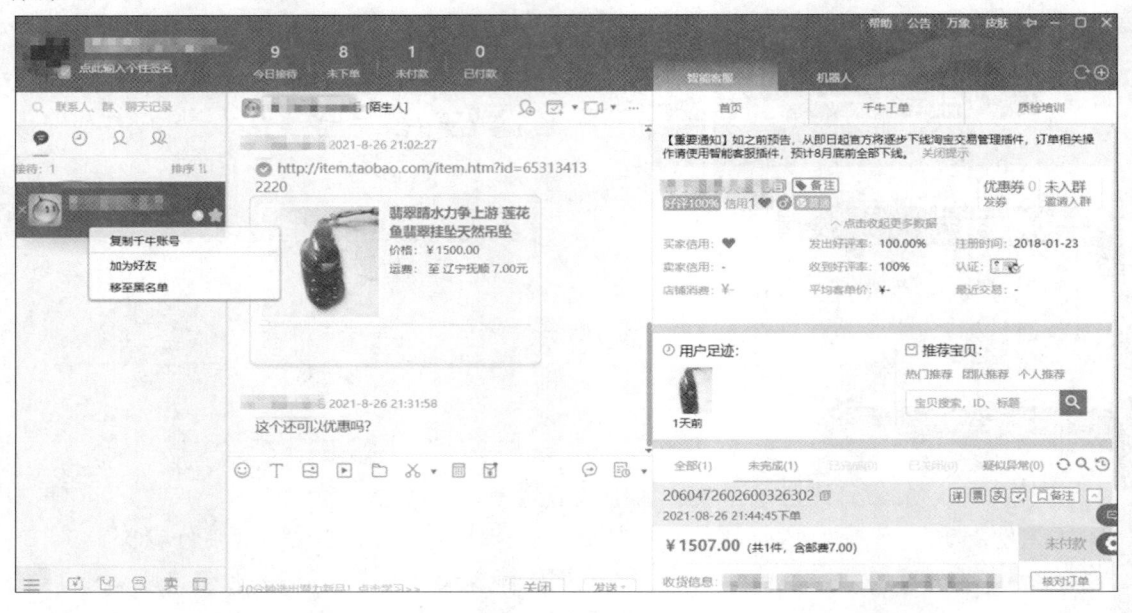

图 7-3-2 接待中心

二、加客户好友和群聊

(一)加好友

当一个顾客来询问或者购买商品之后,可以选择加他为好友,以便更好地联系。添加好友的方式也非常方便。首先我们可以在左侧显示顾客名字处右击,会显示出复制千牛账号、加为好友和移至黑名单,选择加为好友就可以成为好友了,系统默认为添加到未分组好友选项中,也可以根据自身的需求,将好友加入相应的组中。

添加好友也可以单击中间对话窗口顾客 ID 后面的带有一个"+"号的头像选项,同样会显示添加好友成功,弹出的对话框也和在顾客名字处右击的相同。

(二)建群

千牛平台建群分为两种：一种是淘宝群，适合粉丝和想要购买商品的顾客；一种是普通群，适合朋友、同事或反复购买的忠诚顾客。

1. 创建淘宝群

首先选择左侧我的群图标，可以看到我管理的群和我加入的群两个选项，在我管理的群后面有一个"＋"，将鼠标放在"＋"之上，会看到创建群三个字。单击"＋"号就会出现创建群窗口（图7-3-3）。

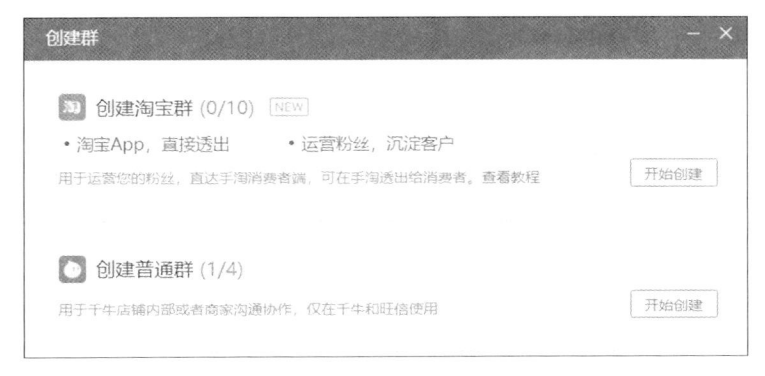

图7-3-3 创建群窗口

单击创建淘宝群下面的"开始创建"选项，就会弹出创建淘宝群的对话框。在其中可以设置群头像，编辑12个字以内的群名称，编写200个字以内的群话题范围、特权和福利的介绍。群成员上限最少500人，最多可达5 000人。成立一个群都会自动成立若干个子群，成立上限500人的群会自动创建一个上限500人的子群；成立一个上限5 000人的群，会自动创建10个上限500人的子群。入群条件也是可以设置的，有三种条件可选，分别是：入群需要先关注、入群需要密码和入群需要在本店消费达到一定金额。群内消息也可以选择是否公开。

都设置完成之后，就可以单击创建来完成建群。这里需要注意的是，并不是任何人都可以创建淘宝群，自2021年1月20日起，创建淘宝群需要符合建群要求，通常的要求是店铺状态正常并且30天支付宝成交笔数大于或等于90笔，或者在店铺状态正常的情况下，近180天成交金额在100万元及以上。群建完成之后可以选择将群推广出去，有多种方式可以推广。

2. 创建普通群

单击我管理的群后面的"＋"号，调出创建群对话框，这次选择创建普通群，单击"开始创建"选项。普通群没有门槛要求，可以随时创建。

弹出的对话框为启动群对话框，这里我们需要设置群名称，选择群分类。群分类有很多种，例如贸易、工作交流、管理、创业、购物等，可以根据需要选择不同的类别。为了让加入群的成员更了解群内的主要工作和活动，同样可以编写合适的群介绍，同时为了让新加入的成员了解群动态，默认的群权限是新成员入群可以查看最近100条聊天记录，当然这个权限也可以选择关闭。入群的身份验证也有多种形式，可以选择允许任何人加入，也可以选择需要身份验证才能加入，还可以选择需要密码才能加入，或选择不允许任何人加入。

设置完成之后选择提交，即完成了建群，可以开始邀请成员加入了，同时会生成一个群号码，其他人可以通过号码搜索到该群。

三、了解客户信息

在经营店铺的过程中,会遇到很多客户,每个客户的喜好都有所不同,如果单纯依靠大脑来记忆,就很容易出现记错客户喜好甚至触碰到客户禁忌的情况。另外,就像客户购物之前会去了解店铺的等级信誉情况一样,卖家也需要学会查看顾客的一些基本情况。

(一)客户分组

接待中心左侧是可以查看联系人的界面,这里有四个选项,左起第一个图标是联系中,单击这个图标就可看到当前在联系的客户列表,可以实现和多个客户联系。左起第二个图标,是最近联系的图标,这里包括了咨询未购买的客户、咨询未付款的客户、最近联系的客户和最近联系的群。左起第三个图标是我的好友,我们可以将购买过或者联系过的客户加为好友,以便随时联系。而且如果客户较多,每个客户的喜好又有所不同我们可以选择添加组,按照不同的规则将客户分进不同组之中。

添加组的方法很简单,如果从没有添加过组的话,只要在"未分组好友"这个选项上右击,就会弹出一个菜单(图7-3-4),在这里有四个选项,展开所有组和收起所有组是相对应的选项,展开就是将所有组都打开,所有的顾客ID都显示出来,收起则是将所有组关闭,只能看到组的名称。添加组就是新建一个组,组的名称可以根据需要修改,然后将未分组当中的好友拖曳到相应的组中即可。当然也可以选择组管理(图7-3-5),在其中也有添加组的选项,同时如果有几个组的话,也可以在这里上移或下移组的位置。如果想要修改组的名称也可以在这里进行修改。这里还有一个添加子组的功能,可以对组中的消费者进行更进一步的细分,能够更精准地掌握客户的喜好和特点。

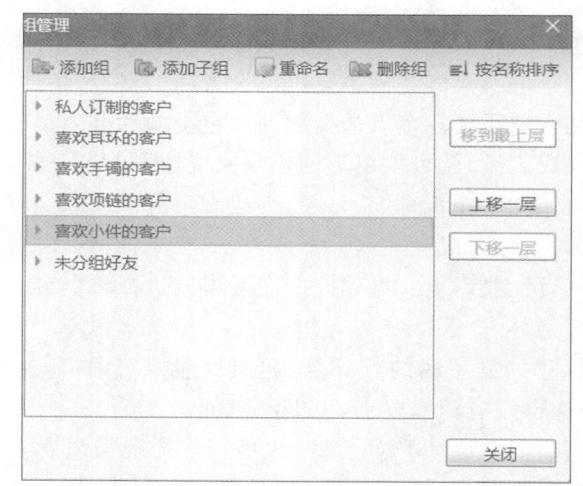

图 7-3-4 增加组   图 7-3-5 组管理

这里需要注意的是,其实新建组不只是可以在未分组好友上右击,在已经新建的任何一个分组上右击都可以调出这个窗口,不过陌生人和黑名单这两栏是不可以的。在新建的组上右击,可选的选项和组管理界面比较相似,增加了添加子组、重命名和删除选项,同时还增加了向组员群发消息选项,选择这一功能可以将同一条消息发给组内所有的好友,既省时又省力。

(二)客户基本情况

查看客户的基本情况,同样是在左侧的列表中,陌生人和黑名单中的人也可以查看,找到想要查看信息的好友姓名,右击即可调出菜单栏。我们可以选择发送即时消息和发送文件,当然这两项功能在聊天界面也可以实现。这里可以选择移动好友到其他的组，也可以删除好友或将好友拉入黑名单，再也不接收他发来的消息。还有一个修改显示名的功能，可以将好友列表里的客户名称改成好记或具有一定意义的显示名。在下面还有查看资料选项，在这里我们可以看到他的一些个人信息。

在个人资料的界面中，显示名同样是可以选择修改的，和右击修改效果是一样的，也可以选择将好友调整到其他组中。在这里可以给客户添加备注，例如他喜欢哪些类型的商品，有什么喜好等。此外也可以看到他的旺旺等级，通过这个等级可以了解他的活跃程度。在个人信息栏中，还可以看到性别、生日、手机、公司、地址、邮箱等信息，如果客户填写了这些信息，就可以查看到。另外，在对话界面，单击客户的姓名也可以打开这个窗口。

在接待中心右侧部分，智能客服—首页选项之下，我们也能够看到一些客户的信息（图 7-3-6）。我们可以看到客户信用等级和好评率，对于卖家而言信用等级和好评率越高的客户，相对来说更值得信任一些。还可以选择给他发放优惠券和邀请他入群。

图 7-3-6　客户信用

（三）客户星标

当我们点开左侧联系中的标志之后，在列表中显示的就是现在正在联系的客户。有些客户的名字后面会出现一个随着订单状态变化形状的小图标：黄色锤子表示已经拍下但没付款；绿色对号表示已经付款等待发货；蓝色信封表示已经发货还未确认。

在最近联系页面，当我们将鼠标放在客户的名字上面会出现一个灰色的小星星标志，将鼠标放在小星星上面会出现四种颜色的小星星，这四种颜色分别是红色、黄色、蓝色和绿色，每种颜色后面的文字可以根据需要自行更改。客户现在处于需要哪种服务的状态就可以选择那个颜色的星星，这就是对客户进行标记。

被标记的客户在最近联系中这个选项里就会处于置顶的状态，方便我们寻找客户。需要注意的是，这几种颜色的星星在置顶中也是有先后顺序的，红色排在第一位，黄色排在第二位，蓝色排在第三位，绿色排在最后一位。

四、消息回复设置

在和客户沟通交流的过程中，有些问题会被反复提问，每次都打字回复的话既浪费人力，又浪费时间,所以可以设置自动回复、快捷短语以及合理利用千牛机器人。

(一)自动回复

自动回复的设置可以通过在接待中心中打开系统设置来完成。在接待中心左侧最下方,有一个三条横线的标志,单击这个标志,会出现一个菜单,这个菜单最下面的一个选项就是系统设置。

单击系统设置可以打开系统设置的对话窗口,其中包括了基础设置和接待设置两个选项,自动回复就在接待设置选项之中(图 7-3-7)。

图 7-3-7 接待设置

在这个对话框中我们可以看到有一个"自动回复"按钮,上面的说明文字是"点击设置自动回复",我们单击这个按钮即可进入自动回复的文字设计页面(图 7-3-8)。这里有两部分:一部分是自动回复短语,另一部分是设置自动回复。

在自动回复短语这一栏里,最下面有新增、修改和删除三个选项,我们可以通过新增选项增加自动回复短语,如果短语需要修改或删除,就可以通过单击相应的按钮来完成设置。

微课:千牛工作台消息回复设置

图 7-3-8 自动回复短语

完成了新增自动回复短语之后,就需要设置自动回复了,选择设置自动回复即可进入设置页面(图 7-3-9)。这里的自动回复是可以分为多个情况来展开的,这几种情况分别是:当天第一次收到买家消息时、当我的状态为"忙碌"时、当我的状态为"离开"时、当正在联系人数××时,每一个状态的回复语都可以选择不同的句子。

有时店主不在或忙不过来,而客人想问的问题又是比较常见的,这种情况可以通过关联问题来解决。我们选择关联问题,就会弹出可设置关联问题的对话框,选择"添加新的问题"就可以输入新增问题和问题的答案(图 7-3-10)。当关联问题都新增完成之后,勾选希望自动回复的问题,选择确定,那么在客户询问时,自动回复就会关联选中的问题,用户单击问题即可自动获得相应的答案,节省人力和时间,方便客户选择。

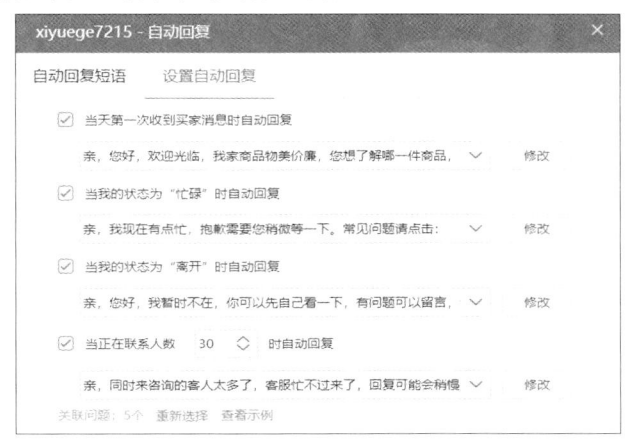

图 7-3-9 自动回复设置

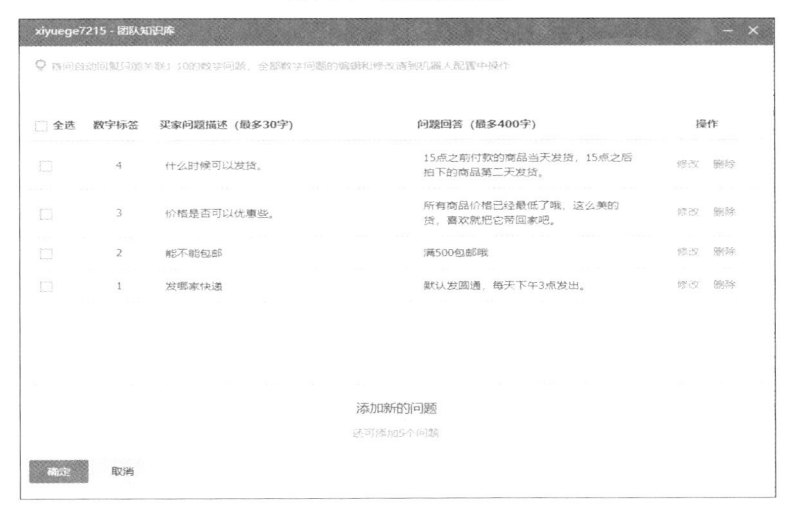

图 7-3-10 关联问题

(二)快捷短语

在和客户沟通的过程中,经常会遇到相同或相似的问题,为了提高效率、节省时间,可以将一些客户会提的问题设置成快捷短语。当客人提问时,客服就不需要打字,只要选择快捷短语就可以及时答复,这样的答复形式可以帮助客服快速地和多个客户沟通交流。

选择一个联系中的联系人,在中间的聊天界面可以看到一个带向右箭头的聊天图标,单击这个图标，在右侧就显示出现有的快捷短语，如果这些短语都不是现在需要的，那么在下方还有新建、导入和导出选项（图 7-3-11）。每个快捷短语都可以编辑、删除和移动。

图 7-3-11 快捷短语

选择新建就可以打开新增快捷短语界面，这里可以编辑快捷短语和选择分组，如果没有合适的分组也可以选择新增分组（图 7-3-12）。

（三）千牛机器人

千牛专属人工智能客服叫作店小蜜，它能够实现智能辅助接待，自动回复提效30%；离线全自动接待，提供24小时全职服务；极速响应买家问题，提升买家体验。不过它需要联系有分流权限的账号来授权开启。

五、客服新建任务

在客户聊天界面中，单击客户姓名后面打着对号的笔记本图标，就会弹出新建任务的对话框，当客人有问题需要等待解决或者客服下班需要将问题留给后面的人解决时，都可以选择新建任务来完成。

图 7-3-12 新建快捷短语

六、子账号设置

有些店铺的客流量比较大，这就需要多个客服来完成服务，客户分流可以更好地帮助店铺完成工作。

子账号的作用就是帮助店主管理店铺，不同等级的店铺可以设置的子账号数量有所不同。设置子账号之后就可给店铺里不同的工作人员分配不同的岗位，例如售前、售后、维修等，每个账号的权限都可不同。如果免费子账号数量不够，也可以通过付费来开设更多的子账号，例如通过购买几个账号的赤兔名品，让子账号的管理和使用更加流畅。

我们可以在千牛工作台左侧导航栏的店铺管理中找到子账号管理选项。子账号设置页面中有四项功能，分别是子账号管理、岗位管理、任务审批和应用管理。

（一）子账号管理

子账号管理中可以新建子账号。新建的子账号可以选择分配不同的工作，在左侧边栏中默认的职务是我的团队，其中包括运营、仓库、财务和客服，客服又分为售前和售后。如还需要其他团队，也可新建部门。选择新建子账号即可以开始新建账号。

新建账号需要确定账号的名称、部门、手机号码和密码，还需要确定岗位设置，明确对应的权限，完成设置之后可以选择确认新建或者新建并继续添加（图7-3-13）。

图7-3-13　新建子账号

（二）岗位管理

岗位管理中罗列着所有店铺中可能需要的岗位，例如客服、美工、财务、线下导购员、客服主管、运营等，如果这些现有岗位满足不了店铺运营的需要，也可以单击新建岗位设立新的岗位（图7-3-14）。

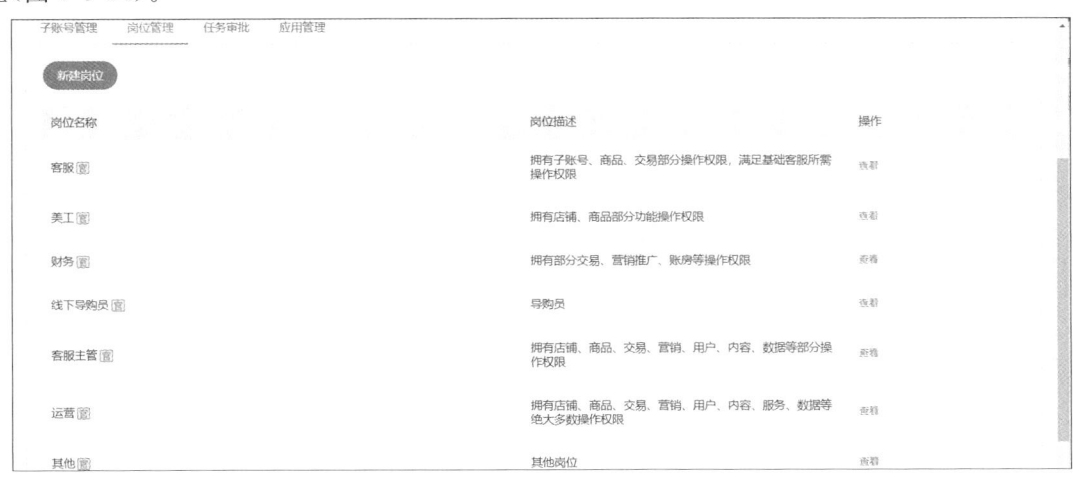

图7-3-14　岗位管理

（三）任务审批

当子账号有人申请任务，就可以在任务审批中选择是否同意。

（四）应用市场

应用市场中有不同的应用程序，可以授权给不同的子账号使用这些程序。

（五）账号挂起

当我们设置了子账号之后，就开启了账号挂起的功能。有一些店铺很受客户欢迎，客流量比较大，客服经常会出现忙不过来的情况，这种情况下可以选择挂起，一个客服只接待指定数目的客户，系统会自动把客户分配到其他客服那里；当客服下班或者有其他情况时也可以选择挂起，这样就不会再有客户来联系这个客服了。有两种方式可以将账号挂起：

第一种是在千牛工作台子账号界面，在"子账号管理"的按钮上面有一个"客户分流"按钮，单击这个按钮就可以打开子账号中的客户分流页面，这里会显示账号的实时数据。每一个账号后面都有一个"挂起"的选项，单击"挂起"就可以将账号挂起，单击"解挂"就可解除挂起状态（图7-3-15）。

图7-3-15　千牛工作台账号挂起

第二种挂起的方式是在接待中心中单击右下方的三条线的标志，选择系统设置，在接待设置中，找到接待选项。接待选项中有四部分内容：第一个是客户，可以规定客户几分钟之内没有回复关闭对话窗口；第二个是快速切换客户，优先切换成未回复消息的客户；第三个是切换接待客户，按等待时长优先接待；第四个就是当接待人数达到指定的数目时，自动挂起，不再接待其他客人。这四个选项不是必须都要选，可以根据店铺需要自由组合，选择的方式也很简单，勾选前面的复选框即可（图7-3-16）。

这两种挂起的方式前一种是手动的，后一种是满足条件后自动的，可以根据自身的需求来选择。

七、客服日常服务

在淘宝店铺中除了设置之外，客服人员对客服务也十分重要，礼貌合适的语言有利于交易的完成和客户的维护。

图 7-3-16　接待中心账号挂起

（一）售前服务

对于顾客购买前的询问，一定要做到热情周到、及时联系、精准介绍，全面解答顾客的疑问。对于老顾客回购，能够给予一定的优惠，了解老顾客的喜好。

1. 产品推荐

有时候顾客可能是被宣传吸引进来的，但是他没有明确喜欢的商品，他喜欢的商品不适合他，或者已经售空，这种情况下可以尝试给顾客推荐其他同类的商品，在满足顾客需求的同时，又留住了顾客。

2. 处理疑虑

淘宝网上店铺很多，同类或者相似的商品也很多，因为进货渠道和商品质量的差异，商品价格和品质上也有很多差别，顾客只能通过屏幕了解商品，所以总会产生各种疑虑。这就要求客服了解商品，能将自身商品的特点和特色都讲解清楚，当然也可以在客服权限允许的情况下给顾客一些赠品或者优惠券。

3. 服务咨询

客服的作用就是咨询答疑，顾客在浏览商品或者在交易过程中，尤其是在一些大型活动中，例如"618"和"双十一"，优惠券计算比较复杂的情况下，经常需要咨询各种问题，这些都需要客服及时解释。

4. 告别顾客

不管顾客有没有购买商品，在顾客咨询完成之后，都要礼貌地和顾客告别。如果顾客购买了商品，还要将顾客的购买地址发送给他，确定无误之后再和顾客告别。

（二）售后服务

1. 退换货和退款

退换货和退款其实是比较复杂的情况。第一种情况是未发货，退货退款。这种情况通常是因为买家拍错或者不想要，如果买家已经付款，客服可以选择不发货然后退款，如果买家没有付款，客服关闭订单即可。第二种情况是已发货，选择退货退款。这种情况下需要联系快递拦截商品，同时要求买家在拦截失败后拒收，当商品回到卖家手中之后即可同意退款。第三种情况是买家收到货之后，货品有质量问题，要求退货或者换货。这种情况需要买家提供商品有质量问题的图片和视频,寻找出现问题的原因,在买家提交退货或换货申请之后,提供退货或换货地址给买家,买家自行联系快递或者通过菜鸟裹裹将商品寄回给卖家,卖家收到后就可以给买家补发商品或者退款。第四种情况是买家收到商品后,不喜欢,选择7天无理由退款。这种情况需要告诉买家保证商品无使用痕迹、无损伤、原包装还在,这样才可退货退款,同样是将卖家地址提供给买家,等收回商品之后,检查无误就可给买家退款了。第五种情况是买家收到商品之后,选择退款不退货。这种情况一是因为商品有损坏,但是不影响使用,卖家可以适当退一部分钱给买家;二是卖家承诺了退差价,所以会退还一部分钱;三是需要卖家特别注意的,那就是恶意退款的买家,这个需要卖家仔细分辨。

2. 交易纠纷

发生交易纠纷的原因有很多,具体见表7-3-1。有些是因为产品的质量、外观和顾客的期望和想象不同;有些是因为产品价格的浮动、赠品的加减等;有些是因为物流过慢或者送错地址;有些是因为发货过慢或者商品缺货;当然也有恶意差评的。

解决纠纷一定要细心和耐心,了解顾客的诉求,安抚顾客的情绪,找到解决的方案,尽可能让顾客满意。

表 7-3-1　　　　　　　　发生交易纠纷的原因

种类	原因分析	处理技巧	预防措施
物流因素	商品本身有瑕疵	退款退货或者换货	每件商品都仔细检查,发出前给顾客拍照
	外包装破损、变形	不影响使用的情况下,退部分款	打包更仔细一些
	物流运输过程中损坏	向物流公司索赔	更换物流公司或者选择保价
	店铺迟迟不发货	查找原因	加快发货的速度
	顾客的地址或电话错误	及时在接待中心联系顾客,确定正确地址	当顾客购买商品之后,发送给顾客收货地址,核对是否正确
	物流公司延迟送货	协助客户联系物流公司	制定延迟到货赔偿制度
产品问题	顾客提出产品质量有问题	让客户提供图片或证明,予以退换货或退款	严把质量关
	顾客不了解产品,产生误解	解释清楚产品的特点和特色	在商品页面将容易产生误会的部分着重说明
	顾客使用方法错误	和顾客说明正确的使用方法,让顾客了解到自己的错误	着重说明正确的使用方法
	产品描述夸大了产品信息	按照店铺规定退换货	禁止客服夸大产品信息
服务问题	员工服务态度不好	查看聊天记录	增强服务意识
	员工工作方法问题	找出问题,了解买家的想法	训练工作技巧
	客户借故想退换货	灵活处理,避免纠纷	必要时可申请平台介入

实践任务

如果遇到恶意差评,要求退款不退货的顾客要如何应对?申请店小二处理需要准备哪些证据?

> 素质拓展

淘宝客服售后的应对方案

淘宝客服很重要,不仅是售前还有售后。大家都知道售前淘宝客服可以塑造店铺的形象,可以提高成交率,对于想要购买商品的客户有疑问可以及时做出回答,可以给客户更好的建议,这也是店铺和客户之间非常重要的第一窗口。售前淘宝客服可以提高新客户的成交率,售后淘宝客服可以提高老客户的回购率。那么遇到以下问题要怎么解决呢?

1. 面对态度不好的客户。

一般客户售后抱怨无非是快递、产品质量等问题。如果是快递的问题,那么下次换一个快递就好。对于这次的解决方案可以主动承认是自己的错误,让客户心里也好接受。如果是产品的质量出现了问题,就要主动承担责任,不要推诿。为了避免这种情况发生,在产品发出前都建议先检查,这样可以确保客户的感受度更好。

2. 很多淘宝客服在没有弄清楚是谁的问题之前,就说把产品寄回需要买家承担运费。

这种情况比较常见,一般当产品出现问题客户要求退货的时候,淘宝客服立马就会回复"好的,运费是需要自行承担的"。在不了解情况下就说要客户自己承担运费,这样会招来客户的反感。

如果客户说要退货,可以先问清楚具体原因,如果客户说是产品的质量出现了很大的问题,那么这个时候可以让客户拍照证明,如果确实是,就要主动为客户承担运费。

对于售后问题的处理,淘宝客服要谨记,是我们的错一定要主动承认,不要推卸,不是我们的错也要有一个好的态度对待客户。售后淘宝客服做得好,给客户留下一个好印象,那么老客户的回购率会大大增加。

任务四 了解手机千牛平台

学习目标

【知识目标】 了解手机千牛平台。
【技能目标】 能够使用手机千牛。

情景导入

小明:我自从用了千牛工作台之后,店铺经营得越来越好了,千牛工作台真的是功能强大,又方便好用。就是每天都要对着电脑有点儿麻烦呀!

小红:你可以下载手机千牛呀,可以和PC版同步,非常方便。

小明:好的,我去下载了,我要是不会使用,你要教我呀!

小红:你放心吧,很容易使用的。

知识平台

一、手机千牛安装和登录

（一）手机千牛安装

手机千牛的安装有两种形式：一种是和PC版一样，在网页中搜索找到千牛官网，选择下载，和PC版不同的是，需要选择手机客户端下载，之后就会弹出下载界面，可以下载到电脑中，之后再导入手机中完成安装，也可以直接用手机淘宝扫描二维码完成安装。另一种安装方式就是在手机应用商城搜索千牛，然后选择安装即可。

微课：手机千牛安装和使用

（二）手机千牛登录

安装完成之后，在手机的桌面上就能够找到千牛的图标，点击打开手机千牛，同样可以选择登录或者0元开店，我们可以根据自身选择来完成。完成手机千牛登录之后，就可以看到我们的店铺了。

二、手机千牛的组成部分

千牛手机版的功能和PC版比较相似，但是手机版更加轻便和快捷。手机千牛的页面可以分为三个部分，分别是：顶部的标题栏、中间的正文部分和底部的工具栏（图7-4-1）。

（一）顶部的标题栏

这一部分最上面显示的是店铺名称和买家ID，下面有昨日的支付金额、访客数和支付子订单数，并且每个项目都可以点开查看具体数据。

（二）中间的正文部分

这一部分是可以上下拉动的，也是手机千牛重要的功能组成部分，包含了所有的常用工具，还有各种的经营建议，帮助和反馈也可以在这里提出。这里主要介绍常用的工具。

1. 发布商品

手机千牛发布商品比电脑上要更方便一些。选择发布商品，就会弹出一个菜单，显示出发布商品的三种形式，分别是从相册选择（图7-4-2）、拍照和扫条码。

从相册选择照片可以将事先美化完成的照片上传。选择上传照片之后，系统会自动识别产品的类别。在产品名称一栏中也会给出合适的参考意见。在参数一栏中会根据商品的特点产生一些必填的参数，以便顾客能够更好地了解商品。这些参数有些是必填的，有些则是可以选填的。之后需要填写商品价格和数量以及商品的规格。在服务选项当中，可以选择是否提供发票和是否支持7天无理由退货。运费的选择与PC版相同，可以选择已有的运费模板。最后输入商品的图文描述，就可选择立即上架了，当然不希望马上上架也可以选择放入仓库，或者还没有编辑完，也可以先选择保存。

如果发布新商品时选择用拍照的模式，则会唤醒相机，拍完照片后进入上传页面。和上传照片相同，条码的形式也是如此，需要扫描条码。

图 7-4-1　手机千牛的组成　　　　　图 7-4-2　从相册选择发布商品

2. 商品管理

单击商品管理图标，就可以进入商品管理界面，在这里我们可以看到所有已经上架的商品，手机端是和 PC 端同步的，在这里可以对所有上架和待上架的商品进行更改，可以修改价格、下架商品、编辑内容。同样也可以选择发布新商品。

3. 订单管理

在订单管理中可以查看所有订单的情况，待付款、待发货、已发货订单都可以查看，还可以进行售后服务、退款、退货、换货和维权投诉。

4. 活动报名

淘宝上有各种各样的活动，参加活动可以提高知名度，吸引客户，更多地销售商品，所以合理地选择活动来参加对于店铺经营有很大益处。

5. 优惠券

优惠券能更好地吸引顾客购买商品，是常用的促销手段。店铺的优惠券在设置上也是有一定规则的。第一，优惠券需要有自己的名称，这个名称是帮助顾客识别优惠券的活动是什么。第二，优惠券需要有使用时效，具体可以在哪几天之内有效，需要商家根据自身需求来确定。第三，优惠券的面额需要是 1 000 以内的整数。第四，优惠券的使用门槛，也就是说要大于券面金额多少才可以使用。第五，发行数量，最多可发 10 万张。第六，每人限领几张，如果是优惠力度较大的，或者是新人福利，通常限领 1 张，也有些活动可以限领 2、3 张，当然有些商品为了鼓励消费者购买，也会设置成不限制。第七，设置低价预警，也就是当商品到手价低于几折时进行提醒（图 7-4-3）。

图 7-4-3　优惠券管理

6. 淘宝直播

淘宝直播是现在越来越被人们接受和喜欢的销售形式,淘宝直播只能在手机端操作,利用手机千牛就可以完成直播开设和进行直播。开设淘宝直播首先需要通过实名认证,实名认证之后就可以开始进行普通直播了。

手机千牛还有很多的小工具,例如生意参谋、千牛问答、体检中心、子账号管理、评价管理、工单中心、自动回复、菜鸟裹裹寄件、地址库管理、运费模板等,有些内容在 PC 版当中已经介绍过,在这里就不做详细说明了。

(三)底部的工具栏

在手机千牛底部的工具栏中,有四个图标。

1. 千牛工作台首页

第一个是一个牛头的图标,代表着千牛工作台首页,每点击它一下,页面就会刷新一次,可以更新页面的动态信息,了解客流量等数据的变化情况。

2. 消息

底部工具栏中的第二个图标是消息,这里可以看到接待信息,也就相当于 PC 版中的接待中心,可以与客户聊天交流。同时也可以看到其他交易、店铺、营销等各种消息。

在消息这一栏中最重要的就是接待。点击接待选项进入接待页面,我们就可以看到所有最近联系人的目录(图 7-4-4)。在这一页面中,最上方靠左侧的位置是状态栏,显示着现在客服所处的状态,可以在在线、离线、挂起三种状态中切换。

在状态选项之后是最近星标选项,在这里可以看到星标的客户。

在这一栏的右侧有一个电话本图案的图标,这里就是联系人选项,点击这个图标就可进入联系人页面,可以看到所有的联系人。

项目七　认识淘宝网络客服工作平台

在接待页面中,如果长按住一个联系人,则可以进入星标页面,在这里可以将客户列为不同的星标客户,也可以将客户置顶或者删除。

点击客户可以进入聊天页面(图7-4-5)。

图 7-4-4　最近联系人

图 7-4-5　聊天页面

这个页面最上方的就是客户的 ID,其后有一个记事本的图标,这个是订单图标,可以看到该客户在店铺购买的商品情况。在订单图标之后是聊天设置图标,可以进行一些基本设置。

聊天页面最下面一行的左边,有一个短语图标,点击这个图标就可以进入快捷短语页面(图7-4-6),点击短语即可完成快捷发送。

在这个页面的右上角有一个齿轮状的设置键,点击这个按键就可以进入快捷短语的设置页面,在这个页面中可以新建分组和编辑分组,也可以点击右下角的"＋"号新建快捷短语。在最下面这一栏的右侧,有一个加号的图标,点击这个图标,可以看到一些小程序,例如转接、核对订单、推荐商品、优惠券、邀请入群、相册、短视频、发送语音、红包、语音聊天、邀请评价、位置和邀请客户等。

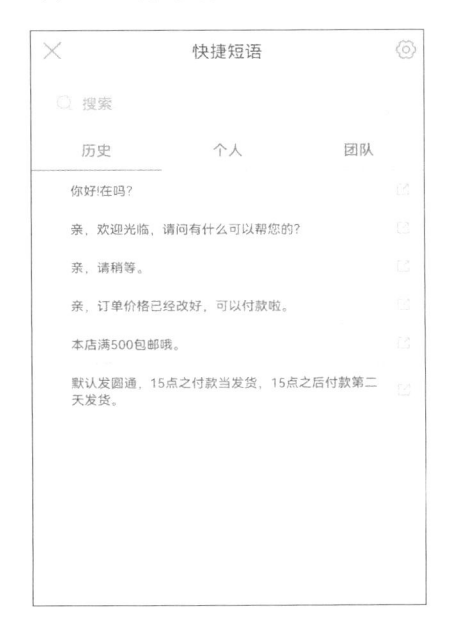

图 7-4-6　快捷短语页面

209

3. 营销

第三个图标是营销,可以查看可报名的活动和已经报名的活动。

4. 头条

第四个是头条,可以查看关心的资讯频道,了解各种热门咨询、官方消息和各种问答。

实践任务

利用手机千牛完成一次淘宝直播。

素质拓展

千牛9.0全新升级,用手机就能经营店铺

千牛9.0主要有以下4个大的变化:

一、千牛9.0,更加简单,用手机就能经营店铺

千牛9.0更加简洁,不仅仅是千牛界面的简洁,更使商家经营店铺变得更加简单,这主要表现在两方面:

(1)千牛工作台网页端、PC端版面做了统一的优化;核心聚焦商家经营中不可缺少的商品、交易、店铺、营销、内容、用户等几大板块,商家更容易针对性地找到经营工具。

(2)手机千牛可直接管理店铺:比如手机千牛可直接报名营销活动;可直接对店铺做员工账号及其权限管理和统一的信息处理;可直接查看更多经营数据;另外手机千牛在工具管理上,也会对基础免费工具和增值服务工具隔开,让商家在选择时更加清晰,同时增加了待办任务的入口,可以进行相关的一些审批以及权限处理的快速操作。

二、千牛9.0,商家经营店铺更高效

高效首先体现在千牛端消息的优化;此前商家可能每天会收到各种各样的消息,这次升级会对消息进行分类处理,让跟商家经营密切相关的消息,精准地被商家收到;其他则会被关闭。

除此之外,这次在手机千牛也对店铺不同的消费者做了区分,能够更清晰地看到是已下购,还是会员或者是粉丝,方便店铺客服做针对性的接待。另外,电脑端对于消费者的标签分类管理功能,也在手机端做了同步。

三、千牛9.0,让商家能更清晰地学习和成长

多款对于商家的免费举措也在千牛端上线。比如官方的智能化商品发布、批量化订单管理、店铺一键装修等产品。

同时千牛也会有更多官方免费课程和商家经营干货,让商家能更清晰地知道该如何更好地经营与成长。

四、千牛9.0,更加开放,为商家提供更多优质三方服务

整个千牛将更加开放,这是由平台中上万个服务商带来的!服务市场对于商家的服务也会重点做三个方面的升级。

(1)开放升级。引入更多在商家经营新场景中能够提供更多新能力的服务商,尤其是在小程序开发上有能力的服务商,为商家提供更具个性化的工具和服务,包括在商家店铺、详情、客服、订阅、直播、消息等场景中能够帮助商家更好触达并服务消费者的服务商,也包括在商家交易、商品、私域、广告投放环节中能够帮商家提升效率的服务商。

(2)产品升级。对店铺的装修和详情页进行升级。店铺的整修将变成各种模块化的LiveCard(活动卡片),可直接拖动活动卡片,对店铺进行信息组织。最终店铺在呈现上会变成多个不同模块的卡片,而不是长图插链接。另外详情页的首屏空间将会更开放,横滑不再是5张主图来回切换,而是5帧分别代表一个商品的5个信息节点,比如视频-图集-3D-选色-AR试妆等,让商家在表达自己店铺品牌风格、店铺装修、详情页商品展示上,都更加智能和高效,也更个性化,消费者的体验也会更好,更有互动性和趣味性。

(3)服务升级。深入商家经营环节,重点围绕商家在商品、用户、内容、客服、企业服务等领域的需求,匹配优质服务能力,针对性地输出标准化的解决方案,让商家能获得更具确定性效果的服务,带来更高的投入产出。比如一个新商家初到淘宝,平台将会识别身份,匹配优质服务能力,提供包括常用工具、开店人工导师、主图拍摄、视频拍摄等一系列服务于一体的"新店无忧"解决方案,省心解决经营难题。再如当商家有内容场景的短视频需求时,服务市场将匹配优质内容领域服务商,提供从脚本、拍摄、后期、投放等全链路的完整解决方案给商家。

配合服务升级,平台对于为商家服务的服务商们也提出了更高的要求:把商家的使用效果作为重要的服务能力评估标准,让真正能帮商家解决问题、带来增量的服务商,被快速甄选出来。

项目综述

本项目通过对千牛工作台的讲解和介绍,帮助大家熟悉和掌握千牛工作台的基本情况和使用方法。

一、通过对千牛工作台基本情况的介绍,学生了解千牛工作台的特点和特色,掌握千牛工作台的安装方法,能够完成千牛工作台的安装和注册,实现在淘宝开店。

二、通过对千牛工作台功能的介绍,学生了解千牛工作台的使用方法,掌握产品管理、店铺管理、人员管理、营销宣传等多项功能。

三、通过对千牛工作台接待中心的讲解和介绍,学生了解千牛工作台接待中心的构成和使用方法,掌握利用千牛工作台接待中心和顾客沟通交流、营销推广的方法,能够完成对客服务,实现更好地与客户沟通和交流。

四、通过对手机千牛平台的介绍,学生了解手机千牛平台,掌握手机千牛平台的使用方法,更好地利用手机千牛平台完成销售活动。

项目八

认识京东网络客服工作平台

项目描述

京东是电商平台中影响力较大的平台之一,京麦工作台是帮助买家更好、更快地入驻京东,完成各项店铺工作的实用工具。本项目主要介绍京麦工作台的安装和使用方法,京麦工作台的主要功能、对客服务以及手机京麦的使用,帮助京东商家更全面快捷地完成销售的相关工作。

项目目标

通过本项目的学习,学生能够安装和注册京麦工作台,能够利用京麦工作台完成店铺对客服务等各种操作。

通过对京麦工作台的介绍,学生了解国家的法律法规,提高对于知识产权保护的意识,培养正确的世界观、人生观、价值观和良好的思想道德品质。

项目八　认识京东网络客服工作平台

任务一　安装京麦工作台

学习目标

【知识目标】　了解京麦工作台。
【技能目标】　能够安装京麦工作台。

情景导入

小红：你的店铺经营得怎么样了？
小明：我的生意越来越好了，我想扩大经营，在京东上也开店经营，但是不知道要怎么做呢。
小红：你可以下载京麦工作台呀，在京麦工作台上可以完成上架商品、沟通顾客、物流发货、售后服务等，是很实用的辅助工具。
小明：我马上去下载。

知识平台

一、京麦工作台介绍

京麦工作台是由京东官方平台开发的一款辅助销售平台，其目的是帮助京东卖家对店铺进行运营管理，它包含了京东和第三方软件服务商的资源，能为商家提供便利高效的一站式服务。京麦工作台还可以有效地处理订单、免费打单、应对商品的上架与销售、客户的沟通与维护以及订单的跟踪管理和售后服务等一系列流程，也可以使用京东咚咚和顾客交流。其实对于京麦工作台来说，它有点儿类似于淘宝的千牛工作台以及拼多多的卖家版，在这里可以为商家们提供完善的服务，支持订单批量出库、批量打印发货单、快递单模板的可定制化，是非常有用的京东店铺助手。它可以轻松地帮助更多的卖家从中盈利，京麦工作台同时也支持多种客户端的使用，主要包括电脑客户端以及移动客户端。

微课：京麦工作台的下载和安装

二、安装和登录京麦工作台

（一）安装京麦工作台

可以通过搜索"京麦"，在网页中找到安装页面，或者打开京麦工作台官网进行下载。

可以下载的京麦工作台有三种，分别是：移动端、Win版和Mac版，这里我们首先介绍电脑端的京麦工作台的安装和注册方法，我们选择Win版进行下载。单击"Win版（京麦+咚咚）"选项，我们即可看到下载选项，将安装程序下载到指定文件夹，就可以开始安装了。

安装京麦工作台和安装其他软件一样，双击安装程序，就会跳出安装界面。

在安装界面中,我们可以选择单击"立即安装",也可以选择"自定义并安装"。自定义并安装多了几个选项,可以选择软件安装的位置、是否生成快捷方式和开机是否自动启动。

都选择完成之后就可以单击"立即安装",开始安装京麦工作台了。安装完成之后软件会提示安装完成可以开始体验了,同时也提示可以扫码安装京麦工作台手机版。

(二)登录京麦工作台

安装完成之后就可以登录京麦工作台了,电脑版的京麦工作台可以选择登录状态以及多账号登录。可以使用账号和密码登录,也可以选择用手机京麦扫码登录。

这里需要注意的是,京麦工作台没有注册选项,所以首先需要在京东页面或者手机京东注册账号。电脑版京麦工作台想要登录成功,需要手机版京麦完成快速入驻。

(1)打开京麦工作台 PC 客户端图标,单击左下角的"输入密码直接登录"切换到用户名、密码登录模式。在输入框内输入用户名、密码之后单击"登录"按钮登录到京麦工作台,登录用户名必须是已经完成商家入驻且店铺状态为"启用"的商家账号(图 8-1-1)。

(2)使用短信安全验证登录京麦工作台,单击"发送验证码",验证码会发送到该账号绑定的手机号上,输入正确的验证码后登录成功。

(3)扫码登录京麦工作台。打开手机京麦工作台工作页面左上角的扫一扫,使用已经登录账号的京麦 APP 扫描电脑上的二维码。扫码完成后电脑页面会提示扫码成功,在手机上确认登录即可。

图 8-1-1 京麦工作台登录

三、入驻京东

在京东开店和淘宝、拼多多的 0 元开店相比较,要更困难一些,它需要有授权资质,也就是要求入驻的商家有完整的授权链条。这种链条要严谨到企业拿到的授权能够逐级逆推回品牌商。想要入驻成为京东的商家还需要具有有效的资质,例如商标注册证和授权书,一定要是真实的,如果使用虚假的资质,将会被列入非诚信商家名单,继而影响继续经营。

在电脑上操作入驻京东,首先需要打开京东页面,注册京东个人账户,或者登录个人账户,登录完成之后,可以在页面中选择客户服务中的商家后台,打开商家业务的页面。

这种方式打开的只是简易版的页面,想要打开详细的入驻页面需要进入京东招商页面(图 8-1-2)。这里有多种入驻的形式。

我们以 POP 商家入驻为例,这种入驻形式更适合大部分商家(图 8-1-3)。需要注意的是,入驻需要有完善的公司信息,上传营业执照;完善公司税务登记证信息、结算银行账户信息,同时上传相应加盖彩色企业公章的电子版信息。在这个过程中还需要为自己的店铺命名。都填写妥当之后,就可以提交申请,等通过之后,就可以开始经营了。

项目八　认识京东网络客服工作平台

图 8-1-2　京东招商页面

图 8-1-3　POP 商家入驻流程

实践任务

分析京东各种入驻方式的区别。

素质拓展

京麦工作台和京东咚咚有哪些区别？

在京东开店除了要学习店铺运营的技巧之外，还需要熟练掌握一些操作工具，比较基础的两个就是京麦工作台和京东咚咚。那么对于新手卖家来说，可能还不知道京麦工作台和京东咚咚有什么区别，这里详细介绍一下两者的不同。

京麦工作台是针对京东商家使用的店铺运营管理平台，整合了京东及第三方软件服务商（ISV）的优质资源，提供了更多的运营工具。同时，它整合了经营咨询、店铺运营数据等信息，使得商家可以更加及时高效地管理店铺，提供了一站式服务。

京麦工作台页面风格简洁、直观,数据、插件、资讯、菜单栏等功能一目了然,操作使用便捷。

京东推出了自己独立个人客户端IM软件,与阿里旺旺、QQ非常相似,命名为京东咚咚。正如阿里旺旺之于淘宝一样,京东咚咚是在京东购物时便于交流的集市通信软件。京东咚咚主要提供两大功能:一是与好友沟通,单击"添加"按钮,就可以加为自己的朋友,与他们进行私聊或组队群聊。二是与京东客服沟通。在购物交易过程中,有任何疑问需要联系客服时,单击商家页面的在线客服,客服就会来帮你。用户只需使用京东账号即可登录,聊天支持截图和发送文件,还可以自定义表情、头像。

京麦工作台和京东咚咚两个工具可以帮助大家更好地运营店铺,只需使用京东账号就能登录使用,能够查找和添加好友,和好友进行即时聊天,同时能够发起和客服的咨询。

任务二 了解京麦工作台的功能

学习目标

【知识目标】 了解京麦工作台的功能。
【技能目标】 能利用京麦工作台完成店铺装修、商品销售、售后服务等活动。

情景导入

小红:小明,你的京东店铺经营得怎么样了?
小明:还可以,但是还有些问题不太清楚。
小红:京麦工作台功能很全面,支持客户管理、促销管理、点单管理和商品管理等各种功能。
小明:原来京麦这么方便啊,谢谢你,我去研究看看要如何使用。

知识平台

京麦作为针对京东商家的店铺运营管理平台,整合了京东及第三方软件服务商(ISV)的优质资源,从而为商家提供了更多的运营工具选择。京麦工作台大致可以分为常用插件、左侧菜单栏和店铺数据三部分。当然除了这三部分之外,还有其他一些小的工具,例如我的插件、咚咚、设置等。

下面主要介绍左侧菜单栏和常用插件。

一、左侧菜单栏

左侧菜单栏主要有四部分内容，分别是常用网址、京东插件、商家后台和召唤客服。这里主要介绍如何添加京东插件。

单击如图 8-2-1 所示的图标，然后在页面中搜索需要的插件，选择购买即可。有些插件可以免费试用，有些则需要付费使用，可以根据自身的需要来购买插件。

图 8-2-1　京东插件

如果想要查看已经购买的插件，可以单击左侧工具栏最下方的"我的插件"选项，或者再次单击上述图标，都可以看到已经购买过的插件，可以选择立即开始使用，如果购买的插件已经到期，也可以在这里选择续费。

二、常用插件

（一）商品管理

商品管理是京麦较常用的插件，也是十分重要的插件。它主要包括五部分内容：第一部分为菜单区，主要作用就是切换商品管理和批量管理。第二部分：状态标签页，在这里可以看到商品的不同状态，例如是在售的商品还是待售的商品。第三部分为操作区，可新建商品、导入和导出商品、上架和下架商品、批量修改、搜索商品等。第四部分和第五部分是相关联的。第四部分是订单列表表头展示，是第五部分商品列表展示区的各种商品标题栏，单击表头可以进行排序。第五部分展示的是订单的详情，双击就可以打开订单，查看订单详情，如果想将商品链接发送给其他人，可选中商品，右键，选择"操作"，再单击"打开/复制商品链接"选项就可以复制商品链接了。

1. 新商品上架

上架新商品是商品管理中非常重要的环节，新商品的上架可以通过商品管理插件来实现。在商品管理插件中，我们选择在售商品选项，在右上角可以看到一个添加新商品的按钮，单击这个按钮即可打开发布新商品的页面。

发布新商品的第一步就是添加商品所在的分类。准确的商品分类有利于顾客搜索和选择商品。商品类目是从大到小逐渐细化的。例如，我们可以在大类之中选择"电脑、办公"，之后可以在下一个分类中选择"电脑整机"，在最后一个选项中选择"笔记本"。这样顾客在搜索商品的过程中，系统会按照商品类别，将顾客所需的商品，推荐到顾客浏览的页面之中。如果商家每次使用同一个浏览器，还可以从"选择您经常使用的类目"中快捷选择类目信息。需要注意的是，商品一旦生成，类目信息不可更改，所以必须谨慎选择类目信息。

当类目选择完成之后，就可以单击"确定"按钮，进入下一个步骤，即商品的发布页面，这里主要包含三部分内容。首先是左侧的导航栏，里面有很多选项，分别是基础信息、类目信息、商品信息、销售属性、图片管理、PC端描述、移动端描述、功能设置、物流和其他、定时上下架等，每个项目都需要完成填写。第二部分是中间的正文部分，是需要填写的各种商品信息，带有红色星号的项目是必填项目，不能空白。第三部分为右上角的四个按钮，分别是预览、本地保存、上传为待售和上传为在售。商品信息填写完成之后，单击"预览"就可以看到上架后的样子，如果不合适可以返回调整修改；将已经填写完成的内容保存，以便以后继续填写；上传为待售和上传为在售则是商品上架销售的两种形式，区别在于"上传为待售"的商品信息将储存在"待售商品"中，而"上传为在售"可将商品上架，出现在"在售商品"中。

在商品的信息填写中我们首先要填写的是基础信息，首先必填的是商品名称，商品名称的添加要求是品牌名（中文/英文）+产品名称（款式/系列）+规格参数（型号/颜色/尺寸/规格/用途/货号）。商品名称之后就是商品标语，商品标语最多输入45个字。如商品参加了促销，促销级别的宣传语优先级要高于此商品的商品标语。

之后还需要在其他的栏目里添加更多的内容，如添加SKU（Stock Keeping Unit，库存量单位）信息（销售属性），商家可以直接选中颜色、尺码等属性值信息，即可批量生成SKU信息。例如，在"规格"选项区中，选中了"红色"和"深红色"两个复选框，默认颜色上限为24个。执行操作后，将自动生成"红色"和"深红色"两条SKU信息，以此类推。取消选中相应的复选框后，与此属性值相关的SKU将自动去掉。另外，生成销售属性信息后，还可以单击设置小图标，可批量设置SKU的价格和库存信息。

完成商品的基本信息编辑后，接下来就是比较重要的图片管理了。首先是上传商品图片，每个商品可以上传6张图片，分别为1张主图和5张辅图，目前提供"本地上传"和"从图片空间选择"两种方式。图片一定要美观、清晰，这样可以直接体现商品的形象，更好地提升店铺的转化率。

上传商品图片后，接下来需要添加详细的商品描述，包括电脑版和手机端两个部分，商品描述中支持常见图片格式，如jpg、jpeg、gif、png、bmp，单张容量最大为512 KB，宽度750 px以内。

除了上传图片之外，还可以上传视频。随着短视频的流行和人们对商品细节的关注，在商品展示里加入视频已经成为一种趋势。首先需要事先将视频剪接编辑好，因为京麦本身是没有编辑视频的功能的，然后可以选择媒体资源管理中心，其中有上传视频的选项，上传的视频可以是主图视频、全景图视频、商详视频和店铺视频。

确定好合适的视频之后，选择本地上传就可以开始上传视频了，上传的视频不能超过50 MB，时长应在6~90秒，并且只支持MP4模式，所以事先编辑好的视频需要符合这样的要求。视频上传之后，可以选择关联商品，在视频列表里，进入视频内容操作界面，就可以进行商品关联了。但是视频并不会马上显示在商品页面，需要等待系统审核，通常系统会在48小时内完成审核并予以答复，审核一旦通过，在商品界面就可以看到关联的视频了。

最后是商品物流等信息的设置，可针对商品设置发票限制，以及下单是否输入验证码等，可在商品级别设置运费信息。在其他商品信息中可以对商品的包装和所提供的售后服务进行填写，如可以在"包装清单"中添加一些商品的赠品、配件或者其他物品等。

在上架商品这里还有一种情况，就是商家在多平台开店，会涉及同一商品需要在不同平台上架的情况，为了避免重复劳动，可以选择"京东上货助理"这个插件，实现整店复制、一键搬家、批量处理等多种功能。

2. 批量处理

京麦在新商品管理界面比较清新、简约，能够给人带来焕然一新的感觉，与其他网站购物平台的商家后台商品管理相比，京麦商品在运用和管理方面更加注重批量化操作。

如果有指定的商品要处理，可以选择"批量搜索"选项，根据需要筛选批量处理的商品。当然也可以选择不输入筛选条件，在这种情况下，搜索到的将是所有订单。

（1）批量上下架。在商品后台管理中，如果所需要上架或下架的商品类目较多，那么上下架也是一个很大的工作量。京麦工作台推出了批量上下架功能，商家只需要将所要上下架的商品筛选出来，然后就可以一键批量上下架物品，大大地提高了工作效率。

（2）批量修改。除了批量上下架外，京麦工作台还可以相继实现对于商品名称、京东价格、库存、店内分类、广告语链接等内容的批量修改。

选择"批量修改"选项，可以看到能够批量修改的各个项目。

① 批量修改商品名称

在批量修改商品信息的页面中，我们可以看到三个选项：增加前缀、增加后缀和更换商品关键字。想要更改哪一项，只要勾选它前面的复选框即可，之后就可以把想要增加或者替换的内容添加进去了。填写完成之后还可以选择预览，没有问题之后就可以选择上传了。

② 批量修改店内分类

在实际经营过程中，我们经常会遇到有些商品需要更改分类的情况，一个一个地更改非常浪费时间，这时就可以批量修改分类。首先选择需要修改分类的商品，然后选择批量修改中的"店内分类"选项，选择想要更改的新选项就可以了。

③ 批量修改京东价格

当我们在京东销售的商品需要批量更改价格时，可以选择批量修改新价格，只要填写上新的价格就可以了。但是需要注意的是，批量修改新价格是修改为统一的新价格。

④ 批量修改商品描述

商品描述是对商品的介绍和说明，批量修改商品描述有三个选项。第一个选项是首尾添加新内容，在这个选项内，可以编辑页面说明的开头和结尾，使得所有选中商品有同样的开头和结尾。第二个选项是查找与替换，可以替换指定的词和句子。第三个选项是使用新内容，也就是可以添加新内容到所有的商品描述当中。

⑤ 批量修改库存

商品的库存会随着销售的情况而发生变动，当店铺商品较多，销售量较大时，很多商品的库存都需要及时修改，所以批量修改就变得十分重要。批量修改库存可以选择直接设置新的库存数量，也可以在原有的基础上进行增加或减少。

（二）订单管理

京麦订单管理主要提供的功能是发货，即出库、配送。

1. 已卖出商品

在登录页面中，找到"我的订单"这一目录，紧接着再单击后面的"订单详情"，就可以看到所交易的商品情况了。通过对所卖的商品进行分析，可以了解商品出售的基本情况。对于商品出售中所产生的情况大致可以分为以下两种：

首先，通过分析卖出商品的基本概况，掌握所卖出的商品的特性。将所有卖出的商品进行归类，可以将商品分为日常百货类、家电数码类、服装类、家纺类、酒水类、肉蛋副食品类等多种类别，通过对比和比较来重点分析某类商品的销售热度情况，从而在以后的销售过程中，增加对于某类商品的上架数量。

其次，在对所卖出的商品进行分析之后，将比较热卖的商品与当前销售热度不高的商品进行交融，将这些销售热度不高的商品尽力打造为热卖商品的附属物品，这样可以使这些商品的热度得到一定的增加。例如，在对于热度较高的水杯商品进行销售时，将一些售卖不太好的水杯附属物品，如水杯刷、水杯套等，和水杯搭配起来进行销售，从而实现两者之间的互利共赢。

2. 打单出库

使用京麦打单出库，需要完成以下四步：

（1）进行模板设置

模板分为出库单模板和快递单模板。目前，对于出库单和快递单中的字段都是支持自定义模式，可以根据订单的实际情况，选择最适用的订单模板。而对于京东快递来说，它和其他的订单模板不一样，因为它有着自己独特的模板结构。

设置模板首先需要打开订单管理，选择"配送管理"。在这个栏目之下，有四个选项，分别是：物流管理、发件人管理、快递单模板和出库单模板。

①出库单模板

我们选择出库单模板选项之后，就可以看到出库单模板的编辑页面，这里可以新建出库单模板，也可选择对现有模板进行编辑和修改。

选择"增加出库单模板"，可以看到出库单模板的编辑页面。左侧我们可以看到一排带有复选框的目录，我们想要在出库单上打印哪些内容，就可以勾选相应的复选框。选中的内容会在页面中间显示出来，我们可以通过拖曳的形式来进行排版。正文的上面是字体、字号等文字设置选项。

正文最下方是"商品详细信息列表"，这一部分的字体和商品列表设置，可以通过右键来完成。

在窗口的最下方有一个"修改纸张大小"的选项，可以调整打印纸的尺寸。设置完成之后选择"保存"，就可以将出库单模板保存了。

②快递单模板

在快递单模板页面，可以进行编辑快递单模板、更新快递单模板、新增快递单模板等操作。

选择编辑快递单模板之后，可以看到快递单现有的状态，和之前的出库单模板相似，同样左侧是快递单信息，我们可以勾选需要打印的选项前面的复选框，然后通过拖曳来完成排版。字体、字号等信息同样可以通过上面的工具栏来更改。所有设置都完成之后，选择"保存"即可完成快递单模板的编辑。

单击"更新快递单模板"选项，选择想要更新的物流公司，然后单击下载就可以更新相应的快递单模板了。

新增快递单模板，首先需要选择物流公司，然后需要为模板命名，之后就可以上传快递单，设置模板的宽度和高度，具体的设置可以参考编辑快递单模板的方式。

在设置快递单模板时需要知道，京麦工作台本身是不支持将商品信息打印到快递面单上的，但是可以通过其他的小软件来完成添加。

(2)将发件人的信息进行同步

在同步的信息中，主要包含发件人的姓名、电话以及发货地址这三个关键要素。另外还要做到及时地同步物流信息。在物流的运输过程中，每经过一个转运地点，其物流信息要做到实时更新，进而可以使买家更好地了解物流的配送情况。

(3)下载订单

京麦工作台启动以后，就会按照系统中的设定，自动下载当前最新的订单。如果相关订单没有被下载下来，那么可能是系统自身出现了问题，这个时候可以尝试进行人工操作。可以通过京麦工作台的"订单管理"来查看当前的订单，如果想要进行下载，可以手动单击"下载历史订单"。

有些顾客在购买了商品之后有一些特殊的要求，比如指定发哪家快递、哪天发货，或更换收件地址等，这些情况下就需要修改订单备注。可以选择单独修改和批量修改。单独修改首先需要选中要修改的订单，然后在页面下方的"订单详情"中进行修改，除了修改订单备注之外还可以修改优先级别。批量修改则是选中所有需要修改的订单，然后选择"批量备注"，就可以更改所有订单的备注和优先级别了。

(4)打印出库单、快递单进行出库

京麦中的快递方式可以分为普通快递和京东快递两种。一般来看，如果顾客购买的商品不是特别贵重，基本上都会选择第三方的其他快递，因为第三方快递的成本费用较低，可以使商家减少在快递物流方面的费用支出；若顾客购买的商品数额较大或者是比较贵重的物品，这时候就会选择使用京东自营的物流来进行运输。用京东物流进行运输有以下优点：一是由于京东物流是京东的自营物流，所以安全性要比其他快递高；二是京东物流比其他第三方物流要快速、准时；三是京东物流在商品装卸过程中比较精细，不会发生商品破碎或者变形的情况。

打开订单管理插件，然后选择"订单"选项，之后选择"批量出口"选项，就会自动弹出一个窗口，就是出库设置窗口。

在该窗口中，可以输入发件人地址和选择物流公司，这里京东物流和其他物流公司在选择上稍有不同。

京东物流是可以为商品设置保价的，这样在运输中出现任何问题都会有所保障，双击订单就可以设置保价的金额和该订单的包裹数量。京东物流的快递单是不可以合并的。填写完成之后，单击"生成运单号"，就可以自动生成运单号码了。再选择"出库"，就完成了商品的出库。

其他物流虽然可以合并多个订单，但是第一个订单的运单号需要手动输入，之后再单击"生成运单号"，才能给其他的订单自动生成运单号，同时也可以通过邮件来增加订单中的包裹数量。完成后，同样是通过单击"出库"，来完成订单出库。

如果商品已经出库之后发现需要修改包裹数量，就需要在已出库的商品当中，找到需要修改的订单，勾选订单前的复选框，然后根据订单选择的物流公司单击"打印快递单"或"打印京东快递单"选项，弹出打印电子面单的窗口，双击"包裹数"，就可以进行更改了。

(三)评价管理

好评和差评都需要及时回复。对于给予好评的用户，回复代表了对他们的关注。对于给予差评的用户，及时回复，以免对其他用户造成不良影响。

想要对客人的评价做出回复，需要通过京东咚咚来完成设置。首先需要找到评价管理，可以在咚咚工作台右侧上方找到一个"＋"的标志，单击这个标志，就可以打开咚咚应用中心，选择咚咚助手，就可以进入咚咚助手设置页面了。

网络客户服务

主账号如果没有开启接待功能,在还没有顾客来咨询的页面中也可以通过单击右侧空白区域中"进入咚咚助手设置"的选项来打开咚咚助手。

此外,也可以单击右侧部分下面的设置,再选择评价管理,可以直接进入评价界面。

1. 自动评价

一般来说,给予好评的人数占总人数的比例很大,我们不需要逐一查看评价内容来做出有针对性的回复,可以借助软件自动完成。这里要注意,选择软件时,最好选择一个可以创建多个模板,同时编辑几条内容的,随机回复,这样回复的内容就不会一样了。

打开评价管理的窗口之后,在左侧导航栏里的第一项,也就是打开之后,默认显示的就是自动评价。在这个页面中间区域,有一个"启用"按钮,单击它就可以打开自动评价了。在这个页面中还标明了一些自动评价规则,首先就是必须在买家评价后才可以自动评价。其次就是可以选择中差评过滤,就是给了中差评的顾客,不会自动评价。京东不像淘宝,明确地分为了好评、中评、差评,而是以星级来划分评价,所以是将三星和三星以下的评价视为中差评。最后,可以选择关键词过滤,也就是当买家在评论中包含了某些关键词之后,将不给予自动评价。这些关键词可以由卖家自由设定,如果有两个以上的关键词,用逗号隔开即可。

都设置好之后,就可以开始编辑自动评价的模板了,在页面的下方,有一个"评价模板"的选项,这里可以添加 5 个评价模板,在给买家自动评价的时候,会随机轮流使用,以免内容单一。

单击最下方的"+添加模板"选项,就会出现添加模板的对话框。

在这里我们可以编写事先确定好的评语,也可以借鉴"参考模板"中的评语,编写完成后单击"保存"即可。

编写完成之后,设计好的自动回复就会显示在"+添加模板"的上面。在评价的前面有一个可以左右滑动的按键,如果想使用这条自动评价,就要保持这个滑块是开启的状态,也就是呈蓝色,如果暂时不想用这条自动回复,可以将它关闭,即滑块呈灰色。在评论的后面还有"编辑"和"删除"选项,如果想要更改评语可以选择"编辑",不需要这条评语了可以选择"删除"。

2. 人工回复评价

有些店铺会对每个顾客的评论做出有针对性的回评,或者在面对中差评时想要解释或者反驳,这种情况就需要人工回评。

打开想要回评的顾客的咚咚聊天窗口,在聊天页面的右侧,可以看到购买的订单,单击相应的订单,就可查看顾客的评论了。

单击"回复买家",就可以发表评论了,也可以选择快捷回复中的"评价模板",输入完成之后单击"回复",就可以将回评发表了。

3. 中差评处理

中差评是客户了解商品时经常关注的一点,往往一个差评就能导致用户流失。所以出现中差评后,可以尽可能多地联系用户和他们交流,找出问题的症结。如果是误解或者用户自身原因,通过沟通,用户很大程度上可以成功修改评价。如果是自身店铺的原因,可以采取相应的补偿措施,尽量让用户修改或补充好评。在软件中监控到中差评后,我们需要手动回复中差评,根据客户评价内容逐一回复。

和打开自动评价的方式相同,打开评价管理页面,在左侧导航栏中,"自动评价"的下方就是"中差评处理"。打开中差评处理页面,可以看到收到中差评的订单和买家的评价。在页面的中间部分我们可以看到,评论分为差评、中评和已处理三部分,方便查看和回复。在每一个评价中我们都能看到买家购买的商品和订单的编号,也可以看到买家评定的星级和中差评的原因。针对买家中差评的原因,可以在下面回复,同时可以短信通知买家回复的情况,也可以选择"添加处理备注",来标明处理的情况和进展。当一个订单的情况都处理完成之后,就可以选择"转为已处理"来表明这个中差评的订单已经处理完成了。

回评完成之后,想要查看评论,可以选择左侧导航栏的"评价记录",单击进入之后,就可以看到所有评价了。

另外单击"短信发送记录",也可查看给中差评买家发送的回复短信情况。

4. 快捷评论模板

打开咚咚助手平台的系统设置选项,在"常用语设置"里有一个"快捷评论模板"选项,打开之后就可以设计快捷回复了。在"快捷回复模板"中可以输入自己设计好的快捷回复,如果觉得不完善或者有问题也可以选择"编辑"更改或者"删除",如果一条快捷回复满足不了店铺需求,可以单击"添加新模板"来增加快捷回复模板的数量。

当店里订单太多,无法做到一一查看评价信息时,也可以找一个软件(如京品通),来监控每个产品的评价状态和优惠率。此外,也可以看到所有的统计数据,方便快捷。

物流评分是影响门店DSR的重要指标,也是影响用户购物体验的一个因素。做好物流监控主要包括两个方面:一个是已经打包发货出仓的包裹发货公司是否及时发货;另一个是物流是否有异常,用户是否没有及时拿到货。如何实施物流监控?可以通过购买不同插件来实现。当软件监测到物流异常时,会通过系统消息和短信自动通知运营商。此时,我们可以根据提醒联系用户进行协调。

卖家对服务态度和退货处理的满意度直接关系到店铺的声誉和销量,所以售后服务做得越好,退货退款处理越及时,分数会越高。同样,当我们的服务做到位时,用户更容易同时在产品描述和物流上打更高的分数,从而可以提高店铺的整体分数。

在收到咨询或不满时,客服人员要缓和沟通气氛,耐心细致,不要让售后问题和纠纷恶化。

另外,尽量提醒客户订单的各个方面,比如订单的发货、相关的物流信息、收货范围的确认等,以便用户详细了解订单的情况。

买家收货之后也可以发送短信邀请买家及时评价。

(四)创建企业员工

一个良好商家,每个员工都应该有自己的职务和部门,京麦也是可以创建和管理企业员工的。

1. 新建员工

打开组织管理,选择其中的"员工管理",在这里有一个"新建员工"的选项,单击选择这个选项。

在弹出的新建企业员工对话框中输入员工姓名、手机号、员工性别等必选内容,至于部门可以现在选择,也可以等部门划分完成之后,再修改。

填写完员工信息之后可以选择"发送短信邀请",员工收到短信之后,选择"同意",就可以加入到企业之中了。当然也可以选择"仅新建",但是这样的话就要在后面再次选择"发送短信邀请"。

2. 员工授权

当员工接受邀请,激活了员工状态之后就可以为员工授权,授权分为资产授权和角色授权两种形式,资产授权是将相应的店铺资产分配给员工,角色授权是将企业中相应权限分配给员工。

(1) 资产授权

要给员工资产授权时,只要单击"资产授权"就可以打开授权页面,在页面中,我们能看到员工的基本情况和授权情况。

单击页面左下角的"新增账号授权"选项,打开新增授权设置,在这里可以看到"店铺名称"和"账号名称"两个栏目,依次填写完成之后,单击"保存",就完成了授权。如果之后想要撤销授权,选择"解除授权"即可。

(2) 角色授权

员工的角色在员工的日常工作中是十分重要的,打开"角色授权"选项,就可以弹出角色授权窗口,在这里可以选择员工的角色和员工的权限。选择完成之后,单击"保存"即可,这里需要注意一个问题,如果角色列表之中没有需要的角色,可以新建角色。

打开组织管理中的"角色管理"选项,在"角色管理"界面,右上角有一个"新建角色"按钮,单击它就可以打开新建角色的页面。

在新建角色页面,需要填写角色名称、角色描述和角色权限,然后选择"创建"就完成了新角色的创立。

(五)设置子账号

当店铺需要多个账号来分别完成工作时,就需要设置子账号。子账号的设置比较简单方便。在京麦工作台的首页,右上角的位置有一个锁头的标志,这个是权限管理的标志,右键选择这个图标,就可以进入新建子账号的页面。只有主账号才可设置权限。

在权限管理页面中,选择"角色管理",在左侧的导航栏选择"新建角色"。选择需要添加的角色,然后为它勾选权限。如果购买了插件的话,插件也要勾选,这样才能保证子账号可以使用插件。

新建角色之后就需要为子账号分配权限,单击"子账号管理",选择想要编辑的子账号,然后单击"编辑",就可以看到角色选择的界面。

首先需要为子账号选择一个子账号角色,这样子账号就被赋予了权限。如果现有的权限不能满足子账号的需要,也可以选择补充账号权限,单击"可选补充权限",找到想要增加的权限即可。

(六)申诉中心

点选"售后客服"中的"退换货申诉管理",选择"包裹来源"为备件库,根据申诉单和备件条码进行申诉单查询,再选择"申诉中",也可以对申诉单进行撤销申诉及移除商品。另外,还可以看到申诉单处理状态及详情,可以单击"申诉单详情",查看申诉详情,在申诉详情中选择"已完成",可对申诉单进行赔付单查询和二次申诉。在申诉完成48小时后可进行二次申诉。

在进行第二次审核的时候,可以选择"包裹来源"为配送,根据运单号、订单号、申诉单号进行查询,另外通过选择"申诉中"可查看当前提交的申诉单或对申诉进行撤销,随后选择"处理中"可以查看申诉单处理状态及详情,最后选择"已完成"可以查看申诉单的处理意见,至此申诉流程就全部完成了。

(七)售后管理

1. 退款流程

如顾客是误购或对服务效果不满意可申请退款,商家没有直接提交退款申请的渠道,需要联系服务商进行协商退款,服务商可根据协商结果,在服务商后台提交退款申请,服务市场会在一到三个工作日进行审核。另外,企业支付的付款方式不支持退款,在下单页面已经明确提示。

2. 服务商退款操作流程

登录服务商后台—服务中心—交易管理—订购记录,输入服务编码及需要退款的会员名,单击搜索。找到需要退款的订购记录,从最后一笔开始申请,最后一笔退款完成后才可以退下一笔。另外需要注意的是,每个订单只能退一次,系统退款一旦完成,将无法撤回,无法更改。

如果店铺每日退款订单数量较多,而又有规律可循,也可以选择自动退款。

自动退款也需要符合一定的要求,这些要求可以在设置中实现(图 8-2-2)。

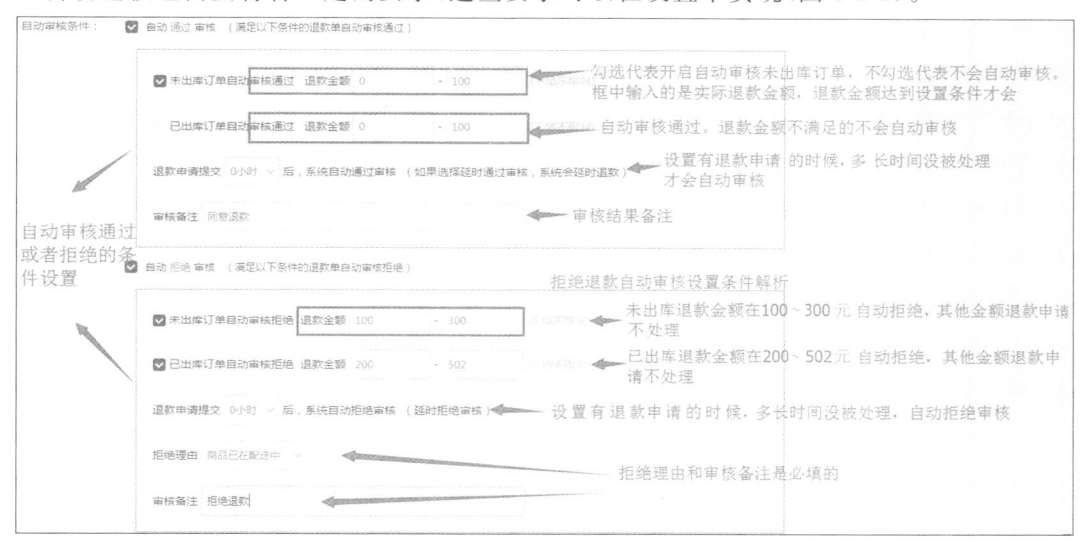

图 8-2-2　自动退款

(八)店铺动态

通过对店铺设置提醒,商家能够更加清晰地了解待发货订单、待处理订单、待退款审核的相关内容,进而商家可以在第一时间对这些问题进行处理,久而久之,若商家一直保持店铺较高的活跃量以及回复速率,那么店铺的评分和信誉会得到增加。

另外在添加店铺动态时,应当注意以下问题:

(1)标题内容和封面展示一定要做得完美,因为这是留给顾客的第一印象。在写标题的时候,可以参考销量较好的店铺的标题样式。除此之外,还要注重对于副标题的撰写,一条动态中如果缺少副标题,那么店铺的动态浏览量会显著下降。

(2)对于店铺的动态发布时间,一天中最佳的发布时间为下午五点到晚上九点,因为在这段时间人们大多下班了,观看的人流量会比较大。对于不同的商品在发布时间上还要做具体的分析,应根据每个店铺的实际情况来选择发布的时间。

(3)在店铺动态发布的频次方面,官方规定每天可智能发布 3~5 条动态,如果感觉自己发的动态不太合适,也可以选择删掉重新发送,但是也要保持每天 3~5 次的频次。每天京东平台对店铺动态的推荐量是有一定时间要求的,如果删除动态的频率比较高,那么官方对于动态的推荐量和展示量就比较少。

(4)店铺动态在发送的过程中,可以根据自己的意向选择定位的标签。设置标签的好处是可以进一步精确商品的使用人群，将这些发布的动态尽可能地展示给对于该店铺有意向的人群观看。

（5）店铺动态在发布以后，基本是按照时间的先后来进行推荐和展示的，具体的展现量和推荐量与店铺中的粉丝量以及店铺等级有关。对于店铺每天所发的动态来说，只有第一次发布的时候推荐量和展示量是最高的，最好的情况是一天只发一条动态。

（九）京麦 JDA 机器人

在日常的店铺经营中虽然有很多工作可以通过批量处理来解决，但是有些量大且重复的工作，依靠人力来完成既烦琐又浪费时间，例如商品属性调整、退款审核、对账、图片打标等，而且还容易出现错误，所以这些规则明确，又批量重复的事情，就可以交给 JDA 机器人（图 8-2-3）。它是一款自动化的工具，能够明显地提高工作效率，只要给它设定好规则和流程，就可以快速地解决大量重复的工作，既能节约成本，又能提高工作效率。

图 8-2-3　JDA 机器人

JDA 机器人是京麦团队在 2019 年 9 月向商家推出的一款智能机器人，它可以模仿人的操作行为，去处理那些流程清晰的重复性工作。它的效率可以是人工的 3～4 倍，不需要休息，也无须支付费用。

JDA 机器人是如何帮助商家提高其工作效率的？通过梳理现有的操作流程，具体到每一个操作的节点，然后将这些操作节点编译到 JDA 机器人中，之后再将应用发布给有权限使用的商家。当然以上这个过程也可以由商家自己来完成，从而更好地建设属于自己团队内部的应用平台。

从目前来看，一些商家可以使用的 JDA 免费应用主要有以下四种：

（1）关键词智能提取 SKU。根据给定关键词，在京东搜索页中提取排名靠前的商品 SKU，保存 SKU 为 Excel 格式后，用于精准推广。

（2）智能获取物流信息。批量读取表格中的订单号，分析订单的物流信息。

（3）图片水印批量处理。批量给图片打水印，包括图片水印和文字水印。

（4）批量修改订单备注。批量修改订单备注和插旗。

我们以图片水印批量处理为例进行介绍，商家只需要在应用界面选择需要批量处理的图片所在文件夹、处理完成之后保存的文件夹、Logo 所在地址以及设置 Logo 打标在原图片上哪个位置这一系列内容，然后单击"开始作图"，这时 JDA 机器人就会将原文件夹里的所有图片自动在设置的位置打上Logo,并保存到指定的文件夹中。当然在JDA机器人处理的过程中,也可以在相应的区域看到机器人对每一张图片的操作回执,便于了解当前的进展情况。

JDA机器人也可以在京麦首页打开,在右上角有一个机器人的图标,单击打开就可以看到它的各种功能,选择需要的设置就可以了。

实践任务

利用网络查找京麦工作台有哪些好用的插件,分析它们的优缺点,找出你觉得最实用的几款插件。

素质拓展

京麦服务市场——智能店长

智能店长是京麦服务市场上的一款软件,目前已有10万多京东卖家在使用智能店长,是一款性价比非常高的软件。智能店长软件功能超过100个,帮助商家在开店的时候,解决各种开店难题,从而使商家高效运营店铺。

一、智能店长——商品装修工具

智能店长为卖家提供高效率操作方式以及装修素材,下面就详细介绍几种功能。

1. 主图水印、详情图水印。支持商品主图、列表图、详情图等批量打水印,活动结束,可批量退水印;支持上传水印素材,满足618、超级品类日、中秋等大促活动打标需求;支持智能价格标签,打水印时,能够自动获取商品价格,打上价格水印;支持按SKU来打水印。

2. 透明图快速制作。内置精细化手动抠图软件,快速制作透明图、白底图,制作完成,支持自动上传京东商家后台;支持批量导入透明图到京东后台;支持批量制作透明图。

3. 手机详情一键生成。手机详情页,全店商品一键批量生成,有多种生成模式,无须美工设计。

4. 关联版式一键完成。内置各种节日大促的商品关联、优惠券、海报模板,无须美工设计,直接使用。

二、智能店长——排名数据工具

智能店长为卖家运营店铺提供数据依据,以数据驱动运营,下面就介绍几个数据功能。

1. 一键查排名数据。支持一次输入12个关键词,查全店商品排名、商品每天排名变化趋势,为优化商品提供数据支持;还可以查快车排名、类目排名等。

2. 一键查竞品数据。支持查竞品排名、监控竞品动态(排名、评价、标题等变化趋势),为运营店铺提供参考思路。

3. 一键看进店关键词数据。如查看点击关键词、成交关键词、搜索关键词等。

4. 删评监控。商品的评价被过滤、被删除以及未删除评价数据,一键监控查看。支持查询被忽略、被删除评价,以及被保留评价。

5. 一键查看行业数据,一键查看行业热门关键词数据、行业热门商品排行榜、行业热门店铺排名榜、行业价格区间等。

6. 更多数据查询。智能店长还支持查流量数据、查流量来源、查实时流量、查店铺DSR趋势、查确认收货数据等。

三、智能店长——批量修改工具

智能店长为卖家提供各种批量工具，节约卖家的运营时间。

1. 批量修改工具。智能店长提供批量修改标题、副标题、上下架、商品标语、库存、货到付款开关、品牌、批量限购等80多个工具。

2. 全店商品数据，一键导出提取。支持 SKU、SPU、价格、库存、商品名称、SKUID＋逗号、属性、好评率等数据一键批量导出。

3. 批量类目迁移。可批量把商品从旧类目迁移至新类目。全程自动迁移，无须卖家手动操作；商品的颜色、属性、尺码等完美迁移至新类目，同时保留迁移记录，支持还原。

4. 商品快速编辑。快速修改商品的价格、库存、主图、透明图、描述图、商品描述等；支持美图秀秀插件美化图片，保证商品图片美观度，提升买家购物体验。

5. 滞销商品清理。快速分析店铺商品，找出无销量、无流量、无关注等商品；支持批量下架或重新编辑上架滞销商品，避免超出上架数量限制。

6. 评价自动回复。支持买家评价，自动回复，帮助卖家营销店铺服务，提高转化；内置各种评价回复模板，历史未回复评价，支持自动追溯，进行批量回复。

7. 更多批量自动功能。智能店长还有很多好用的批量自动功能，如自动补库存、退款自动审核、退款批量审核等。

四、智能店长——商品检测功能

智能店长为卖家提供各种商品检测工具，避免违规。

1. 重复铺货检测。一键检查全店重复商品，批量修改、下架重复商品，避免违反平台规则。

2. 违禁词全店检测。全店商品文字、图片一键检查违禁词；支持快速修改、删除违禁词，避免违规。

3. 订单预警功能。遇到刷手、空号、可疑地址等下单自动提醒。具体有3种提醒模式：自动短信提醒、邮件提醒、商家后台备注。

4. 更多预警检测工具。智能店长还支持属性错误检测等。

五、智能店长——短信营销工具

智能店长为卖家提供各种短信工具，提高销量、流量。

1. 短信群发。支持三种群发模式：会员群发、订单筛选群发、指定号码群发；支持插入优惠券链接、店铺链接、商品链接等，内置各种短信模板，直接使用。

2. 自动催付。针对未付款订单，一键自动发送短信，催买家付款，避免未付款订单流失；支持全店商品，或指定商品，进行未付款自动催付。

3. 货到付款确认。货到付款订单，一键自动发短信确认，避免买家拒收。

4. 更多自动短信功能。智能店长还有更多自动短信功能，如发货提醒、确认收货提醒、中差评短信提醒、退款短信提醒等。

（资料来源：京东商家帮助中心）

任务三 了解京麦工作台客户服务

【知识目标】 了解咚咚工作台。
【技能目标】 能够利用咚咚工作台完成各项工作。

情景导入

小明：京麦工作台要如何和客户交流呢？
小红：通过京麦工作台可以打开咚咚工作台，咚咚工作台可以和顾客沟通交流，是非常实用的工具。
小明：咚咚工作台可以设置快捷短语和自动回复吗？
小红：都是可以的，设置起来还十分方便呢！
小明：谢谢你，我这就去设置。

知识平台

一、咚咚工作台

咚咚是京东商家与客户的通信工具，是进行客户沟通十分重要的工具。

（一）咚咚工作台介绍

咚咚工作台可以通过京麦工作台打开，并且在登录京麦工作台时就可以选择咚咚的工作状态，是接待、离线还是挂起，同时也可以实现多账号登录。

咚咚工作台大致可以分为三个区域：左侧是会话列表区，中间是咨询区；右侧是插件区（图8-3-1）。

左侧的会话列表区也可以分成两部分。一部分是工具栏，包括状态切换，也就是在接待、挂起、离线状态中自由切换；聊天界面，可以和不同的客户进行沟通交流；数据和应用中心，展示客服工作数据，包括实时数据、日报、月报，如咨询量、接待量、30 s应答率、平均响应时长、满意度、评价量、促成下单金额、促成下单商品数等数据；应用选项，在这里可以添加各种插件；店铺的经营情况，如今日咨询、未下单、待付款和已付款的数量；快捷入口，可快速打开商家后台、客服管家、帮助中心、规则平台、商家学习中心。另一部分可查看正在咨询的客户，以及历史咨询的客户，并且可以看到常用列表和我的群组等。

在最下面还有一排快捷键，分别是：客户管理、客服管理、商家联络中心、京麦工作台、京麦商家助手和各历史版本功能说明。

图 8-3-1 咚咚工作台

咨询区可以和买家进行沟通交流,可发送设计字体、发送表情、发送文件和视频、发送商品链接等。

最右侧的插件区,可以加载各种应用插件,帮助店铺完成客户咨询,了解订单情况。

(二)客服助手

客服助手就是咚咚工作台右侧插件区中较实用的插件,它可以帮助客服了解客户的基本信息、查看用户的订单情况、查看服务单的情况、查看商品以及优惠券的信息。

1. 客户信息

在客户信息中,我们可以看到客户的详细信息,并且在这里可以将客户的购买情况、客户的需求以及客服通过聊天对客户的一些认知和了解,作为标签,标注在这里,还可以为用户添加备注,如选择哪家快递,需要搭配什么赠品等。

2. 订单信息

在订单信息中,可以查看当前客户的所有订单情况,包括待付款订单、待出库订单、待收货订单、已完成的订单和已经取消的订单。每一种订单状态都可以提供相应的解决方式,也就是可以进行发货、核对、更改运费和收货地址、延迟发货等设置,同样可以给订单加备注。

3. 服务单

服务单选项展示的是当前客户的售后服务单,可以看到订单是待用户确认还是完成的状态,同时可以查看服务单的详细情况,例如服务单日志和物流情况等。

4. 商品

在商品选项中可以看到顾客的浏览痕迹,可以针对顾客浏览过的商品来分析顾客喜好,介绍商品特色，讲解商品用途，同时可以将综合推荐、店长推荐和个人推荐的商品链接发送给顾客，尽可能使顾客满意。

5. 优惠券

优惠券是店铺经营中非常重要的组成部分，为新用户发放优惠券可以吸引顾客购买，为老顾客发放优惠券可以促使顾客回购。在优惠券选项内可以选择将指定的优惠券发放给当前的顾客，同时也可以通过"管理优惠券"来对现有优惠券进行调整。

（三）加客户好友和群聊

将常联系的顾客添加为好友有利于和顾客沟通交流，掌握顾客喜好。可将顾客添加为联系人，并新建联系人分组，将不同属性的联系人配置到不同分组中。在群组中也可以新建、修改和删除群。

（四）会话标记

打开咚咚设置，可以看到这里分为基本设置和客服设置（图8-3-2）。选择客服设置，有四个选项，分别是会话标记、自动回复、邀评设置、提示设置。

图 8-3-2　会话标记

在会话标记选项中，有三种标记方式，分别是24小时重复咨询、转接和留言，可根据店铺需要选择会话标记，只要勾选选项前面的复选框即可。

（五）自动回复

当卖家在京东商城开店铺的时候，不可避免地会遇到买家咨询的各种问题，如果这个时候商家正忙得不可开交或者没有时间回复，往往可以通过设置自动回复来对客户询问的问题进行解决。

在京东的后台，京麦工作台登录商家的账号。在进入主设置界面以后，通过在客服设置的菜单栏里设置"自动回复"的功能，在具体回复问题时，增加一些店铺常用的回复语句，进而实现自动回复。

主账号设置的自动回复也可以供自己的子账号使用。如果想要实现主账号与子账号之间相互关联，可以在客服菜单栏中进行设置。

在会话标记下面就是自动回复，单击"自动回复"按钮即可打开自动回复窗口，我们以团队自动回复为例来说明自动回复的设置方式。咚咚的自动回复可以设置离线状态的下单回复语和顾客第一次进店时的回复语（图8-3-3）。

图 8-3-3　自动回复

团队设置的打开路径：打开京麦工作台，登录卖家账号。然后打开客服聊天界面，找到"设置"按钮，选择"系统设置"命令。紧接着进入系统设置界面，切换自动回复面板，选择"点击设置自动回复命令"。在进入自动回复短语设置界面之后，选择团队版自动回复设置，进入团队管理页面。除此之外，还可以在团队管理页面，选择"新增模板"。在这里可以随意修改和设置模板名称，编写模板短语，同步店铺客服，选择立即生效，单击"确定"完成设置。

在咚咚的自动回复中也可以设置关联问题。选择"关联问题设置"，可以看到现在已经有的关联问题，可以通过右侧的"调整顺序"来更改问题的顺序。如果还没有编写关联问题，可以单击左上角的"添加问题"选项，来增加新的关联问题，最多可以添加十个问题，编辑完成后单击"保存"即可。

关联问题设置完成之后，如果想知道哪些问题是顾客最感兴趣的，可以单击"关联问题数据"，查看哪些问题点击率最高，及时了解顾客的需求。

想要提升自动回复的效率，还要在客服的话术要求这方面做足准备。

首先，要符合京东商家客服规范话术。其次，售前沟通需要快速、礼貌、热情、不敷衍。关于所有的商品销售，不可向客户胡编乱造，注意沟通语气。不要吝啬对客户的赞美，一定要肯定客户的眼光，要适当地赞美客户。再次，关于赠品及与客户的讨价还价。当客户购买多个商品或者成交金额比较大时，在成交前可以给予客户一些赠品以促成交易；多与客户沟通商品本身的价值和带给客户的好处。最后，京东客服自动回复设置要注意设置的路径以及路径的选择，通过京东咚咚自动回复来提升自己的店铺质量；提升商家接待效率，保证消费者咨询体验，提高客户转化率。

自动回复常用语和自动回复注意事项见表8-3-1。

表 8-3-1　　　　　　　　自动回复常用语和自动回复注意事项

项目	示例
自动回复常用语	您好,欢迎您光顾本店,请问您需要什么服务?
	非常高兴能够为您服务,如果商品在以后出现相关的质量问题,可以随时与我们进行联系!
	请问还有什么可以帮您?
	您好,我们的物流是支持货到付款的,等您收到快递的时候,把货款直接给快递员就行了
自动回复注意事项	在接待客户的过程中,需要全程保持良好的心态,向客户提供优质的咨询服务
	对待客户要热情、尊重客户,切忌冷淡、答非所问
	如果无法满足客户的要求,则在拒绝客户的时候,一定要说抱歉的话
	不要替客户做主,要引导客户做出决定
	用自己承担责任的方式说话
	多用赞赏和感谢的词汇
	避免用命令式、反问式的语句,少用否定语句

(六)用户标记

当客服和顾客沟通交流时,可能会出现某些问题当时解决不了,需要等一段时间或者切换给其他的客服,例如售前转售后等。为了能让新接入的客服快速了解问题,或者展示未回复消息条数和未回复持续时长,客服登录店铺也会分配留言,未回复的留言显示等,可为用户标记不同颜色。

(七)快捷短语

当我们遇到一些常见问题时,反复打字很耗费时间,尤其是面对多位客人时,还可能因为延误了回答的时间而流失客户,所以快捷短语就十分重要,咚咚工作台的快捷短语非常方便。

当我们撤回了一条快捷短语,聊天窗口就会显示"您撤回了一条消息,重新编辑",单击"重新编辑",刚刚撤回的内容就会出现在输入框中,可以修改之后再发送。如果觉得快捷短语界面妨碍和客户沟通,也可以单击聊天窗口左侧的按钮,将快捷短语收起。

如果现有的快捷短语不够,或者需要修改快捷短语,可以单击输入框右上角的快捷短语设置按钮,在弹出的窗口中进行快捷短语的编辑。

关于快捷短语的设置,可以输入 700 字以内的快捷短语,比较特殊的是,快捷短语之中也可以导入图片,只要图片大小在 4 MB 以内就可以,这样的设计可以及时地将各种促销活动都变成快捷短语,方便实用。设置完成之后,单击"确定"即可。

良好的快捷短语可以更好地提升客服沟通的效率。快捷短语示例见表 8-3-2。

表 8-3-2　　　　　　　　　　　快捷短语示例

项目	快捷短语
开头语	您好,欢迎光临! 非常高兴为您服务,有什么可以为您效劳的呢?
	您看中的这款宝贝是有现货的,您可以放心拍!
	您好,下午 5 点前拍下当天发货,5 点以后统一第二天为您安排发货
商议价格	首先产品的品质您可以放心,其次我们的售前、售后服务一定会让您满意,您购买产品的时候不能仅看价格,要看其综合价值
	我非常理解您的心情,当然,谁都希望能以最低的价格购买到最好的产品。但是我们这个产品一直都是最低价销售的

(续表)

项目	快捷短语
咨询未下单	好的,谢谢,如果您今天拍下,今天就可以发货,您就可以早些拿到商品了
	请问,您对宝贝还有哪些需要了解的?我可以详细为您介绍
	等您考虑好以后可以再联系我,我会一直等着您的
退换货	退货地址:××市××区××街××号××层××号,邮编:000000,姓名:张某某,电话:10010001111
	您好,7天内是可以无条件退换货的,质量问题您退换货邮费都是我们为您承担;如果是非质量问题,您退回来的邮费以及我们给您换货发出的邮费是由您承担的
	请您放心,如果是我们的质量问题这边一定会为您处理好的,请您发张有质量问题处的图片给我们,可以吗?
	请您在寄回来的包裹里面放上一张纸条,上面备注好您的订单编号、姓名、联系电话,注明质量问题换货,退回来的邮费请您先垫付,我们收到货以后为您更换发货,同时退您付的邮费

二、客服日常服务

(一)售前

售前常会遇到的问题及答案见表8-3-3。

表 8-3-3　　　　　　　　　售前常会遇到的问题及答案

问题	答案
各种库存状态是什么意思?下单多久后可以发货?	现货就代表库存有货,下单后会尽快发货,您可以立即下单。在途中就代表商品正在内部配货,一般1~2天有货,您可提前下单。预订就是当前的商品正在备货,估计要等下单以后2~20天可发货,您可立即下单。无货就是表示商品已售完,在当前的物流中心覆盖地区内的用户不能下单购买
如何查看商品是否有货?	您好,在商品单独介绍页面的京东价下方有各地的库存,您可以根据地址判断是否有货
商品实物与宣传资料和网站照片相差太多怎么回事?	您好,受灯光等因素的影响,图片和实物可能会存在一些差异,但如果相差太大的话您可以提交售后返修单,会有专门的人员来为您处理

(二)售中

售中常会遇到的问题及答案见表8-3-4。

表 8-3-4　　　　　　　　　售中常会遇到的问题及答案

问题	答案
物流怎么好长时间不更新?	您好,现在受到异常天气的影响,物流运输的速度比较慢,请您再耐心等待一下,等物流信息更新了,我们会在第一时间通知您,请您放心!
我的收货地址和联系方式填错了,现在还可以修改吗?	您好,由于货物已经通过快递发出,我们这边是没法进行更改的,不过您可以把正确的收货地址和联系方式发给我们,我们将会在第一时间与有关的快递部门联系,对您的收货地址和联系方式进行更改

(三)售后

售后常会遇到的问题及答案见表8-3-5。

表 8-3-5　　　　　　　　　　　售后常会遇到的问题及答案

问题	答案
什么是退换货运费险？	为了使用户的购物体验得到提升,在进行退换货过程中尽量避免因为运费方面的问题而产生纠纷,特由京东数科旗下主体天津津投保险经纪有限公司联合保险公司,向京东的商家提供一定的运费险服务。在进行退换货的时候,如果能够得到买家的同意,那么是可以进行正常的退换货流程的,这时只需要卖家发起退换货申请就好了,当审核通过以后,其赔付的资金将会在规定时间内到达您的京东账户、京东白条以及自己开户的银行卡上,一般来说,最多不超过 5 个工作日就能够到账。若初审审核不通过而被拒赔也不要慌,您可拨打京东数科客服电话(95118)提起理赔申诉,在您按照要求提供证明材料和资料后,会再次进行审核,预计 3 个工作日答复
手机等电子设备在返回京东保修检测的时候,设备中的数据怎么办？	在对邮寄回来的电子产品进行维修的时候,尽可能地将电子设备中的一些数据或者有关信息进行及时删除或格式化。因为我们有时候会对电子产品进行全面的维修,如果发生数据丢失或者文件损坏,我们这里是不负任何责任的,因为在之前就已经让用户处理好自己电子设备中的数据信息,所以说在这一方面要进行谨慎的处理,防止发生不必要的损失。 在您将电子设备送去维修之前,请务必将电子设备中的云服务这一功能关闭,如果其处于开启状态,是不能够对其进行维修以及退换的。我们以手机为例,如果您没有将手机中的查找手机这一功能关闭,那么京东售后人员会与手机的厂商进行联系,从而关闭手机中的查找功能。然而在这一过程中,也是存在着一定的风险的,有可能导致信息数据的丢失,因此,在这之前,用户应对手机做好相应的备份工作

(四) 申诉

商家在经营过程当中,有时会被顾客投诉。面对这样的问题,商家也可以进行申诉。申诉需要按照流程,准备相应的材料。

1. 申诉参考材料

(1) 快递底单截图,截图需完整清晰,且与订单上传运单号一致。
(2) 订单详情图片,需要包含订单 ID 号、订单物流单号、收货信息等。
(3) 在线查询物流信息详情图片,官方网站查询的结果截图优先。

除了以上必备的材料之外,想要申诉成功还需要准备以下材料:
(1) 有效的产品质量检验证明。
(2) 合法的进货凭证、发票、电子订单、采购合同、生产厂家的订/出货单、报关单等。
(3) 买卖双方聊天记录,需要是在咚咚的聊天记录,其他聊天软件的聊天记录无效,以及非卖家责任延迟的证明等。

2. 投诉管理

如遇到买家的投诉,应冷静处理,不要与买家发生语言方面的冲突,切实地维护好买家的利益。在应对投诉时,应做到以下几点:

(1) 要有"客户始终正确"的观念,站在客户的立场上处理客户的投诉。
(2) 保持心态平和,就事论事,保持主动为客户服务的态度。
(3) 将有投诉和不满的客户也认为是对店铺有期望的客户。
(4) 认真听取客户的投诉,认真分析事情的缘由。
(5) 对于客户的投诉应该给予肯定、鼓励。

网络客户服务

(6)对客户投诉的细节认真记录,感谢客户所反映的问题。
(7)掌握问题的核心,提出解决方案并予以执行。
(8)总结客户的投诉,妥善处理得失。

如果碰到客户对店铺进行投诉,客服应当主动给客户道歉,并讲明问题的情况,一定要让客户在第一时间感受到你的真诚,而不是一味地将责任过错推给客户。如果客服道歉的态度比较真诚,大部分的客户都能够理解和体谅。耐心和客户沟通,如果确实是店铺的错误就要勇于承认有错,并向客户道歉,不要辩解。处理客户投诉的目的就是减少客户的不满,重新赢取客户的信任。在解决客户投诉的问题时,一定要耐心地倾听客户的抱怨,即使客户说得不完全对,也不要打断,而是要耐心地听下去,因为这是客户在进行宣泄的过程,即使给他讲明道理,客户也不一定会听得进去。在客户将心中的抱怨倾诉完以后,这时客服再对其进行解释和道歉,紧接着将问题的原因对顾客进行说明,这样客户的态度就会有明显的转变。对于客服来说语言得体、态度温和是最基本的要求,这样在一定程度上可以平复客户的心情,可以更好地处理和解决问题。客户回复一些过激的言语的时候,客服不要直接与其辩论,那样只会给客户留下不好的印象。这时客服需要冷静理智地进行面对,晓之以理,动之以情,与客户进行交谈,最终用自己宽容平和的心境来处理问题。

如果遇到恶意投诉,也不能一味地妥协退让,可以进行申诉,维护店铺的利益。

实践任务

寻找快速提高咚咚客服满意度的方法。

素质拓展

京东咚咚数据剔除骚扰消息功能怎么使用?

商家可以针对骚扰消息进行举报,举报过的消息(对应的会话)不统计。

1.商家举报后的消息涉及的会话,不统计到咚咚数据中,客服管家、京东平台风向标模型、积分考核数据均同步剔除。

应用场景:商家可针对单条消息进行举报;可举报的信息类型有垃圾广告信息骚扰、欺诈骗钱骚扰等。

提示:请商家谨慎使用,对举报错误率高的商家关停举报消息功能。

举报效果:如会话含商家举报的消息,数据不统计该通会话,涉及数据包括咨询量、接待量、应答率、30 s应答率、满意度、平均响应时长及相应业务量数据。

说明:剔除骚扰消息数据主要涉及风向标模型及积分考核数据;聊天内容保留并做标记区分。

2.举报后的聊天记录仍可查询且增加醒目标识,方便商家追踪。

(1)优化整体数据

应用场景:咚咚数据剔除骚扰消息,风向标及积分考核数据同步剔除。

涉及客服管家菜单:服务商经营数据—服务商工作量、客服数据对比—工作量对比、客服个人工作数据—工作量/满意度评价等。

涉及指标:与风向标、积分考核相关的指标及业务量,包括平均响应时间、应答率、满意度、30 s应答率、咨询量、接待量、30 s接待量、评价量、非常满意量、满意量。

说明:只在数据统计中做剔除,相应聊天记录仍保留,增加系统标记区分。

(2)新增剔除骚扰消息数据

应用场景:咚咚数据剔除骚扰消息后的"净版"数据,骚扰消息指咚咚风控系统识别确认的骚扰广告消息,同时包含商家准确举报的部分。

涉及指标:与风向标、积分考核相关的指标及业务量,包括平均响应时间、应答率、满意度、30 s应答率及咨询量、接待量、30 s接待量、京东评价量、非常满意量、满意量。

说明:只在数据统计中做剔除,相应聊天记录仍保留,增加系统标记区分。

指标应用:作为商家和运营端数据参考与整体数据并行显示;后期替代现有风向标模型、积分考核的数据。

注:"剔除骚扰数据"验证完毕后,风向标逐步接入;如商家举报的错误率高,将关停商家举报消息的功能。

(资料来源:开淘网)

任务四 了解手机京麦工作台

学习目标

【知识目标】 了解手机京麦。
【技能目标】 能够使用手机京麦。

情景导入

小明:京麦有手机版吗?
小红:有呀,京麦手机版操作方便,功能全面,非常好用。
小明:要怎么下载呢?
小红:在电脑上扫码,或者在手机应用商城都可以下载安装。
小明:好的,我现在就去下载。

知识平台

一、手机京麦的安装和登录

手机京麦作为京东唯一的官方手机端工具,为卖家提供了丰富多样的管理工具,各种消息提示、产品信息、订单信息、官方活动等都展现在手机京麦上,帮助商家更好地经营店铺。

手机京麦的安装方式可以分为两种:第一种是在电脑网页中搜索京麦工作台(图8-4-1),打开京麦工作台官网之后,选择移动端下载就可以看到移动端京麦工作台的安装方式,这里可以选择下载到电脑中之后,再传输到手机中完成安装,或者用京东扫描二维码完成安装。第二种方式就是在手机的应用商城中搜索"京麦",下载安装。

图 8-4-1 安装手机京麦

安装完成后打开手机京麦,输入账号和密码即可完成登录,如果是未入驻商家,可以选择用京东账号和密码登录,然后在手机端完成商家入驻。登录之后手机端会记录账号和密码,不需要每次登录都重新输入,如果有多个账号需要登录,在下拉菜单中选择需要的账号即可。如果想要删除账号,点击账号后的删除图标就可以达成。

二、手机京麦的组成部分

手机京麦大致可以分为六部分(图 8-4-2),分别是:左上角的账户 ID 部分;右上角的扫码部分;在它们下面的轮播图片部分;店铺提醒部分;店铺数据部分;店铺插件部分。在页面的最下面还有一排工具栏。

(一)账号管理

点击页面左上角的头像,就可以进入账号管理界面,如果想要切换账号的话可以在这里实现,还可以添加新账号。

(二)扫码

扫码功能是我们比较熟悉的功能,可以通过点击扫码图标,调出扫码窗口。可以通过扫描二维码登录电脑端京麦,或者京东帮助中心和京麦头条等;也可以扫描相册中的图片,对已有的商品进行扫码上架;还能查看过去扫描过的记录。扫码页面贴心地设置了手电筒功能,以便在光线不足的情况下也能完成扫描。

(三)轮播图片

轮播图片是一个很重要的消息来源,可以在其中看到官方公告或其他重要事项,左右滑动即可看到都有哪些消息,对于自己感兴趣的消息点击图片就可以查看详情。

图 8-4-2 账号管理

(四)店铺提醒

店铺提醒中的内容可以通过栏目右方的箭头进行展开和收

缩。按住并拖曳不同的内容,可以对提醒内容进行排序,如果提醒的内容是不需要的,长按住该内容之后,在这个内容模块的右上角会出现一个"×",点击它就可以移除此提醒内容。

如果安装完成手机京麦之后,在首页上没有看到店铺提醒,可以将它添加到页面当中去,首先点击下面工具栏中的"我"选项,然后找到店铺提醒那一栏后面的设置键,打开设置,再选择工作台设置,在工作台设置中选店铺提醒设置,将"显示此模块"选项打开即可,在这个页面中还可以选择要添加或删除哪些选项。

(五)店铺数据

在店铺数据这一部分中,每一个数据名称后面都带有一个"?",我们点击"?"就可以看到这一项目的具体含义。店铺数据中的数据模块也可以通过长按并拖曳来调整数据显示的排序。和店铺提醒一样,长按之后在数据模块右上角会出现一个"×",点击这个"×"就可以移除此数据的显示。

店铺数据模块同样有时候会没有显示在页面上,这时候还是需要选择下面工具栏中的"我"选项,然后打开设置,选择工作台设置。在店铺设置数据中,找到"显示此模块"选项,打开即可,在这个页面里我们还可以选择显示哪些项目。

(六)店铺插件

店铺插件是京东店铺经营中非常重要的工具,可以为店家提供多样的服务,使用上也十分简单,点击相应的插件就可进入操作页面。需要注意的是,子账号是没有办法使用已经订购的插件的,需要主账号为员工开通授权之后才可以使用。

同样的,如果首页没有显示店铺插件的话,还是需要手动添加。同样还是通过工具栏中"我"选项来实现,点击"我"打开工具台。在工作台设置中,找到插件设置,选择"显示此模块",就可将店铺插件展现在首页之上了。我们还可以通过添加和移除来调整显示的插件。

三、手机京麦的常用功能

(一)设置子账号权限

子账号可以将工作细化,更好地完成店铺的经营。手机京麦也可以新建子账号并设置子账号权限。

1. 创建角色

在手机京麦下面的工具栏选择"我",然后找到"权限管理"选项。在权限管理页面的右上角有一个"角色"选项,点击这个选项,即可打开角色管理页面。在角色管理页面的右上角有一个"新建"选项,点击这个按钮就可以开始新建角色,可以为新角色命名和分配工作。这样一个新的角色就创建完成了。

2. 子账号管理

如果想要给子账号补充一些权限,可以在账号列表中选择想要补充权限的账号,然后勾选想要补充给它的权限,点击"确定"即可。

(二)售后客服

手机京麦的售后客服插件中包含四项功能,分别是:待审核订单、待退款订单、退款成功订单和退款失败订单。这里介绍前两项功能。

1. 待审核订单

客户在还没有收到商品时,申请取消订单,这种情况下订单就变成锁定的状态,只要进入待审核订单页面，就可以查看订单的情况。点击"查看并审核"选项就可以看到订单的详情，如果该订单已经出库，还可以查看详细的物流信息。商家可以选择同意，这样订单就会进入退款环节，当然也可以选择拒绝，如果驳回，需要选择明确的驳回原因。

2. 待退款订单

待审核订单在商家同意退款之后，就会进入待退款订单之中。打开待退款订单，就能看到所有的待退款订单的列表。店铺的财务部门审核后，同意退款的订单将会进入退款成功订单列表，审核不通过的订单将会进入退款失败订单列表，在相应的部分可以查看订单的详情。

（三）自运营中心

1. 上传商家短视频

如果想在手机京麦上制作短视频，首先需要购买相应的插件，可以选择购买插件中云商品。

进入中云商品插件之后，有一个主图视频功能，点击即可进入视频创作，有三种视频尺寸可选，可以根据店铺商品的特点来自由选择。

选择好尺寸之后就可以进入拍摄页面，这里可以选择拍摄照片或者拍摄视频，按照店铺的需要进行拍摄。拍摄完成之后，点击保存并发布，视频就进入发布状态，也可以选择保存到本地，也就是保存到手机中。

拍摄完成后，我们选择左上角后退按钮返回，然后进入视频制作页面查看状态。制作的视频都是需要转码的，一般视频转码需要1~5分钟。转码完成后，就可以直接选择视频进入下一步，找到要关联的商品，提交审核，提交后商家也可以返回视频列表或继续制作新视频。

想要进一步提升商家短视频的竞争力，需要注意以下几点：

首先，把短视频放在商品推荐中，这样商品被推荐时也会展示视频播放的图标，让顾客在茫茫商品中一眼望到视频独特的标识，吸引眼球，增加点击率。

其次，商详视频可以在单品页和图文详情处展示，这主要是对商品功能做讲解和介绍等，也让想要购买的顾客对产品有一个直观和更深刻的印象。

再次，对于上传的店铺视频在审核通过后，商家对于在店铺主页进行展示的视频，可以选择是以全屏竖屏或横屏的形式来展示。

最后，在京东后台通过达人账号上传的短视频，只要视频通过了审核，就可以在多个板块中展示。

2. 发布买家秀

在手机京麦中，有一个功能叫作购物圈，其中的主要内容都是一些购物达人发布的买家秀。通过京东店铺后台设置买家秀之后，就可以在手机京麦中查看到了。

我们选择发买家秀，点击进入之后按照要求在对应的方框内填写，填写好后点击"发布"按钮就可以了。有红色星号的是必填项，没有则可以选填。

需要注意的是，在发布动态时，标题和封面要做好。首先，要从消费者的角度出发，想一下他们想要了解的相关信息，从而撰写标题。其次，发布动态的时候，要控制时间。店铺动态发布的最佳时间在下午三点到五点，因为这个时间段阅读的人数较多，当然这只适合绝大多数店铺。再次，一定要选择人群标签，让动态更精准地传递到目标消费群中。最后，发买家秀一定要对内容进行精心编辑，不能随便发布，因为这是增加店铺曝光度，让别人知道店铺的商品优点和展示买家口碑的窗口。

（四）手机咚咚

咚咚作为店家和客户沟通交流的重要工具，在手机京麦上也是非常重要的。打开手机咚咚只需要点击工具栏中的咚咚图标即可。

1. 更改工作状态

打开手机咚咚之后，在页面的最上方中间部分，有工作状态的选项，登录时选择的是什么状态，在这里默认显示的就是什么状态。如果想要更改工作状态，点击这个状态显示，就可以选择不同的状态，可选择状态有在线、离开、挂起和离线。

2. 查找联系人

在手机咚咚的页面中，右上角有一个半身人像的图标，点击这个图标，就可看到咚咚好友的分组。点开分组，就可以看到里面的联系人了。点击想要联系的人，就可以打开对话窗口。也可以通过搜索找到联系人，或者通过商家服务助理来查找联系人。

3. 查看客户消息

如果有客户发来了消息，就会在咚咚的页面下显示他的名字，只要点击名字，就可以打开聊天对话框（图 8-4-3）。

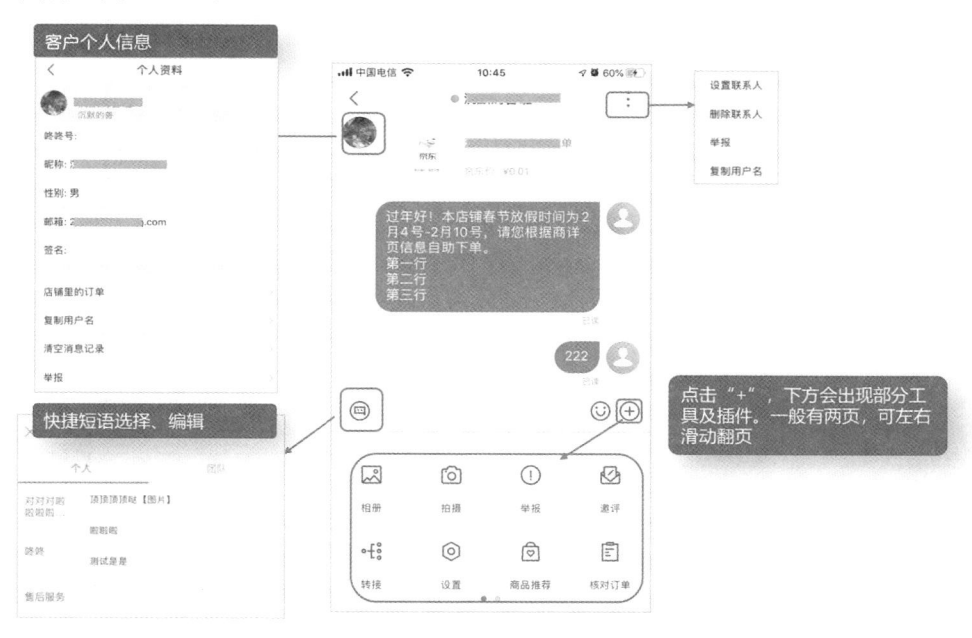

图 8-4-3　查看客户消息

实践任务

研究如何利用手机咚咚举报、拉黑恶意客户。

素质拓展

京东顾客怎么转接给其他客服？

对于京东的商家来说，成功在京东上面开店之后，必须要设置客服，只有拥有了客服之后，才能及时回复买家咨询的问题。目前京东上推出了很多的活动，当商家加入活动以后,就会让店铺内流量上升,咨询的买家也会变多,那么京东顾客怎么转接给其他客服呢?客服有哪些工作内容?

1. 京东顾客怎么转接给其他客服?

首先打开京东客服工作台,也就是咚咚,然后找到右下角的咚咚管家,打开它。打开之后会有各种选项,点击京东客服工作台的设置选项,就可以看到咚咚的客服管理,点进去会看到编辑界面,在京东客服平台里点击你需要修改的,或者你想要对哪个号进行设置,最后只要点击提交就可以了。

2. 客服有哪些工作内容?

(1)京东客服要熟悉店铺内宝贝的相关情况,能够有效地为不同的顾客做商品推荐与解答;对于店内进行的活动能够清晰地了解,及时提醒顾客并备注其特殊的要求,并和仓库及时沟通;主要以引导顾客购买为主。

(2)京东客服给车间下单之后,要及时把订单出库,货到付款和在线支付的订单要了解清楚,填写好运单号。对于大额产品,在出库之后最好再追踪一下产品的物流,客户有没有收货或者收货后有没有确认收货等,这样在客户追问的时候可应答自如。

(3)店铺商品发货之后,需要与顾客保持沟通,记录有关情况并及时处理。客户反馈的意见和建议,包括顾客的抱怨和不满,要认真倾听,并给予合理的回复。京东客服人员需要尽快为顾客解决问题,尽职尽责为顾客服务,最大限度地满足顾客。

(4)客服服务不单单是简单地回复买家的问题,作为客服要去引导顾客、分析顾客的需求,多站在对方的角度去思考,说不准顾客还能多带朋友过来消费。客服对待顾客不是一次性的服务,维护老客户永远比找一个新客户靠谱。

当京东商家把店铺做大之后,就应该及时考虑增加店铺里面客服的数量。对于店铺里面的客服来说,不单单要去服务买家,还应该掌握客服的技巧,知道通过什么样的方式可以留住买家,让买家拥有不错的购物体验,这对增加店铺评分会有很大的帮助。

项目综述

本项目通过对京麦工作台的讲解和介绍,学生熟悉和掌握京麦工作台的基本情况和使用方法。

一、通过对京麦工作台基本情况的讲解和介绍,学生了解京麦工作台的特点和特色,掌握京麦工作台的安装方法,熟知京麦工作台注册和入驻的方法。

二、通过对京麦工作台功能的讲解和介绍,学生了解京麦工作台的使用方法,掌握产品管理、店铺管理、人员管理、营销宣传等多项功能。

三、通过对咚咚工作台的讲解和介绍,学生了解咚咚工作台的构成和使用方法,掌握利用咚咚工作台和顾客沟通交流、营销推广的方法,能够完成对客服务,实现更好地与客户沟通和交流。

四、通过对手机京麦平台的讲解和介绍,学生了解手机京麦平台,掌握手机京麦平台的使用方法,更好地利用手机京麦工作台完成销售活动。

项目九

认识拼多多网络客服工作平台

项目描述

随着人们对网络购物的需求越来越多,电商平台的竞争也越来越激烈,拼多多作为新晋的电商平台,发展势头迅猛,快速占领了市场,吸引了越来越多的商家入驻开店。本项目主要介绍拼多多商家工作台的安装和使用方法。拼多多商家工作台就是为拼多多卖家打造的工作平台,可以通过它完成店铺所需的各项工作。

项目目标

能够安装拼多多商家工作台,完成商家入驻以及商品上架、物流发货、售后服务等多个店铺经营活动。

通过对拼多多商家工作台的讲解和介绍,学生树立服务意识,学习技能,服务身边的人;为他人、为团队、为国家发展做贡献,将奉献社会放在第一位,传承全心全意为人民服务的精神。

任务一　安装拼多多商家工作台

学习目标

【知识目标】了解拼多多商家工作台。
【技能目标】能够安装、注册拼多多商家工作台。

情景导入

小明：我的淘宝和京东店铺都步入正轨了，最近总有人让我帮忙砍一刀，我一看原来是拼多多，现在好多朋友都开始用拼多多买东西了，我要不要也在拼多多开一家店铺呢？

小红：拼多多使用方便，顾客众多，还可以0元开店，供货渠道也多种多样，很值得开一家店铺！

小明：那要如何才能入驻呢？

小红：在电脑端或手机上搜索就可以了。

小明：我这就去下载，谢谢你。

知识平台

一、拼多多商家工作台介绍

微课：拼多多商家工作台的下载和安装

拼多多平台成立于2015年，是一家专注于移动互联网购物的平台网站，用户可以通过发起和朋友、家人、邻居之间的拼团，用更低的价格，购买优质商品。拼多多平台创建的宗旨就是，发挥和团结更多人的力量，从而用较低的价格来买到更加优质的商品，让用户从中体会更多的购物拼团的实惠和乐趣。另外，通过好友之间的拼团分享，可以形成一种社交的理念，将社交和购物结合起来，形成了拼多多平台自身独特的新社交电商发展模式。

拼多多商家工作台是拼多多官方为了方便商家对店铺进行管理而推出的管理软件，和淘宝的千牛、京东的京麦一样，都是分为电脑端和手机端两个端口。商家可以通过拼多多商家工作台同时上线20家店铺，0元开店，上架商品、管理订单、查看店铺数据等，还可以及时和客户沟通交流。

二、安装拼多多商家工作台

安装PC版的拼多多商家工作台，首先需要在网页中搜索该平台，找到需要的下载页面，打开就可以看到下载程序了。

在打开的页面中选择立即下载，就可以开始下载安装软件了，将软件保存在电脑的合适位置即可。

双击安装软件,可以选择一键安装,简单方便,按照默认的方式安装,如果需要安装到其他的硬盘之中,可以通过"更多"选项,将软件安装在指定位置。

安装完成之后,可选择立即登录,也可以选择用手机扫描二维码,下载安装手机版拼多多商家工作台。

三、注册、登录拼多多商家工作台

拼多多商家工作台的登录方式也是分为密码登录和扫码登录两种(图9-1-1)。在"登录"按钮下方有两个选项,分别是"记住密码"和"自动登录",这两个选项默认是被选择的,如果不是在个人电脑或者在家中登录,而是用公共电脑或在公共场所登录,可以取消选择这两个选项,以保证账号安全。

图9-1-1 拼多多商家工作台登录界面

双击拼多多商家工作台图标,弹出登录界面,界面中会显示"登录"或"注册"字样,如果在之前已经入驻过拼多多商家平台,那么只需要输入对应的账号和密码就可以进行登录;如果还未入驻拼多多商家平台,那么只需要按照界面指导的步骤一步一步完成平台的入驻。入驻成功以后,就可以实现正常的登录。

在输入账号和密码的时候,如果用户将平台的账号和密码都忘记了,可以单击"找回账号和密码"进行操作,在找回账号时,需要核实用户的个人信息,包括姓名、身份证号、手机号以及账号注册地址等进行审查,如果这些信息和用户注册时所填写的信息完全一致,那么就可以顺利地完成账户的找回;对于忘记密码的情况,其具体的找回流程就比较简单方便了,只需要用户单击"忘记密码"就会收到拼多多平官方平台发出的验证码,将六位验证码输入以后,平台上就会出现"重置密码"的选项,这时用户通过重新设定密码,就可以完成其登录的过程。

如果还没有注册拼多多商家工作台,可以单击最下面的"0元开店",开设自己的拼多多店铺。

拼多多入驻的店铺种类很多,可以分为普通入驻和一般贸易入驻两大类(图9-1-2)。我们常用的是普通入驻,其中又包括了个人店和企业店两种,个人店之下又有个人店和个体工商户两种;企业店之下包括旗舰店、专卖店、专营店和普通店四种,可以根据个人的需要来选择。

这里需要注意,只有个人店是不需要营业执照的,其他类型的店铺都需要营业执照等手续。选择完店铺类型之后,需要填写店铺的信息,这里需要确定的是店铺名称和主营商品,同时需要上传开店人的身份证信息和进行人脸识别。

图 9-1-2　入驻店铺类型

都填写完毕之后,选择提交就可以完成 0 元开店,用账号名和密码即可登录拼多多商家工作台。

其实拼多多客户端还有另外一种安装方式,那就是首先在网页上搜索并打开拼多多商家后台,完成 0 元开店。登录之后,在页面版拼多多商家后台的最上方,有一个下载客户端选项。在这里我们可以选择下载手机 APP 和 Windows 客户端。

实践任务

拼多多入驻店铺的类型有很多,分析不同类型店铺之间有什么不同,作为卖家入驻成为哪一种商家最有利。

素质拓展

手把手教你无货源开店

拼多多无货源店群就是在拼多多平台上通过注册开设多家店铺,形成规模化经营,提高店铺自然搜索量和产品爆款率。它不需要囤货,通过采集上家优质货源,并合理加价上传到自己店铺,从中赚取利润。简单来说就是做中间商赚差价。

其实不管是拼多多,还是淘宝、京东、亚马逊,都有这种无货源模式,只不过投资的成本、操作技术、利润不同。拼多多比较适合新手操作。

拼多多无货源店群有什么特点呢?

(1)成本低。1 张身份证可以绑定 2 家店铺,个人店铺保证金是 2 000 元,企业店铺是 1 000 元。20 000 元保证金就可以开 10 家店铺,而且可以盈利后再交。退店可以退保证金。

(2)风险小。不需要囤货,减少了货品积压的风险,免去了门面租赁、物流、人工等相关费用。相对于传统行业,无货源的风险是比较低的。

（3）利润高。基本上每个产品的利润率可以达到30%～50%。即使是2元的东西，它的利润也能控制在1元左右，虽然1元不多，但是薄利多销，利润也可以很高。

（4）资金回笼快。一般从发货到买家确认收货，一个礼拜就可以把本钱和利润收回来。

所以说，只要你有一台电脑，开店采集上传，回复客户疑问，解决售后问题，你的电商之路就开启了。

（资料来源：鱼摆摆网）

任务二 了解拼多多商家工作台的功能

学习目标

【知识目标】 了解拼多多商家工作台的功能情况。

【技能目标】 能够用拼多多商家工作台完成店铺装修、商品销售、订单管理、售后服务等。

情景导入

小红：你的拼多多店铺经营得怎么样了？

小明：挺好的，就是拼多多商家工作台我还用不明白。

小红：拼多多商家工作台虽然功能选项不多，但是都是很实用的功能。去繁从简，很方便应用。

小明：这么方便吗？都有什么功能呢？

小红：有很多呀，聊天、订单管理、物流管理等，还有抠图和视频工具，使用起来非常方便快捷。

小明：太感谢你了，我现在就去试一试。

知识平台

一、页面构成

拼多多商家工作台的构成很简单。左上角是店铺名称，在这一栏有一个三个小点的图标，单击这个图标就可以选择退出，在店铺名称后面还有一个加号，单击这个加号就可增加一个登录账号。左侧是导航栏，包含聊天、订单、商品、数据、应用中心、权益、成长、通知几个栏目，左侧下方还有打印组件、商家后台、更多三个选项。中间部分是编辑页面，每个项目都有自己的工具栏。

二、拼多多商家工作台功能

拼多多商家工作台其实更像是拼多多商家后台的一个快捷使用工具,我们在使用拼多多商家工作台时,很多时候都会直接打开拼多多商家后台。

(一)消息

左侧导航栏上的第一项就是消息,它和千牛的旺旺、京麦的咚咚一样虽然都是和客户沟通的工具,但是在使用时还是有一些不同之处。拼多多的聊天界面是非常简单明了的,我们可以把聊天栏简单分为五部分(图 9-2-1)。

图 9-2-1 消息窗口

第一部分是左上角的状态栏,在这一部分中我们可以看到用户 ID,然后下面是状态,有三种状态可选,分别是在线、忙碌和离线。

第二部分在状态栏的后面,这里显示的是今日的访客情况,包括 3 分钟人工回复率、今日咨询人数、今日客服成团金额、询单人数、成团人数、询单转化率、客服销售额、30 s 应答率、平均人工响应时长等,既可以统计店铺的订单数量和咨询数量,又可以考核客服的服务效率。

第三部分是左侧的接待栏,这里分为两个选项:一个是今日需接待,另一个是全部会话。在今日需接待中,可以看到今天联系的顾客的名单,而在全部会话中则可以看到所有不同状态的列表,例如待办任务、咨询未下单、咨询下单未付款等(图 9-2-2)。对于添加好友和进行群聊等功能,拼多多平台上是没有的。对于拼多多来说,其主打的功能就是通过好友之间的拼团来买到较为便宜的货物。拼多多的拼团和助力分享往往是通过第三方平台来完成的,微信是拼多多使用频率较高的邀人助力的社交平台,凭借着微信的巨大社交人际网络,拼多多加大了拼团的成功率。

第四部分是聊天窗口。这里是买家和卖家沟通交流的地方,这里除了可以发送文字、图片、视频和商品链接之外还有几个特别实用的功能(图 9-2-3)。

图 9-2-2 接待栏　　　　　　　　　　图 9-2-3 聊天窗口

第五部分是工具窗口,这里可以查看买家订单,可以为顾客推荐商品,可以设置快捷回复,可以查看商家工单等。

(二)订单

在订单这个栏目里,有两大功能:一个是订单管理,另一个是物流服务。

1.订单管理

订单管理一栏中可以查看待支付的订单、待发货的订单、退款或售后的订单以及已发货的订单。

(1)待支付

在待支付的订单中可以查看订单详情,还可以备注一些客户的要求,例如延时付款、指定发货时间、指定快递等。待支付订单无法查看买家地址,所以也无法更改地址(图 9-2-4)。

图 9-2-4 待支付

（2）待发货

当顾客付款之后，商品就进入了待发货状态。在这个界面当中，我们可以看到顾客购买商品的价格和数量，可选择查看收件人信息，也可以通过单击"发起聊天"来和顾客沟通交流。在页面的最下方还有三种发货选项，可以选择呼叫上门寄件，或者选择打单发货，也可以选择合并发货。

在"操作"一栏中有三个选项。其中订单详情可以查看订单的整体情况，这里可以看到商品信息和买家的收货地址。如果需要退还运费，在这里也可以选择小额打款，同时也可以在详情中选择发货。添加备注是为订单备注一些注意事项，例如加急订单、顺丰包邮、赠送赠品等。最后一个核对地址，单击这个选项，将会把收货地址在聊天页面发送给买家，请买家确认地址有没有错误。

（3）退款/售后

在退款/售后中，我们可以看到所有待退款的订单（图9-2-5），包括待处理订单、待商家处理订单、待买家处理订单、待平台处理订单、待商家举证订单和已极速退款订单。这些不同的状态与商家的设定以及商品的状态是息息相关的。

图 9-2-5　退货/售后

在这里同样可以查看订单详情，可以添加备注，这里可以将买家退款的原因和要求备注下来，供售后和财务人员参考。在处理售后这个选项之中，可以看到售后详情，可以选择同意退款或驳回退款。

那么在什么情况下可以同意退款？什么情况下则需要驳回退款？这和买家购买商品的状态是相关的。

第一种情况是拼团订单退款。拼多多的商品形式和淘宝、京东不同的地方就在于它大部分都是拼团商品。拼多多平台上的拼团订单是不可以申请退款的，如果想要退款，必须在拼单成功以后，才可以进行退款，如果客户有疑问或者非常想要立刻退款，则需要和拼多多客服进行协商解决；另外如果拼团没有成功，那么系统会将客户支付的款项退回，只需要等一分钟左右款项就能到达微信账户上。

第二种情况是顾客拍下了商品，但是还没有发货，这个时候消费者就可以直接进行申请退款。在退款申请核实以后，款项会在24小时之内返还到之前付款的账户中。如果店家开通了极速退款，也可以马上按照付款路径退款。

第三种情况是商品已经发出，顾客申请退款。这种情况下卖家可以通过物流申请拦截，但是拦截也有失败的可能，这就需要顾客拒收快件。按照物流的程序，该货物是要原路退回的，当商家收到退回来的商品时，就按照正常的退款流程将款项返还到买家支付交易的账户中。

第四种情况是顾客收到了商品，但是以商品有质量问题为由，申请退款不退货。这种情况需要卖家和顾客协商，确定是否为商品质量问题，店家可以选择同意退款不退货，也可以选择补偿一部分款项，还可以选择退货退款。当然如果顾客不愿意退货，卖家可以拒绝退款申请，双方可以请官方介入，提出申诉。

第五种情况是退货退款订单。现在很多平台都支持7天无理由退换货，对于拼多多平台来说也是如此，如果产品出现了质量问题或者将货物发错，那么卖家是需要承担来回运费的；如果不是因为质量问题所进行的退换货，那么来回的运费需要买家自行支付。

（4）已发货

在已发货的页面中可以查看所有已经发货的订单以及物流详情。

2. 物流服务

物流服务选项中包含两项内容：打单工具和包裹中心。

（1）打单工具

打单工具选项中可以查看待发货订单、已发货订单、手工订单、打印日志、代发管理和设置等几类内容。

①待发货订单。在代发货订单当中，我们可以将快递单打印出来。打印之前需要安装或运行拼多多打印组件，设置快递模板和发货地址，只有这三项设置完成才能开始打印快递单。设置完成之后，选择订单，即可以开始打印快递单（图9-2-6）。

图 9-2-6　待发货订单

②已发货订单。在已发货订单当中，可以查看所有已发货订单的物流状况，同时可以选择打印机重新打印快递单。

③手工订单。在手工订单页面中可以选择手动输入收件人信息。输入订单号，然后选择"匹配"，就会自动填充收件人信息。如果收件人信息发生了改变，可以在页面中手动填写收件人姓名、联系方式、所在城市、详细地址、商品名称、规格名称、商品数量、商品备注等。都填写完成之后就可创建订单。除了单条创建之外，也可以选择批量创建。

④打印日志。打印日志中可以查看指定时间内的打印记录，可以查找指定的订单情况。

⑤代发管理。代发管理是一款十分方便好用的代发工具，它能大幅度提高发货效率，自动

同步订单,使用上也非常方便快捷。

⑥设置。这里介绍设置中的几个功能。

• 快递模板设置。在设置过程中首先需要新增快递公司,同样单击"新增快递公司"选项,即可打开新增快递公司页面。

如果没有开通电子面单服务,需要开通之后才能新增快递公司,可以单击页面中的"前往开通",也可以在网页中打开拼多多商家后台来进行开通。在开通电子面单的页面中,选择需要的物流公司,然后单击"申请开通",在弹出的窗口中填写需要的信息,单击"确认",即可完成申请。

• 发货地址设置。选择新增发货地址,就可以打开新增发货地址的页面,点击新增发货地址按钮,进入设置页面,按要求填写姓名、电话和地址即可。

• 发货单设置。这里可以设置想要在发货单上打印出来的内容,选择方式也十分简单,只要勾选希望打印出的项目前面的复选框就可以。同时可以在自定义信息里,填写需要的内容(图 9-2-7)。

图 9-2-7　发货单设置

(2)包裹中心

包裹中心主要可以查寻包裹的一些相关情况。

①发货包裹。发货包裹中可以查询已经发货的包裹的情况,可以看到发货时间、物流公司、运单号、面单类型、包裹状态、当前异常类型、异常时长和处理状态等。如果包裹众多,也可以通过快速筛选订单来选择需要查看的订单(图 9-2-8)。

图 9-2-8　快速筛选订单

②退货包裹。在这一页面中,可以查看退货包裹的情况,包括退货时间、售后编号、物流公司、运单编号、订单编号和包裹状态等,能及时把握退回商品的物流情况。

③多包裹订单。有时候一单商品中包含的商品数量很多,需要发出多个包裹,这种情况可以通过新增额外包裹来完成设置。

添加新增额外包裹首先需要填写的就是订单编号,之后填写额外运单号和快递公司,再选择"确认"即可。如果新增多个包裹,可以单击左下角的"添加运单号"来再增加一个单号。这里需要注意的是,新增的运单号只是作为一个备注信息,是没有发货效力的,一切都以发货时的运单号为准。另外,只有已发货状态下的运单可以新增包裹,并且要在发货后 7 天内上传,一笔订单最多可以上传 10 个额外运单号。

(三)商品

在商品页面中,可以查看在售中的商品、已经售罄的商品、已经下架的商品和在草稿箱中的商品,同时还可以创建新的商品和发布机会商品。

商家在选择商品的时候一定要考虑用户需求,若用户不需要,上再多货也是徒劳。此外,千万不要盲目跟风。若商品价格没有太大优势,选择热销品就一定要谨慎,不然可能血本无归。当然,除了商品定位之外,商家对自己的客群也需要定位有效的定位才能让店铺的商品成功吸引消费者的注意力。

首先商品不以低廉为目的,很多商家认为,在拼多多上卖东西价格越低越好。这种想法并不对,品质是销量的前提,失去了前提一切都是枉然,因此商家不能一味地缩减成本。只有基于品质的让利才能形成真正的性价比,才能吸引更多的客户。在发布商品价格的时候,一定要对市场批发价、零售价、拼团价三者之间的价格情况进行了解,从而对所要上架的商品做出一个合理的价格定位。另外,即使是团购价也不能偏离市场价太远,否则很容易触及拼多多的定价规则,导致发布不成功。

其次,对产品规划需要合理又有效,一般一个店铺的商品可以分为引流款、利润款和高端款三种。一般来说,引流款占比应该在 20% 左右,主要作用就是带来流量,可以不赚钱甚至亏本。利润款是店铺利润的来源,占比应该在 70% 左右。高端款可能销量较低,占比 10% 左右比较合理。但是需要注意,店铺全推引流款不是不行,只是引流款一般都是刚刚保本甚至是亏本的,卖得再多也不挣钱。全是利润款也不行,没有引流款引来流量,利润款也卖不出去。

想要上架新的商品,只要单击"创建新商品"按钮即可进入发布页面。在商品类目的选择页面中,可以在上方的搜索框中直接输入商品的名称,紧接着下方会出现符合该商品名称的类别推荐,然后在这之中选择一个最为符合的类目,将其选中后单击下方的"确认发布该类商品"进入商品的发布页面(图 9-2-9)。

在商品的发布页面中,要为商品上传相应的图片和标题。标题和图片相当于商品的脸面。标题的作用是引流,因此在拟标题的过程中,需要大量地查找数据。图片是对商品特点的具体介绍,当消费者出现了购买的动机时,大部分情况下都是被优美的展示图片所吸引的,为此在商品轮播图这一块,需要提前制作好图片。制作完成之后,按照要求进行上传(图 9-2-10)。

图 9-2-9　选择商品类别

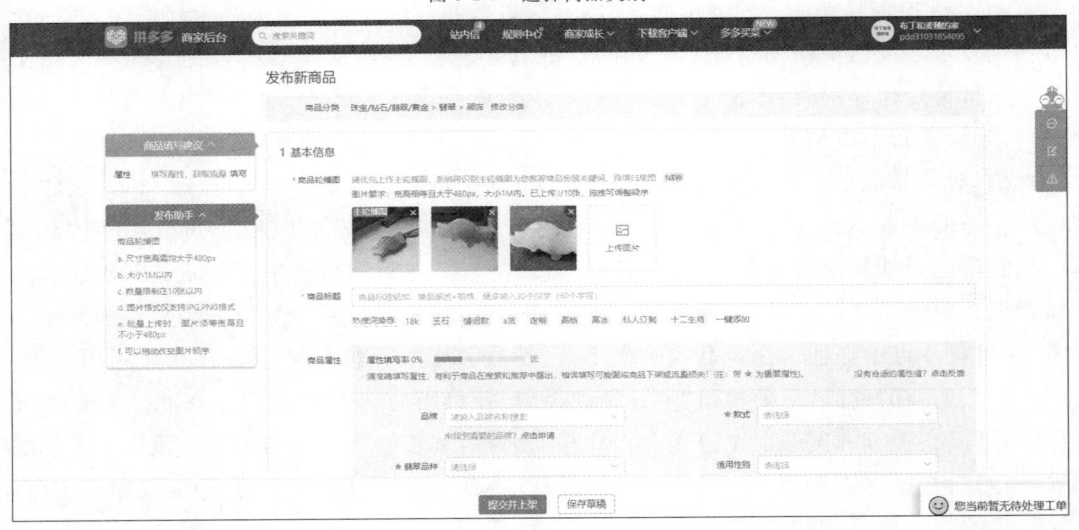

图 9-2-10　商品轮播图

接下来就是对产品的价格与规格进行分析。拼多多的商品在定价上和淘宝、京东有着很大的不同,拼多多本质上是拼团购买更优惠,所以在上架物品时需要设置团购和单独购买两种价格。

如果该商品是单独一款产品,且没有附属物品,那么就可以直接录入商品的价格和型号。当商品出现多种规格的时候,可以单击"添加规格",将这些产品的名称与价格、型号进行分批次录入,在这个时候,同样可以上传单独的产品图片。

店铺服务的宗旨是,自收到货物7天之内,可以选择无理由退换货,在这之前的邮费由卖家承担。自定义运费的时候,可以选择平台中的相应运费模板,然后根据自己的实际情况来进行设置。设置好了以后,可以通过单击下方的"确认发布"按钮来完成商品的发布(图9-2-11)。

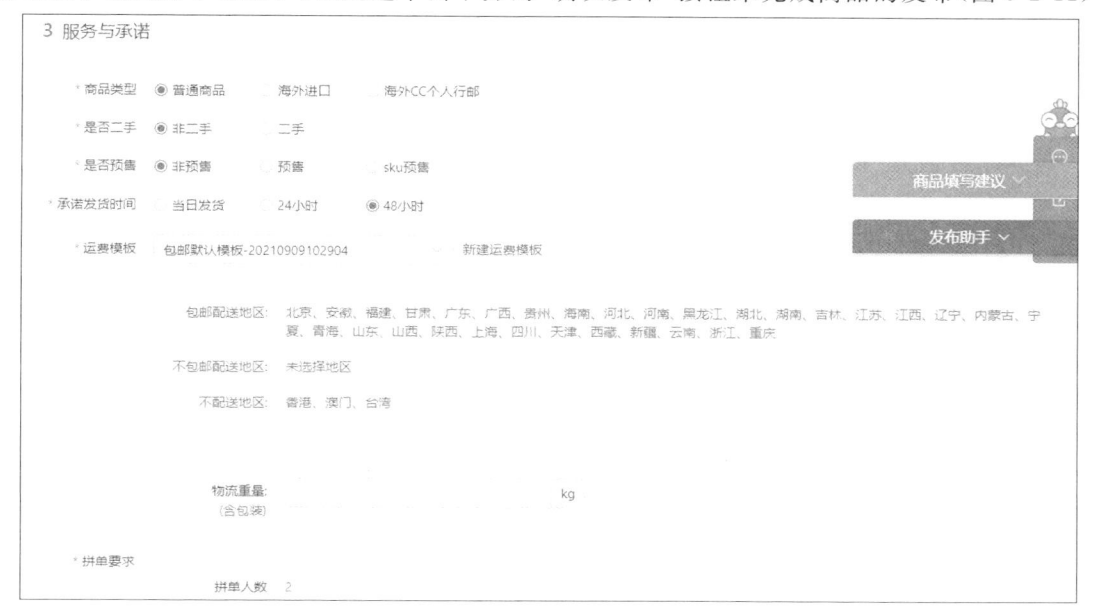

图9-2-11 运费设置

商品发布后,页面上会自动显示"提交成功"的提示。其间,平台会对商品的文字介绍以及上传的展示图进行审核,目的是查看是否存在违规现象。审核通过以后,该商品就算正式发布成功了(图9-2-12)。

图9-2-12 商品发布成功

商品发布成功后,如果想查看商品信息,可以回到后台首页,在商品管理界面中,找到商品的列表。在这里,所有发布的商品都可以看到,另外在目录下面,也可以查看刚刚发布的商品。

(四)数据

在数据页面可以看到店铺的各种经营数据,帮助店家更好地了解自己店铺的经营状况,查找不足,及时修改经营的路线和方向。数据包括以下功能:经营日报,可以查看每日的经营情况,成团的金额、订单数、访客数量、成团价格、退货金额、退单数量等情况,还可以查看转化率的分析,以及经营周报和经营月报;流量,了解店铺的曝光情况,客流量是否在逐渐增加;商品,包含商品的明细、商品流量榜、访客榜、支付转化率榜和收藏榜;活动,了解哪种活动更受顾客喜欢,可以更多地组织这类活动,以便扩大销售;客服,了解客服成团的金额和成团的人数,这里还有一个比较重要的数据就是客服服务质量的评价,了解这些更能帮助店主督促客服提供优良的服务;物流,查看物流异常的订单,虚假发货的订单,物流投诉订单和物流相关退款,了解物流公司的服务情况,如果物流出现很多问题,或者大多数客户都反映物流较慢或服务不好,则可以考虑更换物流或者和现有物流公司沟通改正;店铺服务,在这里可以看到领航员综合分行业排名,还有店铺综合体验星级,如果想要店铺做大做好,那么就要努力提升自身的等级。

(五)应用中心

应用中心中展示的都是在店铺经营的各个方面比较实用的各种工具,按照采购、商品、推广、营销、客服、物流、店铺、售后和我的服务几个方面来进行分类。下面我们以几个应用为例来介绍应用中心各个应用的功能和作用。

1. 批发采购

批发采购是提供货源的一个方式,其中商品种类齐全,价格低廉,很多商品2件起批发,非常适合小型经营。

2. 商品素材

商品素材是非常重要的一个应用,它主要是统一管理商品中的所有素材。

(1)图文素材

图文素材中可以为已经上架的商品上传白底图,也可以批量上传。每次可以上传十张,需要注意的是,每张图片要以"商品ID+其他名称"的形式来命名,上传的图片需要是比例为1∶1的正方形,尺寸大于 480 px×480 px,文件小于 3 MB。

但是有些情况下,我们拍摄的照片不是标准的白底图,这种情况就需要通过抠图来制作白底图。在图文素材这一页面中,提供了快速抠图的工具。在这个工具中,我们可以选择用商品图或者上传图片。选中图片之后,就会自动抠图,抠图完成上传至图片空间就可以使用了。

(2)主图投放

主图投放是一个智能应用,是消费者进入拼多多之后首先看到的商品列表,主图是商品列表中占据空间最大的部分。好的主图可以吸引顾客,提高商品的浏览量,促进消费者购买。

(3)视频制作

视频制作是一个非常实用的功能,其中有多个行业模板可以选择,可以一键生成短视频,即使不擅长视频剪辑也能做好商品视频。

在进行短视频的推广运营中,视频的质量和内容是十分关键的,在这之前要做好相应的规划,不能浪费视频中的每一个镜头。需要根据用户需求分析确定好视频内容的大方向后,从大方向中找到细分领域,想好具体拍什么。

商家可以先从自己卖的商品出发,比如食品类,可以拍生产制作的视频,或者从突出产品的卖点角度拍视频;当然视频内容也可以不用和自己卖的商品强行关联,可以先跳出来想想自己擅长什么或者了解什么领域。比如擅长烘焙就做甜点相关的,擅长穿搭就做服饰相关的,或者分享有趣的日常生活,但是要注意内容不能空洞,要有亮点,让观看者看了你的视频后有所得,要么是获取了一个小知识,要么是获取了快乐等。

然后选定一个主题,比如做蛋糕,要细化到每个步骤,具体怎么展现,需要突出什么重点。可以先写个脚本,方便拍摄。视频内容不要一味地以营销为导向,只要培养好与粉丝之间的关系,后续的卖货变现也是水到渠成的事情。

在短视频制作页面中,我们可以选择视频尺寸,默认为1∶1,也可以选择为3∶4或者16∶9,在行业风格中有多种分类可选,也有很多可用的模板。

可以选择和我们上架商品同类的模板,然后选择商品一键生成,选择要使用的商品,即可使用模板来制作视频,如果想用指定的素材可以选择自定义,然后进入选择素材界面,从商品图片中添加或者本地上传。

选择图片之后就进入了视频编辑界面,在这里可以添加音乐,编辑图片的说明文字,然后单击生成视频,就可以得到一条商品视频了。生成后即可以选择商品投放,暂时不想投放的话,也可以选择查看我的视频。

3. 商品评价

目前拼多多的好评主要由星级评价+文字描述组成,在星级评价上主要有一颗星、两颗星、三颗星、四颗星、五颗星,对于文字描述来说,没有好评和差评的区分,只是一段单纯的收到货物之后的感想和心得体会。

在评价管理中可以查看店铺收到的所有评价,为了吸引顾客、增加好评率也可以通过开通评价有礼,来获得更多的用户评价(图9-2-13)。

图 9-2-13　评价有礼

4. 营销活动

想要更好地经营店铺,就要经常参加各种营销活动,以提高店铺知名度,增加店铺客流量和曝光度,这样才能提高销售额。在拼多多上有着众多的营销活动,商家根据自身店铺和经营需要选择合适的活动参加即可。

5. 发货中心

发货中心是负责发货的应用,可以选择批量导入的方式进行发货,发货文件可以通过拖曳导入,是非常方便的应用,同时也可以开通极速发货。

6. 物流工具

物流工具中包含了几个功能,分别是运费模板、地址管理、加运费发顺丰模板、冬季包装费模板和指定快递。

(1)运费模板

在运费模板中可以新建运费模板,单击"运费模板"选项,即可以进入新建页面。在这个页面中可以选择配送的范围,不在配送范围内的地区,有些可以通过补交不等金额的运费来完成配送,有些则是不配送区域。同时在这个模板当中需要填写发货地址和为模板命名。

另外,在配送范围之内,也有一些地区因为各种原因无法配送,可以通过二级地址不配送区域设置来完成设定。

(2)地址管理

地址管理中可以新建电子面单发货地址和在线下单发货地址,单击"新建"按钮即可进入设定界面(图9-2-14)。

图 9-2-14　地址管理

（3）加运费发顺丰模板

很多店铺日常发货用的都不是顺丰快递，当顾客由于个人原因需要更改快递为顺丰时，就需要商家更改运费，如果订单数量巨大，就可以设置一个加运费发顺丰模板，可以根据不同的城市增加不同额度的运费。

（4）冬季包装费模板

有些地区冬季的商品包装要厚重一些，重量的增加会导致物流的费用有所增加，所以有些地区的物流费用在冬季会需要适当地补充。

（5）指定快递

有些顾客对于快递会有自身的特殊要求，所以有些时候需要帮助顾客使用指定快递，选择"立即使用"，然后选择快递公司和快递范围即可。

7. 子账号管理

子账号对于店铺管理是十分重要的，可以设置不同的工作岗位，分担工作，更好地经营店铺。

单击"＋新建子账号"按钮，即可打开新建子账号窗口，按照要求填写，给子账号分配角色，按照要求验证手机。都完成之后，单击"保存"，就完成了子账号的新建（图 9-2-15）。

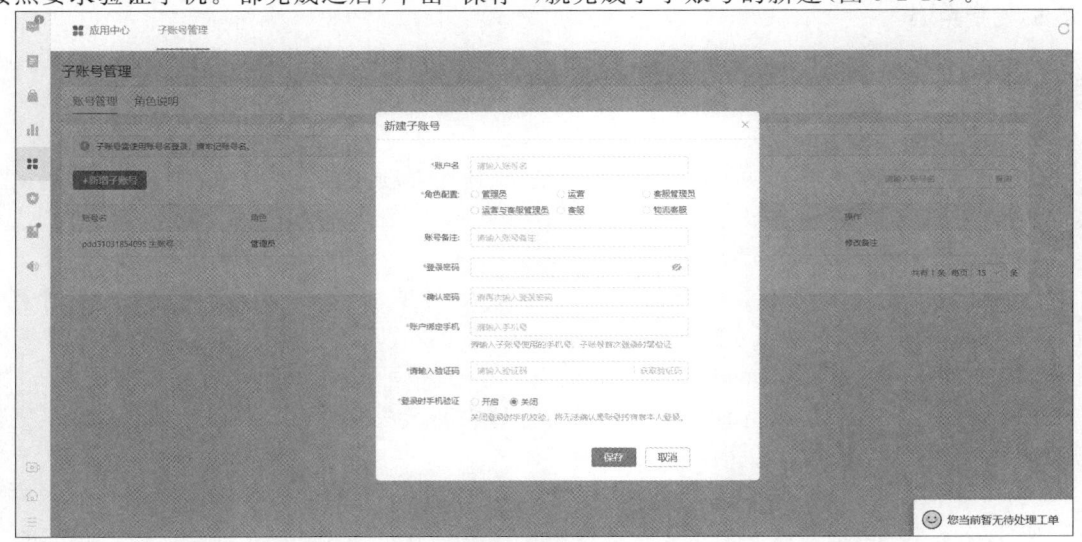

图 9-2-15　新建子账号

8. 工单管理

当店铺在经营中收到了工单,就需要合理地处理。工单是在消费者投诉后,商家收到的对应投诉商家服务态度的工单。对于工单的处理,通常是要求在 24 小时之内解决,如果超时未解决,店铺有可能会被下架。

当收到工单之后,需要联系顾客,和顾客沟通致歉,得到消费者谅解之后,再回复工单。对于工单的回复一定要简单明了,如果和顾客沟通良好,也可以引导顾客撤销对商家的投诉(图 9-2-16)。

图 9-2-16 工单管理

9. 店铺装修设计

在应用中心添加服务时,可以选择店铺装修设计一项,也可以在拼多多商家后台进行设置。登录拼多多商家后台之后,在左侧店铺营销菜单下找到店铺装修选项并单击,可以选择单击"立即创建"选项,在弹出的窗口中,选择一键装修、从模板新建和新建空白页三种模式,也可以单击"一件装修"按键,在系统提供的模板中选择合适的使用。

以上就是拼多多店铺装修的基本步骤,商家在店铺装修时尽量优化设计,带给客户视觉上的享受,以便吸引和牢牢抓住客户。

另外,如果店铺首页设计精美,图文并茂,点击量能够提升 3 倍以上;如果店铺首页观感较差,消费者流失率将达 80% 左右。店铺首页装修要做好商品轮播推荐,主要包括主推产品、新品上架、热销产品和活动商品等。商品轮播图片的要求为 1 125 px×330 px,小于 500 KB,上传格式为 .jpeg 或 .png。

不论哪一家电商平台,商品详情页的好坏都直接影响着商品的曝光量、展示量以及最终的商品交易量,因此,想要使店铺具有竞争力,就必然需要在商品详情页这一块下足功夫。在商品详情页布局时,需要特别注意以下三个要素:图片、问题和配色。

(1) 在图片方面:详情页多为图文结合,图片能够给消费者更直观的感受,让其看到商品的外观样式和整体结构。图片要重点突出商品的亮点、特有功能,并上传清晰的细节图以及可靠的证书等。网购是不能亲眼看到商品的质量和材质的,消费者看得较多的还是款式,只有款式符合消费者审美,消费者才有继续了解的欲望。因此,商家要尽量拍摄精美的图片,但是图片一定要真实,避免色差。消费者购买后都会看到实体商品,如果与图片差距太大,色差明显,会给消费者非常不好的体验,甚至可能会得到消费者的差评,影响店铺形象。

(2)在文字方面:图片给消费者好的视觉体验,文字对商品进行具体阐述,不仅能够让消费者静下来思考,还能延长消费者在页面的停留时间,有效提高转化率。如果要用文字列出商品优点或者注意事项,最好标注序号,以便消费者能够清晰、有条理地阅读。此外,文字内容也可以是商品使用后的感受。例如,服装类商品,可以多阐述商品材质和尺寸,有助于消费者快速下单。需要注意的是,文字描述要简明扼要,用词不能违规或者过于夸张。在制作详情页时要特别注意排版,尽量做到一屏一卖点,即每个手机屏幕可视内容只承载一个卖点。这样做的原因是更符合大多数人的观看习惯,结构清晰简洁,容易让消费者记住。

(3)在配色方面:商品详情页中的主色调会对整个店铺的格调产生十分重要的影响,因此在对一个画面进行配色时,所使用的色彩不能超过三种。详情页可以运用互补的颜色、相邻的颜色、间隔的颜色来进行配色,具体如下:

互补配色更具备力量感、气势和活力,给消费者强烈的视觉冲击,主要有红绿配色、橙蓝配色以及黄紫配色等。需要注意的是,两色之间必须选出主色调,控制好画面的色彩比例,如降低其中一个颜色的饱和度、明度,或者加入调和色(黑色或白色)降低色彩的对抗力。

相邻配色可以营造一种温馨浪漫的感觉,主要有黄绿配色、绿蓝配色、蓝紫配色、紫红配色、红橙配色等,该类配色大体上适用于家居、棉织品、小清新服装等较为柔和、宁静和具有传统感觉的产品。

间隔配色相较于相邻配色给人的视觉冲击更为强烈,对比明显,更活泼,主要有红黄配色、黄蓝配色、红蓝配色、橙红配色、绿紫配色等,其中红、黄、蓝三原色的搭配使用更广泛,尤其是在做促销活动时。此外,和冷色相比,暖色更能吸引消费者的眼球,但是色彩搭配时要把握好重点信息展示的层次。

在店铺设计中,店铺动态也十分重要,店铺动态主要是通过在店铺中发布一些吸引消费者的图片、文字或视频,进而起到推广店铺的作用。

在店铺动态的内容书写过程中,要注意开头、中间、结尾三个部分。开头部分一定要一下子吸引住消费者的眼球;中间部分要条理清晰、有理有据,有一定的文采;结尾部分一定要突出重点。

在语言的字数方面也要认真地进行把握,尽量言简易赅、引人深思,并且在发动态的时候,尽量不要超过140个字的上限,因为字数变多以后,就会显得语言很宽泛,使人把握不住重点。

此外,拼多多店铺动态评分也是店铺综合指标的反映,一般来说,店铺的动态评分越高,就代表店铺运营得越好。因此对于拼多多平台的店铺动态评分的提升有以下几方面的技巧:

• 做好补单。要控制好补单的数量,因为补单是存在一定的风险的,因此需要找专业的人员来进行操作。

• 提高产品性价比。大部分在拼多多平台上买东西的用户,往往是因为该平台有超高的性价比,所以在对商品进行定价的时候,要尽量让利于消费者,让消费者感受到平台的优势,进而可以吸引到大量的回头客,从而实现薄利多销。在这期间,还要进一步提升产品的质量,只有这样,才能在激烈的竞争中占得一席之地。

• 选好合作物流。尽量选择物流服务站点多的以及送货稳定的物流公司来进行合作,这样可以有效地提升用户的购物体验。

• 评价积累。消费者有什么不满意的地方,商家需要及时与他们联系,尽力帮助他们解决相应的问题,最终使他们做出积极的评价。

• 做好客服服务。客服是与客户沟通的重要渠道,我们要用专业的态度,积极解决客户提出的问题,减少退货率,增加好评。

10. 订单申诉

在订单申诉中,包含了多种申诉类别,例如异常单申诉、恶意投诉申诉、技术服务费申诉和类目服务费申诉等多个种类(图9-2-17)。

图 9-2-17 订单申诉

(1)异常单申诉

①在进行订单申诉的过程中,最多可以申诉 20 个订单,在输入所要申诉的订单编号后,单击"确认申诉"就可以了(图9-2-18)。

②本店铺中的所有订单都可以按照相关的流程进行申诉。

③在对订单号进行输入的时候,不能预留相关的空格,否则会被系统检测出来;如果申诉的订单号在输入的时候出现了错误,那么系统就会对其进行拦截。

另外要注意的是,申诉通过以后的订单可以选择不发货,在这之后平台会自动为其退款,如果申诉没有通过,仍然选择不发货,超出承诺发货时间会产生延迟发货扣款,延迟发货后 3 天内仍未发货,平台会按照缺货处理。

(2)恶意投诉申诉

在店铺经营过程中,经常会遇到顾客投诉商品质量有问题,要求退款,有些情况确实是商品出现了问题,这种情况可以协调退货退款或者补偿客人一部分货款,但是也存在一部分顾客是在商品没有质量问题的前提下,要求退款不退货,如果不能满足他的需求,就给予店铺恶意差评,这种情况下就需要进行恶意投诉申诉。拼多多平台会结合订单信息、店铺及消费者交易历史、店铺客服服务质量等因素进行审核,如果审核通过了,订单将不会记入品质退款率、物流服务异常率。不过恶意投诉申诉每家店铺每个月只有 10 次申诉机会,尽量不要随意申诉,不过如果申诉审核通过了,会恢复一次申诉机会(图9-2-19)。

图 9-2-18　异常单申诉

图 9-2-19　恶意投诉申诉

(3) 技术服务费申诉

如果出现了技术服务费异常订单,就可以在技术服务费申诉中进行申诉,平台将结合订单、店铺、售后及消费者等信息进行审核,如审核通过,将返还该订单收取的技术服务费。这类申诉,通常是买家不以交易为目的而下单,或者买家拍下大量订单然后批量退货,每次申诉的订单最多为 20 个(图 9-2-20)。

图 9-2-20 技术服务费申诉

(4)类目服务费申诉

因为买家异常下单行为而导致额外收取类目服务费,这种情况下的申诉就是类目服务费申诉,平台同样会结合订单、店铺、售后及消费者等信息进行审核,如审核通过,将返还该订单收取的类目服务费(图 9-2-21)。

图 9-2-21 类目服务费申诉

在具体的申诉中,还需要注意选择正确的申诉项,只有这样申诉通过率才会大大提高。主要的申诉项有以下三种:

第一,判责申诉。平台在售后处理时判定责任在商家,这种判定会影响店铺纠纷退款率,商家对结果有异议就可以申请判责申诉。需要注意的是,判责只影响店铺的纠纷退款率和纠纷退款单数,若是对运费或者货款有异议,还需要选择对应的入口进行申诉。如果只选择了判责申诉,会被认为是只对这一项有申诉需求。

第二,货款申诉。这是当卖家遭到了订单退款时,对于退款判定有异议而提出的申诉。货款申诉的金额是可以更改的,对部分货款有异议的可以修改申诉部分货款。

第三,运费申诉。这是商家对订单运费退款有异议而提出的申诉。这其中可以包括:已产生运费退款、非包邮商品的无理由拒收或退货、大件商品无理由拒收后产生的退回运费等。这里需要注意的是,包邮商品按照平台规则不支持运费申诉,不要因为这种无效申诉影响店铺维权申诉次数限制,另外就是运费申诉金额需要确保准确。

面对物流投诉,有些情况,可以通过与顾客协商取得顾客谅解,如果顾客撤销投诉,这种情况就可以不用申诉。

(六) 权益

这里展示了店铺的基础经营能力认证、高级经营能力认证、推广能力认证和营销活动能力认证,想要获得认证,就需要完成相应的题目,答题完成之后就可以领取相应的权益。

(七) 成长

成长页面可以说是一个学习交流的页面,在这里可以通过看帖进行交流和学习,在拼多多课堂上学习店铺经营的方法,在营销书院学习营销推广的方法,在权益中心完成打卡,看社区达人的成功事例,还可以在个人中心看自己收藏和发布的帖子。

(八) 通知

在通知页面可以查看各类通知,包括重要通知、订单通知、违规通知和店铺通知等。

实践任务

在应用程序中寻找还有哪些好用的应用程序,了解它们的使用方法。

素质拓展

拼多多可以发布买家秀吗?

买家秀的类型各式各样,能够更好地引起人们的购物欲望。拼多多上是存在买家秀的,当买家打开拼多多看一款商品的时候,在商品详情页中间可以看到该商品的全部评价,点进去,如果有买家晒了照片就可以看到买家秀。通过拼多多买家秀能更直观地看到商品的质量和样式、色差等。

用户在买完一款商品并单击确认收货后系统就会提示可以评价了,在评价的时候可以选择给几星的评价,可以发图片,可以写文字,给拼多多授权开启相机和相册就可以进行发图片和视频的操作,发完以后单击确认就可以了。

(资源来源:开淘网)

项目九　认识拼多多网络客服工作平台

任务三　了解拼多多商家工作台客户服务

学习目标

【知识目标】　熟悉拼多多商家工作台对客服务。

【技能目标】　掌握拼多多商家工作台对客服务的各项功能,利用拼多多商家工作台完成对客服务。

情景导入

小红:你的拼多多店铺经营得怎么样了?

小明:我想问问你,拼多多店铺怎么和顾客沟通呀!

小红:拼多多店铺没有专属的聊天平台,但是它的聊天界面简单方便,也十分好用。

小明:我上次好像因为回复超时被客户投诉了,说我长时间无响应,这是怎么回事呢?

小红:拼多多的聊天界面会有计时提醒,所以在和客户聊天时,要及时响应。

知识平台

一、新客服岗前须知

拼多多对于新开设的店铺,都会要求客服进行平台新客服岗前须知考试,以便客服了解客服工具的使用方法和拼多多平台的运营规则(图 9-3-1)。

图 9-3-1　新客服岗前须知

微课:拼多多商家工作台消息回复

单击"参加考试"即可开始测试。考试的目的是规范经营、规避风险,帮助客服知道哪些事情是不可以做的,以及对客服务的态度,以便可以更好地为顾客服务,保障店铺可以长久发展。考试题目一共 24 道,每答一道题都会公布答案,并且进行讲解,做错的题目会再次出现,直到答对为止。

二、聊天窗口

(一)客户标题栏

在对话窗口最上面,有一个有顾客ID的标题栏。在顾客ID的下面,有一个在笔记本上写字的图标,单击这个图标,可以编辑客户备注,因为拼多多没有客户分组,所以为不同的客户设置备注就非常重要,有利于客服记录老客户的喜好和特点。在这一栏的右侧有三个图标,分别是举报、转移和收藏。举报就是当客户是恶意客户或者客户无故骂人时可以选择举报他或者将他加入黑名单,如果想要将加入黑名单的顾客拉出来,也可以通过管理黑名单来实现。转移是可以将当前客户转接给其他客服,可以是由于催发货、售后服务等原因发起转接。收藏,也就是可以星标客户,这里可以将客户星标为四种颜色,按照优先级别分别是红色、黄色、蓝色和绿色(图9-3-2)。

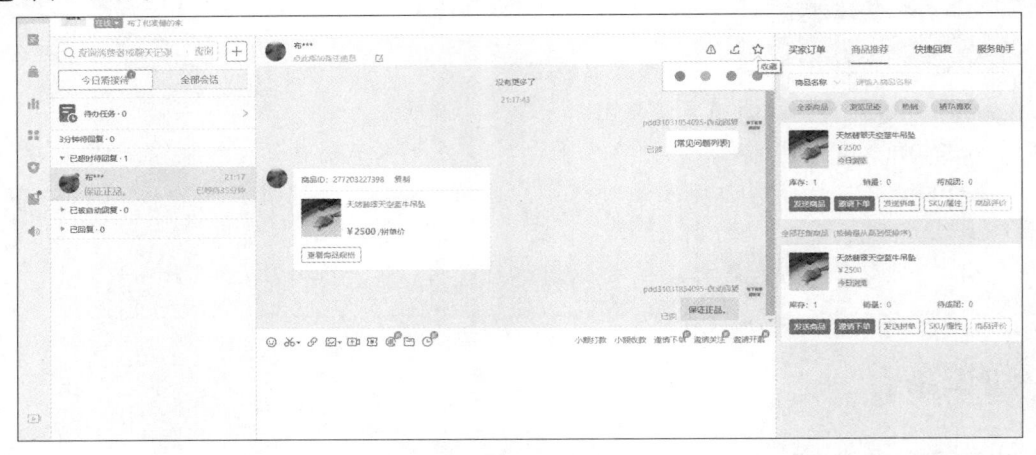

图9-3-2 客户标题栏

(二)工具栏

在聊天窗口中有一排工具(图9-3-3)。

图9-3-3 工具栏

1. 退款

工具栏中间的位置有一个"退"字,单击这个图标就可以在聊天界面进入退款管理。

2. 聊天记录

工具栏中有一个时钟的标记,这个就是聊天记录图标,单击这个图标就可以看到和这个客户的所有聊天记录。当和客户的沟通持续了很多天,或者客服在交班之后,都需要通过查看聊天记录来明确客户的需求。

3. 邀请关注

在工具栏中有"邀请关注"几个字,单击即可邀请正在聊天的顾客关注店铺。关注店铺后顾客可以及时了解店铺的动态,而店铺也有可能增加一个固定客人。

4. 邀请下单

在邀请关注前面就是邀请下单选项,当顾客咨询完订单之后,如果没有下单,可以发送邀请下单给顾客,提醒顾客进行购买。

5. 小额打款

小额打款是给顾客小面额打款的工具,当需要补贴运费或者商品差价时,可以选择小额打款的形式,省去了顾客退款的麻烦。

6. 小额收款

和小额打款相反,小额收款是顾客给卖家补款,可以是更换购买商品产生了差价,或者补充的运费等。

不管是小额打款还是小额收款,拼多多都严禁商家在消费者平台外完成交易,若使用微信或支付宝收付款,都有可能被判定是诱导非官方交易,是有可能受到惩罚的。惩罚可能是缴纳五万元保证金,可能是被勒令停店,也可能是关闭客服账号等。

三、消息回复

(一)自动回复

自动回复可以在应用中心的消息设置中设定。这里可以设计开场白和常见问题、商品卡片自动回复、离线自动回复和订单自动回复几种自动回复形式。

1. 开场白和常见问题

开场白就是客户第一次发来消息时给客户所做的自动回复,除了问好之外,同时会加入常见问题列表。开场白可帮助、完成迎宾和导购的工作,同时可以帮助卖家快速解答顾客的疑惑。当买家单击设置的问题时,会自动弹出对应的回复。这里可以使用默认的问题,也可以添加自定义问题(图 9-3-4)。

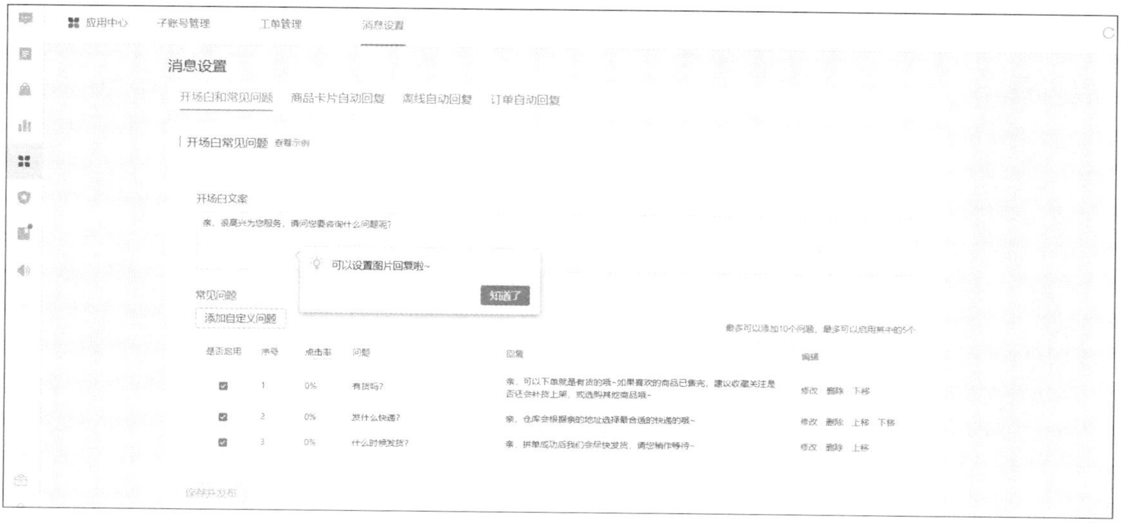

图 9-3-4 开场白和常见问题

需要注意的是，在添加自定义问题时，可以上传图片作为答案（图 9-3-5）。都填写完成后，选择"保存"并发布，一条新的开场白就设计好了。

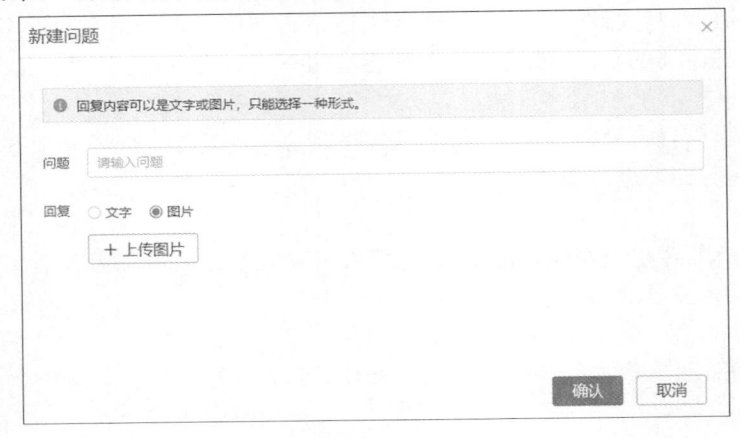

图 9-3-5　新建问题

2. 商品卡片自动回复

商品卡片自动回复并不是针对所有商品的，所以商品不能使用统一文案，而是为有需要的商品单独设置商品卡片自动回复。

选择自动回复商品常见问题，单击"立即添加"选项，勾选想要添加自动回复的商品，单击"确定"就完成了商品的添加。

在"自动回复商品常见问题"页面，单击"添加问题"选项，在弹出的窗口中填写问题和答案，选择"确定"，就编辑完成了（图 9-3-6）。回到之前的页面，选择"提交"，商品卡片自动回复就设置完成了。

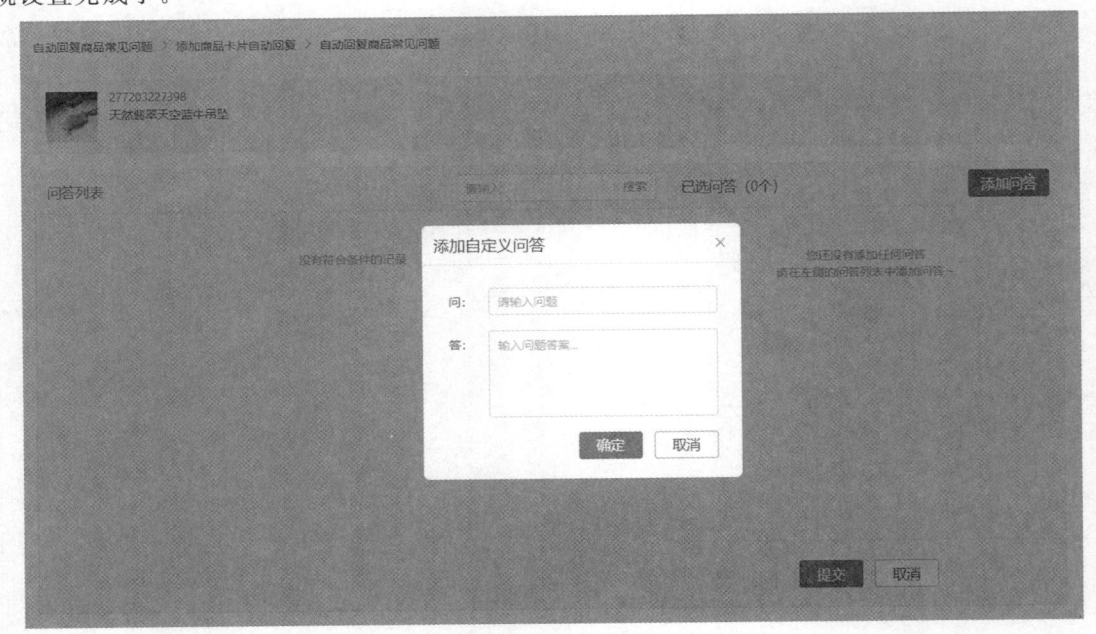

图 9-3-6　添加自定义问答

在自动回复文案选项中，单击"＋添加回复"，在弹出的对话框中输入答案，可完成自动回复文案设置（图 9-3-7）。

图 9-3-7　添加商品卡片自动回复

3. 离线自动回复

系统有默认的离线自动回复，如果不需要更改，就可以使用默认，如果需要更改，输入新的离线自动回复，选择"保存"并发布即可。

4. 订单自动回复

订单自动回复的语句是不可以修改的，是系统统一定义的（图9-3-8）。

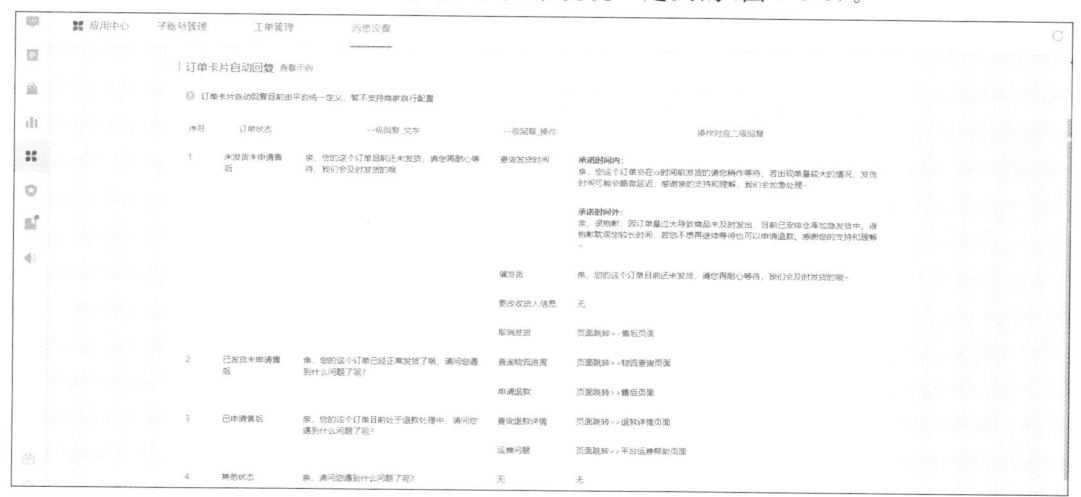

图 9-3-8　订单自动回复

（二）快捷回复

拼多多和淘宝、京东相似，顾客在购买商品之前经常会咨询一些相似的问题，对于这些需要反复回答的问题，快捷短语既能够帮助客服在3分钟之内及时答复顾客，又能够帮助顾客更快地了解想知道的信息。

在聊天窗口右侧，有一个"快捷短语"按钮，单击就可以进入快捷短语界面，这里可以选择快捷短语发送给顾客，也可以添加快捷短语。

单击"常用回复"后的加号，即可打开快捷回复编辑窗口，在这里还可以新建分类，在"话术内容"中打出需要设置的快捷短语,然后选择"添加",就完成了快捷短语的新增(图9-3-9)。

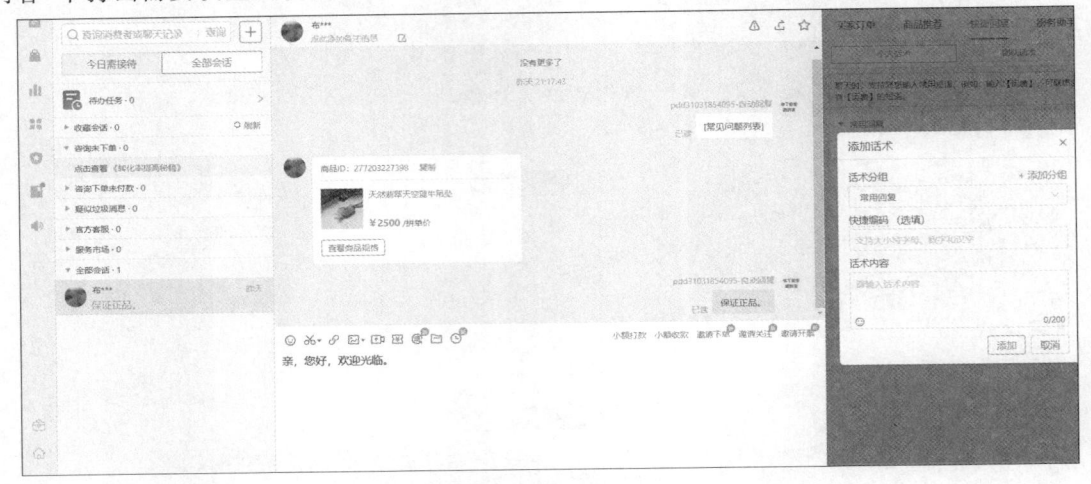

图 9-3-9　添加快捷短语

快捷短语可以根据需要进行设计,一些常用的快捷短语如下:

真的不好意思,刚才去发货了,等晚一会儿再给您回复。

真的不好意思,感谢您的理解,我们会马上采取相关措施,为您营造满意的服务。

非常抱歉,刚才去接电话了,我们诚挚地向您道歉。

非常不好意思,您前几天订购的衣服现在没货了,您看可以换其他的吗?

感谢您的光临!如果还有什么问题,欢迎随时与我联系!期待您下次光临。

祝您开心每一天,周末愉快!

感谢您的支持,欢迎您有空经常来光顾小店!

请您耐心等待,在这期间有什么问题可以第一时间和我联系,我必定尽力解决!感谢您的光临,下次购物我们再会!

非常感谢您对本店铺的支持,期待下一次和您相见,祝您生活愉快。在货源充足的时候,我们会第一时间为您发货,请您在收到货之后检查快递包装是否完好,如有破裂或快递已拆封,请不要签收。

在拼多多平台关于消息自动回复中需要注意应坚持顾客至上的理念。卖家的服务质量将会直接影响顾客的消费选择,因此在回复问题的时候必须做到有礼貌。所回复的消息必须简明扼要,要让顾客一眼就能找到其中所包含的关键信息,而不是逐字地去寻找自己想要的内容。虽说自动回复比较快捷方便,但是和人工客服相比还是比较逊色。总体来看,自动回复随机处理问题的能力比不上人工客服,有时候自动回复的信息并不是顾客想要了解的信息,如果在顾客咨询问题的过程中,自动回复或者快捷短语处理不了,最终还是要由人工客服来解决,而且在进行人工客服回应的时候,客服人员还要先向顾客道歉。此外,可以多看看顾客提出的一些难以解决的问题,然后再自动回复和快捷短语设置中将所要回复的语言短语及时进行更新。

四、客服工具

在应用中心,有一个客服工具的应用,里面是一些有助于客服服务的工具。

(一)催付助手

催付助手是在消费者拍下商品之后,没有及时付款的情况下使用,会自动发送给消费者催付通知。

催付助手分为降价催付和承诺 24 小时发货自动催付两种形式。

1. 降价催付

降价催付顾名思义就是适当降低价格,以促成消费者付款。

在降价催付界面,当商家设置了降价催付之后,可以编辑降价的额度,设置完成后选择启用,如果编辑的商品数量众多也可以使用批量启用。当启用降价催付之后,顾客拍下一分钟没有支付,系统就会提示客服可以催付,如果商家接受降价催付,那么就可以在待办任务列表中,单击"一键催付",系统就会将催付卡片发送给顾客。顾客如果觉得降价额度很满意,单击"立即付款"就可完成支付。

2. 承诺 24 小时发货自动催付

如果商家不愿意降价催付,也可以选择承诺 24 小时发货自动催付。这种催付形式,会在顾客下单未付款之后,自动发送催付单。设置上也是选中需要催付的订单,然后单击"启用"或"批量启用"即可。需要注意,如果选择了这种形式的催付,那么发货时间必须在 24 小时之内,如果超时发货,会受到惩罚。承诺 24 小时发货自动催付和降价催付可以同时使用。

(二)分流设置

分流设置可以将顾客分流给不同的客服。当店铺越做越大,客服越来越多时,分流设置可以使店铺客服工作井然有序。

1. 基础分流

基础分流是对页面来源的分流,也就是说每当顾客从页面的相应区域进入店铺时,将会分配给负责这个部分的客服,但是如果一个顾客在近期联系过其他客服,那么还是会优先分配给有联系的客服。若有联系的客服不在线,则会按照基础分流的原则分配给该页面的客服。如果顾客进入的页面客服不在线或者没有设置专属客服,顾客会随机分配给其他客服。当所有客服都不在线时,顾客则会按照离线分流规则分配给对应客服。

2. 高级分流

在高级分流中,可以将客服分组,与订单状态绑定,也就是说可以分配客服负责不同的订单状态,例如未成团、已成团和售后中。在一个分组中可以有多个客服,以提高工作效率。

选择"新建分组"就可进入高级分流的编辑页面,首先需要为新建分组命名,然后选择要关联的订单状态,最后添加客服,单击"保存"即可。

3. 离线分流

当店铺没有账号可以接待顾客时,可以指定一个账号来接待。

4. 不分流账号

设置为不分流账号,将不会被分流。

(三)团队话术设置

所谓团队话术设置,其实就是对团队话术进行统一设置,将一些官方的、经常用到的话术让全店中的所有客服进行使用,这样一来,就可以有效提升服务话术的专业性和规范性,进而提高客服的服务效率以及订单的转化率。

团队话术的设置很简单,单击"新增话术组",然后按要求为话术组命名,添加"新增话术",

网络客户服务

然后单击"确定"即可,也可以通过导入和导出的方式进行编辑。话术填写完成之后,只需要单击右侧的"一键启用",团队话术即可以开启。

(四)禁用词设置

禁用词设置是事先设置好不能够使用的词语,这样可以避免客服在不小心的情况下违规。设置禁用词可以帮助商家减少因客服误触发违禁词等而导致的处罚。

(五)自助改地址

自助审核修改地址申请,可以提高工作效率,避免消费者进行催促和因为未更改地址而产生的售后纠纷。

五、客户服务

对客服在拼多多的日常服务中是非常重要的一环,具体要求见表9-3-1。

表 9-3-1　　　　　　　　　　拼多多对客服务的要求

阶段	具体要求
售前服务	与客户聊天过程中禁止出现不文明的行为,同时也不能出现诸如人身攻击之类的行为,否则该店铺可能会承担相应的罚款或者是将当前店铺中的商品进行下架处理
	在售前一定要处理好售后问题以及客户要求退货退款方面的订单,引导客户在协商一致的情况下选择退款,如果不是品质方面的问题所导致的退货,可协商让买家不要退货,以降低店铺的退货率
	尽可能不要让用户延长发货的时间,否则会导致发货物流超时。如果物流发生了超时,那么快递就要扣一定的费用
	客户如果要自己指定快递,或者有其他要求,那么一定要和客户进行沟通并做好相应的备注,如果在下单的时候用户没有提出这些问题,那么就按照默认快递进行发货
	在回应客户的时候,一定要及时。在回复消息方面,最多不能超过三分钟,如果超出了这个时间,那么就会按照回复速度慢的情况进行处理。想要店铺保持在一个较好的运营状态,在回复率方面要达到70%以上
售中服务	在拼多多平台销售的过程中,老客户是一个不可忽视的角色存在,由于老客户的加权效果比较明显,尤其是一个标签非常明确的老客户,如果维护得好,可以更好地促使老客户进行回购。对于一家店铺来说,出售的商品有百分之四十都来自老客户的回购
	店铺中的新用户,可以通过发放优惠券以及买够一定金额减免等活动形式,来进一步地把握这一人群。若能够招揽住这一群体,可以使店铺的销量更上一个台阶。另外,对于新用户来说,如果出现回购,那么就可以将其定义为老客户群体
售后服务	商家在"售后设置"界面,可以添加售后联系电话和退货地址。在商家添加了售后联系方式后,客户可以在订单详情页拨打联系电话快速联系商家,方便商家更直接地处理售后问题,接收反馈

实践任务

罗列出你能想到的顾客会提出的不同问题,然后设计相应的快捷回复。

素质拓展

拼多多如何避免违反客服服务要求?

不少拼多多商家反馈,店铺因违反客服服务要求被罚款,但不清楚具体客服哪里做得不好,下面就来详解哪些服务态度问题是被平台明令禁止的。

一、平台处理手段

基于《拼多多商家客户服务管理规则》,若客服出现态度问题,拼多多平台会采取如下处理措施:基于订单商品总价,账户余额中扣除20~200元,作为消费者赔付金。如再次违规,拼多多平台将对店铺采取进一步处理措施:包含但不限于下架、店铺限制等措施。

二、服务态度准则详解

好的服务是帮助店铺提升转化、复购的关键,在产生交易纠纷时要积极、心平气和地解决问题,每位消费者都是店铺潜在的忠实粉丝。

如果遇到你认为恶意的消费者,切记不要一时生气,发生争吵,可采用目前平台的举报功能,平台将予以核实。

切记不要出现以下服务态度问题:

(1)直接对消费者进行人身攻击,使用不文明用语辱骂、威胁等。

(2)间接对消费者进行人身攻击,嘲讽消费者地域、文化水平等。

(3)态度蛮横、引起消费者不满等。

拼多多客服在与客户沟通的过程中,千万不要违反客服服务要求而导致被处罚,要礼貌热情、耐心地解答客户的疑惑,留住客户。

(资料来源:行行出状元网站)

任务四 了解手机拼多多商家工作台

学习目标

【知识目标】 了解手机拼多多商家工作台。

【技能目标】 能够使用手机拼多多商家工作台。

情景导入

小明:拼多多商家工作台也有手机端吗?

小红:有啊,和PC版可以同步,非常方便。

小明:好的,我去下载了,要是我用不明白,你要帮帮我呀!

小红:你放心吧,很容易使用的。

知识平台

一、手机拼多多商家工作台安装和登录

（一）安装手机拼多多商家工作台

手机拼多多商家工作台的安装方式也有两种：第一种方式是通过电脑版拼多多商家后台，打开下载客户端选项，其中就有手机 APP 下载的二维码，用手机微信扫描二维码就可进入下载安装页面；第二种方式是在手机应用商城搜索拼多多商家工作台，下载安装即可。

微课：手机拼多多商家工作台安装和使用

（二）登录手机拼多多商家工作台

点击手机桌面的拼多多商家版图标，就会出现登录界面，如果还没有开店的话可以选择"0元开店"，开店流程和电脑版相似，但是在手机端不能开设旗舰店、专卖店和专营店，这些需要到电脑端来完成。同时拼多多卖家版也可以选用微信授权登录。如果已经开设了店铺，就可以点击"登录"，然后选择"商家登录"，输入账号和密码即可（图9-4-1）。

图 9-4-1 登录手机拼多多商家工作台

二、手机拼多多商家工作台组成部分

手机拼多多商家工作台大致可以分为三部分，最上方的标题栏，中间的功能区和最下方的工具栏（图9-4-2）。

（一）标题栏

在页面的左上方显示的是店铺名称，点击店铺名称就可以进入账号管理界面，这里可以选择添加新的账号，也可以删除现在登录的账号（图9-4-3）。在页面的右上角是扫一扫图标，点击就可以进入扫描页面，可以扫描二维码，也可以扫描相册中的图片，在扫一扫后面是通知图标，点开就可以看到各种通知，例如重要通知、订单通知、店铺通知、商家成长和其他通知等。

(二)功能区

手机拼多多商家工作台的大部分功能都集中在这里。

1. 交易信息

在这一区域的最上方就是交易信息,在这里可以看到待支付订单数量、待发货订单数量、即将延迟发货订单数量、退款/售后订单数量、支付金额、支付订单数、商品访客数以及询单转化率。每一个数据都可以通过点击来打开查看详情(图9-4-4)。

图9-4-2 手机拼多多商家工作台 图9-4-3 账号管理 图9-4-4 交易信息

2. 店铺公告

在这个区域会发布一些重要的通知和公告,需要时时注意。

3. 常用应用

常用应用中包含了大部分店铺经营需要的应用程序。

(1)商品管理

在商品管理(图9-4-5)中,我们可以查看现有商品,包括在售中的、已售罄的、已下架的和草稿箱中的商品。同时对已上架的商品还可以改库存、改价和进行编辑,也可以分享和下架。在商品管理中还可以发布商品。

(2)订单管理

在订单管理中可以看到店铺的所有订单,包括待支付订单、待发货订单和已发货订单。

(3)数据中心

在数据中心中可以看到店铺的经营数据,包括流量、商品、客服、物流、售后等信息,可以了解店铺的交易数据,店铺的转化率情况,访客的数量等。

(4)营销活动

在营销活动中,罗列了所有官方举办的促销活动,有些是自身店铺可以参加的,有些是自身店铺不能参加或者不感兴趣的,还有一些活动是需要在电脑端才能报名参加的,可以筛选。

图 9-4-5　商品管理

(5) 推广中心

在推广中心，可以为店铺发送广告推广，帮助店铺锁定目标人群，扩大店铺知名度。

(6) 多多进宝

多多进宝是一个对推广商品十分有用的应用，它是以商品＋佣金的模式来进行营销的。顾客分享商品，如果有人通过顾客分享的链接购买了商品，分享的顾客就可以得到佣金。

(7) 优惠券

优惠券在店铺经营中是十分重要的促销工具，在优惠券管理界面点击右上角的"添加"按钮，就可以选择添加不同类型的优惠券，包括：全店满减券、店铺关注券、商品立减券、客服专用券、领券中心券、订单复购券和直播券等，每一种券都有独特的促销功用，都能对店铺经营起到促进作用（图 9-4-6）。

(8) 多多直播

直播是越来越多消费者喜欢的购物形式，拼多多商家工作台的直播模式非常方便简洁。点击打开多多直播，在页面中可以看到直播间的 ID 和多多直播成长营，如果已经开设过直播，在成长营下面就是历史直播的目录。在页面的最下方有"一键开播""创建直播""创建视频"三个选项。

如果之前有过直播设置，新开设的直播和之前的相似，可以选择"一键开播"，不需要设置其他内容，直接就可以开始直播。如果以前没有直播过，或者直播内容有所不同，可以选择"创建直播"，在打开的页面中上传直播封面，填写直播标题，选择需要关联的商品，就可以开始直播了（图 9-4-7）。这里的直播也可以是视频直播，也就是播放准备好的视频给观众观看，视频可以循环播放。

项目九　认识拼多多网络客服工作平台

图 9-4-6　优惠券

除了直播之外，这里还可以创建视频，点击"创建视频"按钮，就进入了视频上传的界面，选择事先编辑好的视频，为视频填写一个标题，然后选择关联商品，点击"发布视频"即可（图 9-4-8）。

图 9-4-7　创建直播　　　　　　　　　　　　图 9-4-8　发布视频

拍摄视频需要事先规划好内容，有了脚本之后就可以开始拍摄，商家不用过多担心自己没有专业技能无法拍出优秀的视频，只要记住以下几大要素即可：

第一点，拍摄的背景要整洁，镜头内的场景需要根据视频的内容进行布置，尽可能营造所需要表达的氛围。

第二点,拍摄时光线要充足,建议使用补光灯,注意不要使用会闪烁的光源。

第三点,注意运用近景、远景、特写等景别,可以使故事情节的叙述、人物感情的表达等更具有表现力,从而增强视频的感染力。

第四点,好的素材如果剪得不好也是功亏一篑,所以要注意各个素材的衔接,把握整个视频的节奏,可配上恰当的背景音乐和滤镜加强效果。商家可以坚持每天花一些时间看不同平台的短视频,把自己觉得优秀的或点击量高的视频反复观看,并把自己觉得拍得好的点记录下来,再通过不断的实践,慢慢积累提高视频的制作水平。

(9)短信营销

短信营销是可以开启短信提醒服务,包括多种多样的短信提示,例如拼单返现、直播开播、店铺上新、商品降价、物流关怀、提醒付款等。

(10)商品评价

在商品评价中可以看到所有顾客的评价,带图评价越多,商品就越可能被更多人喜欢和接受,支付转化率就会越高。

在功能区中还有很多其他的内容,例如添加售后电话、24小时发货等,还有很多拼多多课程可供学习参考(图9-4-9)。

图9-4-9 其他功能

(三)工具栏

手机拼多多商家工作台的底部工具栏共有四个选项,分别是店铺、消息、成长和我的。我们之前介绍的功能区的内容就是店铺一栏的内容。

1. 消息

在消息一栏中,首先我们可以看到各种通知,包括重要通知、订单通知、店铺通知、商家成长和其他通知。

和顾客的沟通交流也是在这里展开的。在通知栏的下方就是消息列表,这里分为今日需接待、全部会话和收藏会话。

在会话窗口中我们可以实现和顾客沟通交流。选择我们想要联系的顾客就可打开对话窗口,这里还有四个快捷键,分别是:邀请下单、申请售后、优惠券和小额打款。

在窗口的左下角有一个闪电的图标,这是快捷回复的标志,点击这个图标就会出现常用回复,可以在这里选择事先设定好的快捷回复短语来回复顾客。

还可以新建快捷回复,点击常用回复前面的"＋"即可打开编辑页面(图9-4-10),可以编辑已有快捷回复,也可新建分组,点击右下角的"＋"图标则可以新建快捷回复,也可以选择右上角的"从模板添加"来快速设定快捷短语。

在聊天窗口的右下角有一个"＋"的图标,点击即可调出更多功能,例如发送图片、拍照、商品推荐、申请售后、优惠券、图片空间、小额打款、小额收款和举报买家等。

2. 成长

在成长页面中有很多的分享和介绍,为卖家提供了全方位的学习资料,可以帮助卖家了解市场、学会营销,能更好地使用拼多多商家工作台进行经营(图9-4-11)。

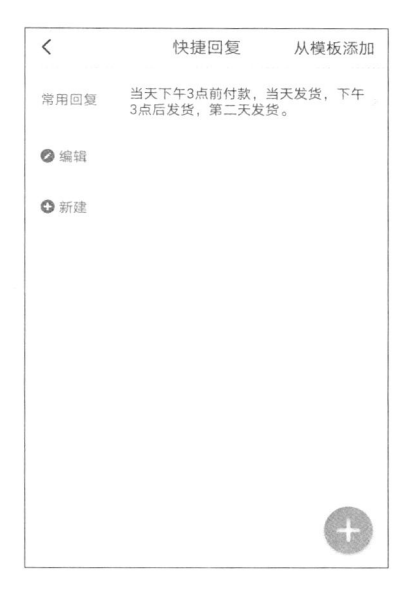

图 9-4-10　快捷回复

图 9-4-11　成长

3. 我的

我的里面主要是卖家的个人情况和设置。

（1）拼多多批发

在拼多多批发页面中,我们可以看到很多可批发商品,大部分2件就可以起批。

（2）店铺成长

在店铺成长页面中可以了解店铺的成长情况,可以了解哪些事情可以加快店铺成长和提升店铺流量。

（3）商家客服

商家客服是拼多多的官方客服,当我们在经营中出现问题可以通过咨询商家客服来解决,遇到投诉或者投诉买家时也可以通过商家客服来解决。

(4)聊天管理

在聊天管理中可以添加和编辑快捷短语,可以编辑开场白和常见问题,可以进行分流设置,可以进行视频管理等,还可以查询聊天记录,设置手机新消息通知和消费者留言提醒等。

实践任务

用手机拼多多商家工作台完成一次多多直播。

素质拓展

拼多多商家直播,怎么吸引粉丝?

商家可利用直播来带货或者讲解商品的功能,那么在直播过程中,要做好哪些准备呢?怎么做才能更好地吸引粉丝呢?我们可以利用一些小技巧来管理粉丝和吸引粉丝。

(1)短信引粉丝关注。开启"好评引导关注",给已经给店铺写下好评的客户发送短信,提醒客户对店铺进行关注,要是客户成功成为店铺的粉丝,在商家开启直播时,能够更好地将直播间推荐给粉丝,老客户进入直播间也能够给店铺带来巨大流量。

(2)给在近期逛过店铺,但没有成功关注的客户发送直播短信,可以利用活动和新品将客户吸引到直播间中。

(3)挑选合适的商品。因为在拼多多购物的消费者都是比较注重商品价格和性价比的,所以商家在选择直播间展示的商品时,尽量挑选正在做推广活动、有优惠的商品,这样更能够吸引消费者进直播间了解。商家可以挑选正在活动资源位上的商品,商品本身的展现量非常大,这样可以让直播间有更高的热度。

(4)利用场景、搜索/聚焦进行推广。聚焦展位、多多搜索、多多直播都推出了直播间推广模式,搜索直播推广未向所有商家开放,没有这一功能的商家可尝试其他推广方式,都能够获取更多曝光量。

(5)充分准备直播间"刚需"。在直播开始之前一定要在各个渠道充分预热,要是刚开播时人数太少,也会影响游客继续观看下去的欲望。

每个直播间都会有一个封面和标题,都是要对应这场直播的主题。标题既要概括主播主题,又要激起观众的好奇心和欲望点击进来。

因为是由主播在直播过程中控制全部流程,所以需要主播一定要非常专业,能够知道什么时间点到哪一个商品,在面对突发情况的时候也能机智应对。商家最看重的应该是主播的销售能力了,能够让整场直播氛围一直保持。

两三个小时的直播需要怎样才能够留下观众呢?最重要的是要有优惠或者抽奖活动。在直播间的三个小时中,可以按商家的情况定下三场或以上的抽奖,让观众一直留在直播间,也可以利用限量限价、收藏有好礼等方式做活动,让顾客积极参与其中。

很多商家都觉得自己在直播间中已经跟买家介绍清楚了,买家肯定也在直播中充分了解了商品,以至于会忽略这部分买家的售后服务。要是买家在直播间购买商品后,商家能够在发货时给买家发送发货物流短信,贴心的服务也能给买家留下深刻的印象。

项目综述

　　本项目通过对拼多多商家工作台的讲解和介绍,学生熟悉和掌握拼多多商家工作台的基本情况和使用方法。

　　一、通过对拼多多商家工作台基本情况的讲解和介绍,学生了解拼多多商家工作台的特点,掌握拼多多商家工作台的安装方法,能够完成拼多多商家工作台的安装和注册,实现在拼多多开店。

　　二、通过对拼多多商家工作台功能的讲解和介绍,学生了解拼多多商家工作台的使用方法,掌握产品管理、店铺管理、人员管理、营销宣传等多项功能。

　　三、通过对拼多多商家工作台客户服务的讲解和介绍,学生了解拼多多商家工作台客户服务的特点和使用方法,掌握利用拼多多商家工作台客户服务和顾客沟通交流、营销推广的方法,能够完成对客服务,实现更好地与客户沟通和交流。

　　四、通过对手机拼多多商家平台的讲解和介绍,学生了解手机拼多多商家平台,掌握手机拼多多商家平台的使用方法,更好地利用手机拼多多商家平台完成销售活动。

参考文献

[1] 柏晓旭,甄增荣.移动电商:客户关系管理方向.北京:人民邮电出版社,2016
[2] 欧琳,李秋琼.网络客户服务与管理.天津:天津科学技术出版社,2020
[3] 徐熠明.电子商务客户服务.北京:中国财政经济出版社,2021
[4] 张雪荣,徐艳.网店客户服务与管理.上海:复旦大学出版社,2020
[5] 覃波.电子商务物流管理.北京:北京邮电大学出版社,2017